Leben, lieben, leuchten

LEA HAMANN

LEBEN lieben leuchten

Wie du aus eigener Kraft glücklich wirst
und deine inneren Schätze findest

INTEGRAL

Die in diesem Buch vorgestellten Informationen und Empfehlungen sind nach bestem Wissen und Gewissen geprüft. Dennoch übernehmen die Autorin und der Verlag keinerlei Haftung für Schäden irgendwelcher Art, die sich direkt oder indirekt aus dem Gebrauch der hier beschriebenen Anwendungen ergeben. Bitte nehmen Sie im Zweifelsfall bzw. bei ernsthaften Beschwerden immer professionelle Diagnose und Therapie durch ärztliche oder naturheilkundliche Hilfe in Anspruch.

FSC
www.fsc.org
MIX
Papier aus verantwortungsvollen Quellen
FSC® C083411

Verlagsgruppe Random House FSC® N001967

2. Auflage

Redaktion: Ulrike Strerath-Bolz
Umschlaggestaltung: Guter Punkt GmbH & Co. KG, München
unter Verwendung eines Fotos von Ines Barwig
Satz: Satzwerk Huber, Germering
Druck und Bindung: CPI Books GmbH, Leck
ISBN 978-3-7787-9292-6

www.Integral-Lotos-Ansata.de
www.facebook.com/Integral.Lotos.Ansata

Inhalt

Teil II – Lieben

Teil III – Leuchten

Einführung

Allgemein sagt man, dass viele Menschen in der Mitte ihres Lebens durch eine Krise gehen und sich plötzlich fragen, ob ihr Leben sie auch wirklich erfüllt. Das scheint in der Tat relativ häufig der Fall zu sein. Bei mir allerdings setzte diese Sinnkrise, die mein Leben komplett auf den Kopf stellte, schon etwas früher ein.

Ich war Anfang zwanzig, als mir auf einmal bewusst wurde, dass der Weg, den ich eingeschlagen habe, gar nicht zu mir passt. Mein Leben kam mir auf einmal viel zu eng und oberflächlich vor. Die Rolle, die ich zu spielen gelernt hatte, fühlte sich unecht an, wie eine Maske, hinter der ich mein wahres Ich verberge.

Tief in mir erwachte die Sehnsucht, zum ersten Mal wirklich ich selbst zu werden und das zu tun, was mich erfüllt. Es war wie ein Tsunami, der durch mein Inneres rauschte. Da war eine liebevolle, aber unglaublich starke Kraft, die mich dazu aufforderte, die vorgegebenen Wege zu verlassen und mich auf einem abenteuerlichen Trampelpfad durchs Dickicht zu schlagen.

Es begann eine sehr herausfordernde Zeit für mich. Wenn ich damals mit Freunden über meine Erfahrung sprach, erntete ich oft nur Gelächter: »Du spinnst doch! Warum kannst du nicht einfach normal sein? Was willst du denn eigentlich?«, hieß es dann.

Jede abschätzige Bemerkung bestätigte meine eigenen Ängste. Schließlich hatte ich schon längst vermutet, dass irgendetwas mit mir nicht stimmte. Die Normalität des Alltags, der ich entkommen wollte, schien auf einmal so bequem, so logisch und angenehm.

Sollte ich wirklich all meine Sicherheiten aufgeben und einem verrückten inneren Impuls folgen? Sollte ich mich wirklich auf die Suche nach etwas machen, was ich nicht einmal in Worte fassen kann? Doch auch wenn ich über mich selbst den Kopf schüttelte und mehr als einmal glaubte, nun endgültig den Verstand verloren zu haben, machte ich mich auf den Weg.

Ich begann nach innen zu lauschen. Ich hörte auf die Natur und auf die Zeichen, die ich von ihr bekam. Ich hoffte aus ganzem Herzen, dass die liebevolle Kraft, die mich aufgefordert hatte, meinen eigenen Weg einzuschlagen, mir jetzt auch zeigen würde, wie es weitergeht.

Meine persönliche Reise führte mich Schritt für Schritt in eine tiefe Heilung. Mein wahres Ich, das tief verschüttet unter den Trümmern meiner alten, angepassten Persönlichkeit eingeschlossen war, durfte endlich wieder zum Vorschein kommen.

Eine nie gekannte Stärke erwachte in mir. Ich ließ nicht mehr zu, dass fremde Einflüsse mein Leben bestimmen oder blockieren. Ich nahm meinen Platz ein und begann, mein Leben auf liebevolle Weise zu gestalten.

Nachdem ich einige Zeit meinem eigenen Weg folgte und viel Neues über mich und das Leben gelernt habe, wurde mir bewusst, dass ich nicht alleine auf diesem Entwicklungsweg bin. Über die Weiten des Internets entdeckte ich andere Menschen, die mir berichteten, dass sie ebenfalls dabei sind, nach neuen Antworten zu suchen, und ein ähnliches Anliegen haben.

Als ich mir anschaute, wer da gemeinsam mit mir unterwegs ist, bemerkte ich, dass wir ein ziemlich bunter Haufen sind. Zwar gibt es einige von uns, die sich vor dem Beginn ihrer wirklichen Sinnsuche schon mit Spiritualität oder innerer Entwicklung beschäftigt haben, doch den meisten erging es so wie mir: Wir lebten ein ziemlich normales Leben, und auf einmal klopfte etwas an die Tür, das uns aus der Normalität unseres bisherigen Weges herauskatapultierte und eine völlig neue Richtung einschlagen ließ. Wir haben irgendwann, irgendwo, irgendwie die Stimme unserer Seele vernommen, die uns eingeladen hat, innerlich aufzuwachen. Wir sind dabei, zu lernen, wirklich zu fühlen, wirklich lebendig zu werden und wirklich zu leben.

Ich hätte nie zu träumen gewagt, dass mein Weg, der so turbulent begonnen hat, nicht nur mir persönlich ermöglicht, ein Leben zu entwickeln, das mich erfüllt, sondern dass ich auch noch andere Menschen dabei unterstützen würde. »Du hilfst mir, meiner Seele zu vertrauen und mutig meinen Weg zu beschreiten«, schrieb mir kürzlich eine Leserin meiner Webseite. Inzwischen bin ich bereits über vierzehn Jahre als Coach tätig. Was als einfaches Teilen meiner eigenen Erfahrung begann, hat sich zu einem Beruf entwickelt.

Ich glaube inzwischen, dass es kein Zufall ist, dass sich gerade heute so viele Menschen auf eine intensive Suche machen. In einer Phase, in der äußere Strukturen bröckeln und alte Wegweiser uns nicht mehr weiterbringen, wird es Zeit, lebendige, wahrhaftige Antworten zu finden.

Es ist sicher auch kein Zufall, dass dir dieses Buch genau jetzt in die Hände gefallen ist. Das Buch möchte ein Schlüssel sein, der die Tür zu deinem Inneren öffnet, verborgenes Wissen ans Licht holt und dich an etwas erinnert, was du eigentlich immer schon wusstest.

Auf deinem ganz persönlichen Weg möchte dieses Buch ein hilfreicher Begleiter für dich sein. Es lädt dich zu zwölf heilsamen Schritten ein, die du in deinem Alltag gehen kannst. Jedes Kapitel beinhaltet persönliche Erfahrungsberichte, praktische Übungen und hilfreiche Werkzeuge, die du nutzen kannst, um deinen Weg mit mehr Leichtigkeit zu gehen.

Im ersten Teil des Buchs kommst du der liebevollen inneren Stimme auf die Spur, die dir zum besten Ratgeber werden kann, den du je hattest, und die dir immer wieder zuverlässig mitteilt, was dein nächster Schritt sein wird. Du streifst die Einschränkungen der Vergangenheit von dir ab und öffnest die Tür zu einer neuen Zukunft.

Im zweiten Teil beschreibe ich zunächst, wie ich gelernt habe, mein Leben von innen heraus zu verwandeln – und erläutere dann Schritt für Schritt, wie du das auch tun kannst. Eine tiefe innere Heilung wartet auf dich. Dein Leben ist kein Zufall, sondern du kannst die inneren Weichen neu stellen und es bewusst gestalten.

Im dritten Teil des Buchs lade ich dich ein, deiner wahrhaftigen Bestimmung auf die Spur zu kommen. Du trägst etwas

Einzigartiges in dir, das dich erfüllt – und es wird Zeit, es zu leben und einzubringen!

Ganz ehrlich: Als meine innere Entwicklung so richtig losging, hätte ich mir gewünscht, dass mir jemand Mut macht, meinem Weg zu vertrauen, und mir Werkzeuge und praktische Tipps vermittelt. In diesem Buch gebe ich dir all das mit auf den Weg, was ich damals selbst gerne gewusst hätte. Natürlich teile ich nicht nur mit dir, was ich erkannt und herausgefunden habe, sondern auch, in welche Fettnäpfchen ich getreten bin und welche Fehler ich gemacht habe. Wer weiß, vielleicht kannst du dir ein paar dieser Fehler sparen?

Wenn ich dir Mut machen kann, deinem Weg ein wenig mehr zu vertrauen und dich mit ruhigem Herzen auf das Abenteuer deiner Entwicklung einzulassen, dann freue ich mich. Denn gerade heute, in einer Zeit, in der vieles im Wandel ist, liegt oftmals Angst in der Luft. Angst vor der Ungewissheit, Angst vor dem Unbekannten, Angst vor der Zukunft, die wir momentan so schwer greifen können.

Wir haben jederzeit die Wahl, ob wir der Stimme der Angst folgen oder auf die leise, liebevolle Stimme hören, die tief in unserem Inneren zu uns spricht.

Dieses Buch möchte ein Freund an deiner Seite sein, während du neue Wege beschreitest. Und wenn die Wellen der Veränderung gerade mal wieder hochschlagen, will es dir Mut machen und dir sagen: Es ist alles okay. Die Welt wandelt sich. Und wir wandeln uns mit ihr. Es ist alles okay. Wir entwickeln uns weiter, lernen Neues und beschreiten neue Wege. Doch wir sind nicht allein unterwegs. Da ist eine Liebe, die uns gerufen hat, die mit uns durch die tiefsten Tiefen wandert und gemeinsam mit uns auf der Bergspitze steht, wenn uns der Wind um die Nase weht und wir den Himmel berühren können. Wir sind nicht allein.

Ein spannendendes Abenteuer liegt vor uns. Es gibt so viel zu entdecken – magst du mit auf die Reise gehen?

Teil I

LEBEN

Du bist eingeladen, wirklich lebendig zu werden. Deinen eigenen Weg zu beschreiten und ganz du selbst zu werden. Es wird Zeit zu leben!

1

Bin ich wirklich glücklich?

Wie eine weiße Leinwand liegt dein Leben vor dir. Wartend. Dein Leben wartet auf dich. Was möchtest du einbringen? Was soll hier entstehen? Es wird jeder Bewegung folgen, sich öffnen oder zurückziehen, hoch aufsteigen oder in die Tiefe sinken. Malst du trockene Steppen oder blühende Gärten? Spürst du die Stille, die darauf wartet, dass du endlich beginnst? Wagst du den ersten Strich auf deiner weißen Leinwand, wie einen Weg durch frischen Schnee? Ein Atemzug nach dem anderen – unterwegs in das wartende Land.

* * *

Glück ist mehr als ein vorübergehendes Gefühl.

* * *

Bin ich wirklich glücklich? Nicht viele Menschen wagen es, sich diese Frage zu stellen. Vielleicht liegt es daran, dass wir glauben, es sei egoistisch, sich das zu fragen. Solange es Menschen auf der Erde gibt, die verhungern oder durch Kriege ihr Leben verlieren – dürfen wir da überhaupt nach Glück streben? Ist es nicht angemessener, damit zufrieden zu sein, dass wir einigermaßen gut leben können und es uns – zumindest äußerlich betrachtet – an nichts mangelt?

Ich glaube, dass es heute wichtiger als jemals zuvor ist zu fragen, ob wir glücklich sind. Statt nach Geld, Erfolg und Anerkennung zu streben, tut es uns in der westlichen Welt sehr gut, wenn wir für einen Moment innehalten und wahrnehmen, ob wir wirklich glücklich sind.

Ich war Anfang zwanzig, als ich mir diese Frage zum ersten Mal stellte. Die Frage war wie ein kleiner Stein in meinem Schuh. Sie pikste mich so lange, bis ich endlich auf sie aufmerksam wurde. Bis dahin dachte ich, dass ich die Frage auf jeden Fall mit Ja beantworten kann. Schließlich war gerade mein großer Traum, einen begehrten Studienplatz zu bekommen und Kunst studieren zu können, in Erfüllung gegangen.

Ich war der Kleinstadt entkommen, fühlte mich mächtig erwachsen und genoss das abenteuerliche Leben in der neuen, großen Stadt. Ich hatte neue Freunde gefunden, mit denen ich nachts auf Partys unterwegs war. Eigentlich müsste ich doch glücklich sein, oder? Doch jedes Mal, wenn ich die Frage vorsichtig näher an mich heranließ, wurde mir deutlich, dass ich mich nicht daran erinnern konnte, wann ich zuletzt wirklich glücklich gewesen war. Zwar gab es Momente von Begeisterung und überdrehtem Spaß, aber tiefe, echte Freude oder sogar Glück hatte ich lange nicht mehr empfunden. Wenn ich nach einer durchgemachten Nacht um fünf Uhr morgens durch die verlassenen Straßen lief und mir die Ohren noch immer von der lauten Musik einer Party dröhnten, war ich dann glücklich? Wenn ich oberflächliche Gespräche führte, versuchte, mich gut darzustellen, und mich dabei einsamer fühlte als jemals zuvor, war ich dann glücklich? Wenn ich mich ständig mit anderen verglich und daran arbeitete, mich gegen meine »Konkurrenz« durchzusetzen und den »Preis« zu ergattern, war ich dann glücklich? Wenn ich mein Ziel erreichte und bemerkte, dass ich mich genauso leer fühlte wie vorher, war ich dann glücklich?

Nein, ich war nicht glücklich, stellte ich ernüchtert fest. Ich fühlte mich wie eine Schauspielerin, die versucht, eine glückliche Person zu spielen, doch wenn ich allein war und es gerade nichts zu tun gab, fühlte ich mich leer und einsam. Solange ich meinem Traum nachjagte, Bewerbungsmappen vorbereitete oder Aufnahmeprüfungen ablegen musste, hatte ich nicht darauf geachtet, ob ich glücklich bin. Ich war auf meinem Weg, und meine Aufmerksamkeit richtete sich nur auf mein Ziel. Aber in ruhigen Momenten kam nun immer öfter diese Frage auf: »Bist du wirklich glücklich?« Nein, ich war es nicht! Und diese Tatsache brachte mich plötzlich ins Wanken.

Ich glaube, das geht vielen Menschen so. Unsere Welt scheint sich heute immer schneller zu drehen. Wenn wir ein Ziel erreichen, brechen wir sofort zum nächsten auf. Wir leben in einer Leistungsgesellschaft, und es ist sehr leicht, sich im ewigen Streben nach »mehr« zu verlieren.

Ich hatte ein Studium begonnen. Eigentlich sollte ich jetzt das nächste Ziel ansteuern, nämlich den Weg in eine erfolgreiche Karriere als Künstlerin. Doch bevor ich dieser neuen Karotte nachjagen konnte, die vor meiner Nase baumelte, stolperte ich über die Frage, ob ich glücklich bin. Es war diese Frage, die mich dazu brachte, stehen zu bleiben und mein Leben zum ersten Mal wirklich zu betrachten.

Als mir klar wurde, dass ich nicht wirklich glücklich war, fragte ich mich, was Glück denn wohl eigentlich ist. Dass man nicht automatisch glücklich ist, wenn man äußere Ziele erreicht, hatte ich schon bemerkt. Auch die Begegnungen mit meinen Freunden erfüllten mich nicht wirklich mit Glück. Zwar gab es schöne Momente, wir lachten gemeinsam, redeten bis in die Nacht hinein und tranken literweise Kaffee, aber wir alle wussten, dass wir nur einen kleinen Teil von uns selbst preisgaben. Unsere wahren Gedanken, Ängste und Fragen blieben meistens ungesagt.

Glück war das nicht. All das, was bisher so viel Raum in meinem Leben eingenommen hatte, machte mich nicht glücklich. Mein Aussehen, mit dem ich öfter mal haderte, machte mich nicht glücklich. Das Geld, das ich mit meinem Nebenjob verdiente, machte mich nicht glücklich.

Je mehr ich dieser Glücksfrage folgte, desto deutlicher wurde mir, dass es schon sehr lange her war, seitdem ich zum letzten Mal so etwas wie Glück empfunden hatte. Ich fragte mich, ob es in meinem Leben wohl einmal eine Zeit gegeben hatte, in der ich so richtig glücklich gewesen war.

Die Suche nach meinem Glück führte mich zurück in meine Kindheit. Ich konnte mich genau daran erinnern, wie es sich anfühlte, morgens mit dem Aufgehen der Sonne die ersten Vogelstimmen zu hören. Bei meinen Großeltern im Schwarzwald begann der Tag mit Haferflocken, Milch und dem Rascheln der Zeitung, die mein Großvater am Frühstückstisch las. Danach ging es, einen Joghurt und eine Decke im Gepäck, mit dem Traktor in den Wald. Der uralte Traktor nahm die steile Anhöhe ratternd und schnaufend, und dann schaukelten wir über die engen Wirtschaftswege zwischen dunklen Tannen tief in den Wald hinein. An seinem Holzplatz angekommen, machte sich mein Großvater an die Arbeit. Er sägte, räumte große Äste von umgefallenen Bäumen beiseite und sorgte für Ordnung im Wald.

Während er beschäftigt war, öffnete sich für mich eine ganz eigene Welt. Ich baute mir Hütten aus Tannenzweigen, bastelte Schafe und Kühe aus heruntergefallenen Tannenzapfen und legte mich auf dunkelgrüne Kissen aus Moos. Es gab immer etwas zu tun und zu beobachten. Die normale Welt war vergessen, und die Zeit schien stillzustehen. Wenn es mir doch einmal langweilig wurde, zeigte mir mein Großvater, wie man stundenlang auf einer Decke liegend zum Himmel schauen und die vorüberziehenden Wolken beobachten kann. Ich sah Drachen, Prinzessinnen und hin und wieder auch Engel über den Himmel schweben. Ich hörte dem Wind zu, der die hohen Tannen sanft hin und her wiegte.

Hier oben, weit weg von allem, fühlte ich mich glücklich. Dieses Glück war tief und reich. Es war, als ob meine Seele überströmte vor Zufriedenheit. Ich fühlte mich sicher, geborgen und lebendig. Mein Kinderherz wollte für immer hierbleiben, im Wald, doch schon bald waren meine Ferien zu Ende, und ich saß wieder im Zug, der mich von diesen kostbaren Augenblicken voller Glück entfernte.

Als ich jetzt, viele Jahre später, auf diese Momente meiner Kindheit zurückblickte, bemerkte ich staunend, dass ich seitdem nie wieder wirklich glücklich gewesen war. Das Glück war mir auf dem Weg zum Erwachsenwerden irgendwie abhandengekommen. Zwar blitzte es hier und dort in kurzen Momenten hervor, doch tiefes, wirkliches Glück hatte ich nicht mehr erlebt.

Mein zynischer Verstand redete mir natürlich sofort ein, dass es ein naiver Wunsch ist, glücklich sein zu wollen. Sei froh, dass du ein Dach über dem Kopf hast, und sei froh, dass du deinen Studienplatz bekommen hast, sagte die nüchterne Stimme meiner Vernunft. Warum willst du denn glücklich sein? Doch je mehr ich an die wenigen glücklichen Augenblicke meines Lebens zurückdachte, umso mehr wurde mir bewusst, dass ich nur in diesen Momenten wirklich zutiefst lebendig war. Es kam mir so vor, als hätte ich mit den Jahren gelernt, mich dem Leben nicht mehr zu öffnen. Doch genau danach sehnte ich mich. Ich wollte mich endlich wieder lebendig fühlen, durchströmt von Glück. Zwar hatte ich keine Ahnung, wie ich mein Glück wiederfinden konnte, aber ich war bereit, mich auf die Suche zu begeben.

Bei einem Spaziergang durch einen Stadtpark kam ich einmal an einem riesigen alten Walnussbaum vorbei, der mit weit ausgebreiteten Ästen mitten auf einer Wiese stand. Als ich vor dem Baum stehen blieb, wurde mir bewusst, wie fest verwurzelt er dasteht. Als der Herbstwind unsanft an seinen Zweigen rüttelte, blieb er aufrecht stehen. Unter dem Baum lagen unzählige Walnüsse, die reichen Früchte, die er hervorgebracht hatte. Der Baum strahlte eine solche Harmonie aus, als wäre er ganz eins mit sich selbst. Voll entfaltet, in seiner ganzen Größe und Kraft. »Ich bin genau, wer ich wirklich bin«, schien er mir zu sagen.

Während ich staunend vor diesem Baum stand, wurde mir bewusst, wie weit ich mich in meinem Leben von mir selbst entfernt hatte. Ich hatte keinerlei Wurzeln, kein tiefes Urvertrauen, das mir Halt gab. Ganz im Gegenteil, ich ließ mich oft schon von den kleinsten Herausforderungen aus meinem Gleichgewicht bringen. Statt selbstbewusst dazu zu stehen, wer ich wirklich bin, war ich jemand geworden, der versucht, es anderen recht zu machen, dazuzugehören und sich anzupassen. Ich traute mich nicht, meine wahren Gefühle und Gedanken auszudrücken, sondern hörte lieber, was andere zu sagen haben.

Während ich einige der herabgefallenen Walnüsse einsammelte, wurde mir klar, dass ich tief in meinem Inneren nicht wirklich sicher bin, ob ich tatsächlich etwas zu geben habe. Der Walnussbaum hat es gut, dachte ich, er kann einfach Walnüsse produzieren. Doch was habe ich zu geben? Was ist das Besondere, das Wertvolle, das ich einbringen kann? Ich fragte mich, ob ich genauso wie der Walnussbaum tiefe Wurzeln schlagen und mich aufrichten kann. Habe auch ich die Möglichkeit, mich vollständig zu entwickeln und herauszufinden, was in mir steckt? Diese Überlegungen beschäftigten mich auf dem Weg nach Hause.

Einige Tage später hatte ich eine Erfahrung, die meine bisherige Sicht auf das Leben völlig aus den Angeln hob. Dieses einschneidende Erlebnis begann an einem ganz normalen Tag. Es war ein Sonntag wie jeder andere, als ich verschlafen aus meinem Bett kletterte. In der Küche unserer WG arbeitete ich mich durch den Berg von ungewaschenem Geschirr, den meine vier Mitbewohner hinterlassen hatten. Ich trödelte über meinem Kaffee, ging irgendwann gelangweilt in mein Zimmer und setzte mich auf mein Sofa. Ich fühlte wieder die seltsame Sehnsucht in meinem Inneren, die in den letzten Monaten immer mehr Raum eingenommen hatte.

Auf einmal spürte ich in meinem Körper ein warmes Strömen. Es fühlte sich an, als würde von oben eine Wärme durch mich hindurchfließen. Ach du lieber Himmel, was ist jetzt los? Während ich noch versuchte, diese Wahrnehmung einzuordnen, breitete sich ein unerklärliches Glücksgefühl in mir aus. Plötzlich schwamm ich in einem Ozean aus Freude. Die Wellen intensiver Gefühle wurden immer größer. Da war eine Harmonie, ein Summen, eine Lebendigkeit und eine unglaubliche Kraft.

Ich fühlte, dass die harte Schale meiner Persönlichkeit Risse bekam. Es kam mir vor, als würde sich eine uralte Grenze, die mich ein Leben lang von mir selbst getrennt hatte, auf einmal öffnen. Hier ist so viel Liebe, bemerkte ich staunend. Die tiefe Essenz des Lebens, die mich umströmte, strahlte eine Liebe aus, die ich niemals zuvor erfahren hatte. Ich sagte Ja. Ja, ich will wirklich leben. Ja, ich will wirklich fühlen. Ja, ich will werden, wer ich wirklich bin. Ja, ich will dieser Liebe näherkommen. Ja, ich will ihr so nahe kommen, wie es nur möglich ist.

Stille Tränen rollten über meine Wangen. Was für eine Erfahrung! Ich fühlte mich, als würde ich zum ersten Mal wirklich gehalten. Als würde das Leben selbst mich umarmen. Ich fühlte mich willkommen, wertvoll und geborgen wie niemals zuvor. Als würde jede Zelle in mir von dieser Liebe überschwemmt.

Es kam mir vor als würde diese Liebe zu mir sprechen, nicht in Worten, sondern in einem viel tieferen Verstehen, das mein Herz berührte: »Ich habe dich nicht vergessen. Du bist nicht verloren. Ich bin noch immer an deiner Seite. Jetzt beginnt ein neues Abenteuer. Ein neues Leben. Schau nicht zurück, richte deinen Blick nach vorne. Habe keine Angst. Du bist sicher, du bist geborgen. Du musst nicht wissen, wie es funktioniert. Ich zeige dir den Weg. Ich bin bei dir.«

Die Zeit schien stillzustehen. Ich weiß nicht mehr, ob ich Stunden in dieser Erfahrung verbrachte oder nur wenige Minuten. Eine gefühlte Ewigkeit später ließen die Glückswellen langsam nach. Als ich vorsichtig aufzustehen versuchte, zitterten meine Knie. Ich konnte kein Wort herausbringen, und in meinem Kopf war alles leer, als wäre ein Sturmwind durch mich hindurchgefegt. Als ich in den Spiegel schaute, musste ich lachen. Noch immer liefen mir Tränen übers Gesicht, und ich sah ziemlich durcheinander aus. Auf einmal war ich froh, dass meine Mitbewohner nicht zu Hause waren.

Natürlich wollte ich unbedingt wissen, was ich da gerade erlebt habe. Ich konnte es nicht wirklich begreifen. Meine Vermutung war, dass sich meine kleine, eingeschränkte Realität für einen Moment geöffnet hatte, um mir einen Einblick in eine viel größere Ebene zu gewähren. Ich ahnte, dass es nichts Neues war, was ich wahrgenommen habe, sondern etwas, was immer schon da war, nur getrennt von mir.

Während ich mich innerlich zutiefst verwandelt fühlte, ging mein normales Leben weiter. Ich setzte einen Fuß vor den anderen. Ich fuhr mit dem Fahrrad in die Kunstakademie. Ich kochte

Abendessen. Ich ging spazieren und traf mich mit Freunden. Während die intensive Erfahrung langsam verblasste, erwachte eine tiefe Sehnsucht in mir, die Liebe und die tiefe Verbundenheit in mein alltägliches Leben zu bringen. Eine intensive Erfahrung war einfach nicht genug. Ich wollte mehr!

Menschen wollen wachsen

Auf der Suche nach dem Glück fiel mir auf, dass ich von anderen Menschen sehr viele widersprüchliche Ratschläge erhielt. Jeder sagte etwas anderes. Jeder hatte einen anderen Hinweis auf Lager. Die einen sagten mir, ich solle stundenlang meditieren, andere rieten mir, schleunigst mehr Bücher zu lesen. Weil mich das widersprüchliche Durcheinander irgendwann überforderte, richtete ich meinen Blick ganz einfach auf die Natur. Ich hatte die Vermutung, dass wir Menschen alles unnötig kompliziert machen und dass die Natur mir vielleicht einen viel einfacheren Weg zeigen kann.

Der riesige Walnussbaum, der jedes Jahr einen Sack voller Nüsse reifen lässt, hatte mir gezeigt, wie schön es ist, wenn jemand sein volles Potenzial entfaltet. Als ich einige Tage später beim Warten in einem Restaurant eine halb vertrocknete Topfpflanze entdeckte, fiel mir etwas ganz anderes auf. Ich nahm wahr, dass wirkliches Wachstum nicht möglich ist, wenn die Voraussetzungen dafür nicht gegeben sind. Selbst wenn man sich dazu zwingt, selbst wenn man Druck ausübt – Wachstum ist abhängig von den richtigen Voraussetzungen.

Tatsächlich fühlte ich mich der vertrockneten Topfpflanze sehr verbunden. Sie war wie ein Bild für meinen inneren Zustand. So vieles in mir war im Lauf der Jahre verhärtet und eingetrocknet. Nur ein kleiner Teil von mir war noch lebendig. Aber ich wollte wieder lebendig werden! Ich wollte wieder erblühen! Es wurde höchste Zeit zu lernen, ein guter Gärtner zu werden.

Auch wenn es zugegebenermaßen gigantische Unterschiede zwischen Menschen und Pflanzen gibt, so kann man doch einiges über die Entwicklung eines Menschen lernen, wenn man in die Natur schaut und die Pflanzen beobachtet. Jeder Mensch ist in gewisser Hinsicht wie eine Pflanze, die wachsen möchte. Jeder Mensch beginnt sein Leben wie ein kleiner Keimling, der auf günstige äußere Umstände angewiesen ist, um sich entwickeln zu können.

Das Besondere, was dich ausmacht, trägst du bereits in dir. Dein Potenzial, deine Einzigartigkeit sind keine Dinge, die du außerhalb von dir finden kannst. So wie ein Samenkorn das Potenzial für einen großen Baum bereits in sich trägt, so ist auch dein volles Potenzial in deinem Inneren von vorneherein angelegt. Selbst wenn du in einer Umgebung aufgewachsen bist, die nicht förderlich war, und sich dein Potenzial nicht vollständig – oder gar nicht – entfalten konnte, so befindet es sich trotzdem immer noch in dir.

Alles, was wir nicht entwickelt haben, wartet in unserem Inneren darauf, dass die äußeren Verhältnisse sich ändern und günstig werden, sodass es beginnen kann, sich zu entfalten. Mir macht diese Tatsache Hoffnung. Es ist nie zu spät. Unser Inneres wartet lediglich auf den richtigen Zeitpunkt, um endlich zu erblühen.

Wenn wir uns anschauen, was Pflanzen benötigen, um sich zu entwickeln, können wir entdecken, dass wir Menschen eigentlich ganz ähnliche Grundvoraussetzungen für unser Wachstum brauchen. Lass uns die Pflanzen beobachten und herausfinden, ob es da Parallelen gibt.

Der gute Boden

Bei Pflanzen ist zunächst einmal der Boden wichtig. Es gibt Pflanzen, die wachsen am besten in feuchten Waldböden, andere lieben sandige oder kalkhaltige Böden. Doch sie alle haben eines gemeinsam – sie brauchen die tiefe ruhige Stabilität, die ihnen der Boden schenkt. Der Boden ist wie ein Fundament, das ihnen Halt und Sicherheit gibt.

Auch wir Menschen brauchen diese grundlegende Stabilität. In den ersten Jahren unseres Daseins suchen wir die grundlegende Stabilität in der Familie, in der wir aufwachsen. Ein »guter Boden« für uns Menschen bedeutet, in einer liebevollen Familie aufzuwachsen, in der du dich sicher und angenommen fühlst. Viele unterschiedliche Faktoren bestimmen darüber, ob wir uns tatsächlich sicher fühlen. Schon vor unserer Geburt spüren wir auf sehr tiefen Ebenen, ob wir erwünscht sind oder nicht. Die erste Form von Sicherheit, nach der wir suchen, ist das tiefe, liebevolle Ja unserer Eltern. Spüren wir dieses Ja, beginnen wir uns zu öffnen. Das Ja von außen bewirkt ein Ja in unserem Inneren, wie ein Echo oder eine Antwort. Unsere Seele fühlt sich willkommen und beginnt ihren Weg ins Leben voller Zuversicht.

Als Erwachsene erleben wir den »guten Boden«, wenn es ausreichend Ruhe und Momente der Stille in unserem Leben gibt. Ruhige Tätigkeiten mit unseren Händen, der Aufenthalt in der Natur und das Wahrnehmen der natürlichen Rhythmen – das alles sorgt dafür, dass wir uns in der Erde verankern und Halt finden können. Es ist eine Entscheidung für unser inneres Wachstum, wenn wir uns aus unserer hyperaktiven Welt zurückziehen und eintauchen in die Ruhe. Es ist wichtig, ab und zu alle Geräte auszuschalten und in die Stille zu gehen.

Fehlt der gute Boden in unserem Leben, dann fehlt uns tatsächlich das Fundament für unsere Entwicklung. Es mag zwar sein, dass wir mit viel Leidenschaft und guten Ideen gesegnet sind, aber wir sind trotzdem nicht in der Lage, Projekte zu realisieren. Wir sind ständig unterwegs und kommen niemals an, ständig auf der Suche und nicht in der Lage, irgendwo Wurzeln zu schlagen. Fehlt uns das Fundament, wird das Leben unglaublich anstrengend, weil wir versuchen müssen, uns selbst aus eigener Kraft aufrecht zu halten, statt uns innerlich gehalten zu fühlen.

Menschen, die ein tiefes inneres Fundament entwickelt haben, gehen anders durch ihr Leben. Vielleicht hast du schon einmal erlebt, wie angenehm es ist, jemandem zu begegnen, der eine innere Ruhe ausstrahlt und ein tiefes Vertrauen in das Leben hat? Jemand, der auch in herausfordernden Situationen gelassen bleibt und in der Lage ist, klare Entscheidungen zu treffen? Je stabiler unser inneres Fundament ist, desto mehr innere Ruhe strahlen wir aus. Wir lassen uns nicht aus der Balance bringen und sind in der Lage, Herausforderungen zu meistern.

Ausreichend Wasser

Alle Pflanzen brauchen Wasser. Das fließende Element spielt auch eine Rolle in der menschlichen Entwicklung. Zwar müssen wir nicht mit der Gießkanne gegossen werden, aber für Menschen ist es wichtig, dass ihre Lebenskraft in Fluss kommen darf. Gerade bei kleinen Kindern merkt man oft voller Erstaunen, wie viel Lebenskraft sie besitzen. Und diese reine Kraft strebt danach, zu fließen. Eine einfache Möglichkeit, Lebenskraft in Fluss zu bringen, ist Bewegung. Kinder haben den Drang, sich zu bewegen, zunächst im Liegen, dann krabbelnd, später auf wackeligen Beinen.

Wenn unsere Lebensenergie in Fluss kommt, fühlen wir uns wirklich lebendig. Wir beginnen, Worte zu sprechen und unser inneres Erleben auszudrücken. Wir beginnen zu singen, zu tanzen und zu lachen. Es gibt kaum etwas Schöneres, als die leuchtenden Augen eines Kindes zu sehen, das so richtig in seinem Element ist. Da strahlt uns die pure Freude am Fluss des Lebens entgegen!

Im Idealfall wachsen wir in einer Umgebung auf, in der wir den Fluss unserer eigenen Lebenskraft langsam entwickeln können. Beginnend mit den einfachsten körperlichen Bewegungen, sind wir eingeladen, in den Fluss des Lebens einzusteigen. Menschen, die in ihrer Kindheit die Möglichkeit hatten, auf freudvolle Weise in den Fluss des Lebens einzutauchen, entwickeln Freude am Tun und lernen sich auszudrücken. Sie bringen gerne etwas in die Welt ein.

Wenn wir nicht dabei unterstützt werden, in Fluss zu kommen, staut sich die Lebenskraft in unserem Inneren an. Sie kann nicht fließen. Wir fühlen uns eingesperrt, innerlich abgeschnitten und beginnen spätestens als Jugendliche, gegen diese erstickende Enge zu rebellieren. Ist unsere Lebenskraft unterdrückt, so wirken wir ähnlich wie eine ausgetrocknete Pflanze. Wir werden hart, innerlich brüchig und leblos. Vielleicht flüchten wir in andere Welten, um uns dort lebendig zu fühlen, oder wir suchen die Lebendigkeit außerhalb von uns selbst, in extremen Erfahrungen, die uns schaden.

Menschen sind auf den Fluss ihrer Lebensenergie angewiesen. Einerseits trägt dieser innere Fluss zu unserer körperlichen Gesundheit bei, auf der anderen Seite schenkt er uns Kreativität. Menschen, die im Fluss sind, wirken leuchtend, wach und dynamisch. Es fällt ihnen leicht, sich auszudrücken. Es macht ihnen Freude, aktiv zu sein und etwas in der Welt zu bewegen. Wer selbst im Fluss ist, kann andere motivieren und begeistern. Wer gelernt hat, seine Lebensenergie fließen zu lassen, dem fällt es leicht, sich auf sinnvolle Weise in die Welt einzubringen und Wertvolles beizutragen.

Wärmendes Sonnenlicht

Nun kommen wir zum wärmenden Sonnenlicht, das alle Pflanzen zum Wachsen brauchen. Das Licht könnte man am besten mit dem vergleichen, was wir auf der menschlichen Ebene als »Liebe« beschreiben würden. Das Licht ist die liebevolle Aufmerksamkeit, die wir brauchen, um unsere Persönlichkeit und unsere Begabungen zu entfalten. Menschen brauchen Liebe, um leben zu können, so wie Pflanzen Licht brauchen. So wie eine Pflanze an einem sonnenreichen Tag einen Wachstumsschub macht, so wachsen auch Menschen innerlich, wenn sie liebevoll wahrgenommen werden.

Diese liebevolle Wahrnehmung beginnt in der Kindheit, wenn unsere Eltern sich ganz einfach darüber freuen, dass wir existieren. Lange bevor wir auf die Idee kommen, uns Liebe irgendwie verdienen zu können, brauchen wir Liebe, die keine Bedingungen stellt. Wir brauchen Liebe, die uns in die Arme nimmt, wenn wir Fehler machen. Wir brauchen Liebe, wenn wir hilflos sind und unfähig, unsere Probleme selbst zu lösen. Wir brauchen Liebe, bevor wir in der Lage sind, selbst aktiv Liebe zu geben.

Jeder Gärtner weiß, dass nicht jeden Tag die Sonne scheint. Auch Eltern können nicht jeden Tag vor lauter Liebe überströmen, aber eine Grundwärme brauchen wir Tag für Tag, um uns zu entwickeln. Je kühler die Familie ist, in der wir aufwachsen, desto mehr versuchen wir, das Kostbare in unserem Inneren zu schützen. So wie eine Blume sich nicht öffnet, solange Frost herrscht, so bleiben auch wir in einer gefühlskalten Umgebung verschlossen. Das ist keine bewusste Entscheidung, sondern eine instinktive Reaktion.

Manchmal versuchen wir, die fehlende Liebe in unser Leben zu bringen, indem wir uns besonders gut verhalten, uns anpassen oder versuchen, es anderen recht zu machen. Es kann sein, dass wir uns ein Leben lang verausgaben, um Liebe und Anerkennung zu gewinnen. Doch egal wie sehr wir uns anstrengen, es wird niemals wirklich erfüllend sein, denn die Liebe, nach der wir suchen, kann man sich nicht verdienen – sie ist bedingungslos.

Menschen, die sich geliebt fühlen, sind innerlich gelassener. Sie können sich erlauben, Fehler zu machen und nicht immer perfekt zu sein. Das Schöne und Besondere in ihnen kann auf ganz natürliche Weise zum Vorschein kommen. Sie brauchen sich weder in den Vordergrund zu spielen noch zu verstecken – sie sind präsent und authentisch.

Wer sich geliebt fühlt, sieht auch andere mit liebevolleren Augen. Zum Glück haben wir auch noch als Erwachsene die Möglichkeit, diese wärmende Liebe neu zu entdecken, selbst wenn wir in kühlen Verhältnissen aufgewachsen sind. Wir können die wärmende Kraft der Liebe in unser Leben bringen. Wir können erleben, wie sich unser Inneres entfaltet und unser wahres Potenzial zum Vorschein kommt.

Raum zum Wachsen

Es gibt noch einen weiteren wichtigen Faktor, der entscheidend für Wachstum ist: der Raum zum Wachsen. In unserem Garten bemerken wir dieses Phänomen sehr oft. Zwei der winzigen Obstbäume, die wir vor einigen Jahren gesetzt haben, kommen einander langsam in die Quere. Als die Bäume noch kleiner waren, gab es überhaupt kein Problem, doch inzwischen wird es eng. Wenn Pflanzen wachsen wollen, brauchen sie ausreichend Raum. Dasselbe gilt für uns Menschen.

Von klein auf brauchen wir Raum, um uns entwickeln zu können. Je älter wir werden, umso mehr Raum benötigen wir. Schrittweise wird uns mehr zugetraut, und wir entdecken, was wir schon selbst bewältigen können. Dadurch entfalten wir unsere eigene Kraft.

Wir erhalten nach und nach mehr Freiheit, mehr Verantwortung und mehr Mitspracherecht. Die Haltung der Eltern vermittelt uns, dass sie an unsere Fähigkeiten glauben, auch wenn sie noch nicht vollständig entwickelt sind. *Du kannst das. Du schaffst das. Wir glauben an dich.* Das ist der liebevolle Raum, in dem wir groß und stark werden können.

Wenn wir hingegen in einer Familie aufwachsen, in der es zu wenig Raum gibt, fühlen wir uns erstickt und eingeengt. Eltern die uns auf Schritt und Tritt beobachten, die uns am liebsten in Watte packen würden und uns jede Herausforderung abnehmen, weil sie uns nichts zutrauen, halten uns klein und stehen unserer Entfaltung im Weg. Natürlich gibt es auch das andere Extrem. Werden wir zu früh zu oft allein gelassen, fühlen wir uns überfordert. Ein zu großer Raum wirkt riesig und feindlich, sodass wir uns nicht trauen, uns auszubreiten und zu entfalten.

Erwachsene, die als Kinder gelernt haben, ihren eigenen Raum einzunehmen, fühlen sich dem Leben gewachsen. Sie stellen sich den Herausforderungen mutig und entschlossen. Sie sind in der Lage, klare Grenzen zu ziehen und zu entscheiden, was sie in ihr Leben hereinlassen wollen – und was nicht. Menschen, die ihren Raum einnehmen, haben keine Angst vor ihrer eigenen Größe. Sie trauen sich, zu wachsen, mehr einzubringen und sich selbst wertzuschätzen.

Vielleicht bist du wie eine Pflanze aufgewachsen, die auf gutem Boden gedeiht, mit ausreichend Wasser, wärmendem Sonnenschein und genug Raum, um dich zu entfalten. Vielleicht hast du aber auch etwas ganz anderes erlebt. Vielleicht geht es dir so wie mir damals, und du erkennst gerade deutlich, welche der Voraussetzungen für dein inneres Wachstum du in deiner Vergangenheit nicht erhalten hast. Als ich entdeckte, was mir gefehlt hat, konnte ich auf einmal verstehen, warum ich mich fühle wie eine halb vertrockneten Zimmerpflanze, die deprimiert ihre Blätter hängen lässt.

Als ich auf meine Kindheit zurückblickte, konnte ich erkennen, dass mir oft der stabile Boden gefehlt hatte. Mehrmals hatte ich erlebt, dass mir der Boden unter den Füßen wegrutschte, weil wichtige Bezugspersonen plötzlich weggefallen waren. Aus Angst vor der bedrohlichen Leere bin ich erstarrt und habe mich zurückgezogen. Die Folge davon war, dass meine Lebensenergie nie richtig in Fluss kommen konnte, sondern eher einem traurigen Rinnsal glich. Liebevolle Wärme war in meinem Leben auch nicht gerade im Überfluss vorhanden. Ich hatte eine harte, stachelige Schale entwickelt und gelernt, andere Menschen von mir fernzuhalten.

Es ist nicht gerade angenehm, wahrzunehmen, dass in unserem eigenen Leben ein paar wichtige Zutaten zum Glücklichsein fehlen. Aber der erste Schritt zur Veränderung ist, zu erkennen, welche Voraussetzungen für Wachstum du erhalten hast und welche nicht. Wenn du das erkennst, wird dir klar, was sich in deinem Inneren bereits entfalten konnte und was noch auf Entfaltung wartet. Dieser erste Schritt ermöglicht es dir, genau wahrzunehmen, wo du heute stehst. Wenn du das weißt, kannst du nach vorne schauen und beginnen, einen neuen Weg zu beschreiten.

Für mich war es erleichternd, zu verstehen, warum ich mich nicht wirklich lebendig und verbunden fühle. Es war erleichternd, mir nicht mehr selbst die Schuld dafür zu geben oder immer mehr Druck auf mich auszuüben und zu erwarten, dass sich dadurch etwas ändert. Statt mich zu kritisieren, wenn ich wieder einmal ängstlich war, entwickelte ich mehr Verständnis für mich selbst.

Doch ganz egal, welche Voraussetzungen für Wachstum mir mein Leben in der Vergangenheit vorenthalten hatte, die Sehnsucht danach, mich vollständig zu entwickeln, bestand weiterhin. So wie die halb vertrocknete Zimmerpflanze immer weiter hofft, sich irgendwann in ihre schönste Form zu entwickeln und ihr volles Potenzial entfalten zu können, so sehnte auch ich mich danach, mich endlich vollständig entwickeln zu dürfen.

Meine Vergangenheit war streckenweise wirklich anstrengend und traumatisch gewesen – doch zum ersten Mal saß ich nun selbst am Steuer. Die Tatsache, dass ich nicht mehr abhängig von Familie, Eltern oder Lehrern war, beflügelte mich. Ich konnte zum ersten Mal selbst entscheiden, wie ich mit mir umgehe.

Es war befreiend, mich nicht mehr als Opfer meiner Umstände zu betrachten, sondern zu erkennen, dass ich meine Zukunft in den eigenen Händen halte. Ich wollte ein guter Gärtner werden, der die halb vertrocknete Pflanze in gute Erde pflanzt, regelmäßig gießt und dafür sorgt, dass sie genug Wärme und Raum zum Wachsen bekommt. Ich beschloss, mich nicht weiterhin vertrocknen zu lassen, sondern mir zu erlauben, zu wachsen, zu gedeihen und Früchte zu tragen.

Ein ganz und gar neuer Weg lag auf einmal vor mir. Eine leise Vorfreude machte sich bemerkbar. Zwar kannte ich nicht jeden einzelnen Schritt, der vor mir liegt – aber ich wusste, dass es sich lohnt loszugehen. Es war höchste Zeit, die Voraussetzungen zu schaffen, dass ich wirklich ich selbst werden kann. Tief in meinem Inneren sagte ich Ja zu mir. Ja zu meiner Heilung. Ja zu meiner Entwicklung. Ja zu meinem Weg. Und dann begann das Abenteuer …

Sehnsucht nach dem wahren Sein

Als ich vor vielen Jahren meine Suche nach dem Glück begonnen habe, hätte ich mir nicht träumen lassen, dass es überall auf der Erde Menschen gibt, die sich auf dieselbe Suche begeben. Ich dachte ich wäre allein mit meinen Fragen und dieser brennenden Sehnsucht in meinem Herzen. Jetzt, viele Jahre später, habe ich so viele Menschen getroffen, die Sehnsucht nach ihrem wahren Sein haben. Sie ahnen, dass ihr Leben nicht so eng und klein bleiben muss, wie es früher war, sondern sich auf wundersame Weise entfalten darf.

Vielleicht weißt du aus eigener Erfahrung, wie es sich anfühlt, wenn ein großer Teil unseres Selbst sich niemals entwickeln konnte.

So wie man eine Pflanze erst wirklich erkennen kann, wenn sie sich vollständig entwickelt, so können wir uns erst dann wirklich kennenlernen, wenn wir uns vollständig entfalten. Vielleicht hast du Sehnsucht danach, ganz zu werden. Vielleicht ahnst du, dass noch viel mehr Fähigkeiten und Weisheit in dir schlummern, doch du weißt nicht genau, wie du an sie herankommen sollst.

Wie vollständig oder unvollständig wir uns entwickelt haben, hat einen Einfluss darauf, wie glücklich wir sind. Glück beginnt da, wo wir uns vollständig entfalten und eins mit uns selbst sind.

Wie wir aufgewachsen sind, hat uns geprägt. Wir haben eine ganz bestimmte Welt kennengelernt, und oftmals glauben wir, dass das ganze Leben nur so ist, wie wir es von Anfang an erfahren haben. Viele Generationen vor uns haben versucht, einfach nur das Beste aus dem wenigen zu machen, was sie bekommen haben. Das ist sicher nicht falsch, doch wir leben heute in einer Zeit der Veränderung.

Das menschliche Bewusstsein vollzieht gerade eine Art Quantensprung. Tief in unserem Inneren ruft uns etwas. Wir sind eingeladen, aufzuwachen und die ausgetrampelten Pfade zu verlassen. Wir sind eingeladen, uns vollständig zu entwickeln, unabhängig davon, welche Voraussetzungen wir in der Kindheit hatten. Wir sind eingeladen, alte Einschränkungen von uns abzustreifen und uns daran zu erinnern, wer wir wirklich sind.

Wir leben in einer Zeit, die uns dazu einlädt, über die Prägungen der Vergangenheit hinauszuwachsen. Natürlich hat uns die Vergangenheit ihren Stempel aufgedrückt. Die äußeren Umstände haben unser Wachstum begünstigt oder verhindert. Doch zum Glück müssen wir diese Prägungen nicht mehr hinnehmen. Wir können die Grenzen, die uns eingeschränkt haben, behutsam überschreiten.

Vielleicht fragst du dich, wie das funktioniert. Wie können wir uns vollständig entwickeln? Wie können wir frei werden von alten Einschränkungen? Wie können wir ein Leben erschaffen, das zu uns passt und uns erfüllt? Wenn du dir diese Fragen stellst, dann bist du schon mittendrin in diesem umfassenden Entwicklungsprozess. Du bist dabei, innerlich zu erwachen. Dieses innere

Erwachen ist ein natürlicher Prozess, der dich in deine Vollständigkeit bringt.

In den folgenden Kapiteln dieses Buchs möchte ich dich Schritt für Schritt auf diesem Weg der Entfaltung begleiten.

Der erste Schritt beginnt in deinem Inneren. Der erste Schritt auf unserem Weg in ein vollständiges, erfülltes Leben beginnt damit, dass wir uns nicht mehr als Opfer der Umstände betrachten, sondern wahrnehmen, dass wir eine schöpferische Rolle einnehmen dürfen. Statt uns weiter abzumühen, das, was sich nicht entwickeln konnte, zu vertuschen oder durch große Anstrengung zu überspielen, dürfen wir uns die Voraussetzungen dafür schaffen, uns vollständig zu entwickeln. Wir dürfen jeden Tag ein wenig mehr entdecken, wer wir wirklich sind.

Die Sehnsucht nach deinem wahren Sein ist wie ein Wegweiser, der dich nach innen führt. Denn so wie eine Pflanze das Potenzial für ihr vollständiges Wachstum in sich trägt, so befindet sich auch all das, was zu dir gehört bereits in deinem Inneren. Es ist alles schon da. Du trägst die Schätze, nach denen du suchst, bereits in dir. Alles wartet nur auf dich. Alles wartet darauf, dass du den Ruf des Lebens hörst. Alles wartet darauf, dass du deinen Platz einnimmst und ganz du selbst bist. Die Zeit ist reif.

ÜBUNG: Erkenne, was dich geprägt hat

Ich lade dich ein, einen Blick auf deine Vergangenheit zu werfen und zu erkennen, was dich geprägt hat. Nimm dir ein Blatt Papier, und mache dir Notizen zu den folgenden vier Fragen:

Frage 1: Wie sieht es mit deinem Fundament aus?

Wie waren die Voraussetzungen in deiner Kindheit, als es darum ging, dein inneres Fundament zu entwickeln? Wie viel Stabilität und wie viel Chaos gab es in der Vergangenheit? In welchen Situationen fühlst du dich stabil – und wo fehlt dir der innere Halt?

Frage 2: Fließt deine Lebensenergie?
Hattest du die Möglichkeit, deine eigene Lebensenergie in Fluss zu bringen? Fällt es dir leicht, in Bewegung zu sein, oder eher schwer? Gibt es Momente, in denen du den Fluss deiner Lebendigkeit genießt? Wann fühlst du dich im Fluss – und wann stockt er?

Frage 3: Nimmst du wahr, dass du wertvoll bist?
Gab es Menschen, die dir liebevolle Aufmerksamkeit geschenkt haben und dir gezeigt haben, dass du wertvoll bist? Schaust du heute mit liebevollen Augen auf dich – oder neigst du dazu, dich zu kritisieren?

Frage 4: Nimmst du deinen Raum ein?
Hattest du in deiner Kindheit genug Raum, um dich zu entfalten? Fällt es dir leicht, dich zu zeigen und sichtbar zu werden? Spürst du heute, dass du etwas Besonderes in dir trägst, oder fühlst du dich überflüssig?

Präsent werden

Meditation zum inneren Ankommen

Zu jedem Kapitel gibt es eine Meditation, die dich einlädt, tiefer einzusteigen und heilsame Schritte zu gehen. Du findest alle Meditationen als Audio-Download unter folgendem Link:

Download-Link:
https://leahamann.de/leben-lieben-leuchten-download/

Viel Freude beim Hören!

2

Den inneren Wegweiser finden

Es kommt eine Zeit, wenn der Strom deiner Wahrnehmung nach innen fließt, wenn du dem Fluss zurück zur Quelle folgst, zurück zum Ursprung, zurück in die Mitte, nach Hause zu dir. Du kommst dort an, wo es still ist. Dort, wo deine wahre Stimme spricht. So klar und einfach. So laut und deutlich. Du hörst auf zu suchen und beginnst zu finden. Du schöpfst neue Worte aus dem Brunnen der Stille, kristallklares Wasser, das deinen Durst stillt.

* * *

Die Antworten auf deine größten Fragen
trägst du bereits in deinem Inneren.

* * *

Nachdem ich mich dafür entschieden hatte, einen neuen Weg in meinem Leben einzuschlagen, fühlte ich mich einige Tage lang voller Vorfreude und Begeisterung. Ich konnte es kaum erwarten, endlich loszulegen. Doch dann wurde mir die ernüchternde Tatsache bewusst, dass ich überhaupt nicht wusste, wie ich meinen Wunsch, ganz ich selbst zu werden, praktisch umsetzen soll. Wie funktioniert das?, wollte ich wissen. Was ist mein nächster Schritt? fragte ich mich. In meinem Inneren war zwar die tiefe Gewissheit, dass etwas auf mich wartet, aber ich wusste nicht, wie ich da herankommen soll.

Das Einzige, was mir Tag für Tag klarer wurde, war, dass ich meinen bisherigen Weg nicht weitergehen will. Wenn ich morgens mit dem Fahrrad in die Kunstakademie fuhr, wurde mir das ganz besonders bewusst. Zwar trug ich noch die richtigen Klamotten und sah von Weitem noch aus wie eine Kunststudentin, aber innerlich fühlte ich mich fehl am Platz. Während meine Freunde in der Mensa zusammen saßen, über die letzte Ausstellungseröffnung sprachen und rätselten, wer das Stipendium der größten Bank ergattern würde, fragte ich mich, was ich hier eigentlich mache.

Die Kunstwelt, in die ich voller Begeisterung eingetaucht war, kam mir auf einmal eher vor wie eine künstliche Welt. Ich weiß nicht, ob es in anderen Studiengängen auch so ist, aber ich fand es ganz schön anstrengend, wenn so viele Leute, die sich alle im besten Licht zeigen wollen, auf einem Haufen landen. Jeder produziert sich, jeder will im Vordergrund stehen – und niemand hört zu.

Auf einmal stand ich außerhalb und beobachtete die Rangkämpfe, die Angeberei und das Streben nach Anerkennung. Hatte ich vor Kurzem nicht auch noch über diese Witze gelacht? War ich wirklich so oberflächlich? Ich fühlte mich wie eine Schauspielerin nach dem Ende der Aufführung. Ich sah keinen Sinn mehr darin, mich weiterhin zu verkleiden, zu verstellen und zu versuchen, diese Rolle spielen. Stattdessen sehnte ich mich danach, meine Maske abzulegen, die Verkleidung auszuziehen und wieder ich selbst zu werden.

Obwohl mein Widerstand gegen das Studium von Tag zu Tag größer wurde, drückte ich mich eine ganze Weile davor, eine klare Entscheidung zu treffen. Ich versuchte, die Augen zu verschließen und nicht darüber nachzudenken. Vielleicht kann ich einen Kompromiss finden, überlegte ich. Doch eines Tages war es dann so weit. Ich wusste, dass ich mein Studium nicht weiterführen kann.

Natürlich war mir bewusst, wie idiotisch diese Entscheidung in den Augen anderer erscheinen musste. Schließlich hatte ich meinen Studienplatz nach einem langwierigen Bewerbungsverfahren mit Aufnahmeprüfung erkämpft und bereits so viel investiert – nur um es jetzt abzubrechen? Dazu kam noch die drängende Frage, wie es beruflich bei mir weitergehen soll, denn mit dem Abbruch meines Studiums endete auch meine finanzielle Unterstützung.

Ich wusste sehr genau, was ich nicht mehr will. Doch was ich will und wie es weitergehen soll, das wusste ich nicht. Tausend Fragezeichen waren in meinem Inneren, doch eines wusste ich sicher: Ich muss mich von diesem Studium abmelden. Ich kann den Weg, der sich so falsch für mich anfühlt, einfach nicht mehr weitergehen. Ich kann mich nicht mehr dazu zwingen, jemand zu sein, der ich nun einmal nicht bin. Mir war zwar ziemlich flau im Bauch, als ich ins Sekretariat der Akademie ging und meine Unterschrift auf die Abmeldung setzte, aber danach war ich erleichtert. Nun war es endlich offiziell: Dieser Abschnitt meines Wegs war zu Ende.

Und wie geht es jetzt weiter? Ich hatte keine Antwort auf diese Frage. Ich ging ins Leere, in ein neues, unbekanntes Land. Da war kein Netz, kein doppelter Boden. Es gab kein Zurück. Es stand auch niemand hinter mir und sagte: »Ach, mach einfach deine Erfahrungen. Wenn es nicht klappt, unterstützen wir dich finanziell.« Auf einmal hing ich im luftleeren Raum. Unter mir war ein gähnender Abgrund. Und vor mir war – überhaupt nichts.

Während ich überlegte, was wohl mein nächster Schritt sein würde, begann ich fieberhaft nach einer Lösung zu suchen. Ich stöberte im Internet, um Ideen zu finden, Dutzende von Büchern lagen auf meinem Esszimmertisch, und ich fragte Freunde um Rat. Bisher war ich immer äußeren Wegweisern gefolgt. Ich hatte auf das gehört, was andere sagten. Ich hatte das getan, was andere vor mir bereits getan hatten. Aber diesmal schien das einfach nicht zu funktionieren. Außer dem wohlmeinenden Ratschlag, mein Kunststudium fortzusetzen, was für mich nicht infrage kam, erhielt ich keinerlei brauchbare Hinweise.

Jeden Morgen, wenn ich aufwachte, fiel mir blitzartig ein, dass ich nicht weiß, wie ich weitermachen soll. Ein Tsunami aus Gedanken rollte über mich hinweg: Was soll ich mit meinem Leben anfangen? Wie soll ich Geld verdienen? Ich habe nur noch 500 Euro auf dem Konto, was mache ich bloß? Soll ich eine Ausbildung beginnen? Soll ich mir einen Vollzeitjob suchen? Wie bezahle ich meine Miete? Werde ich unter der Brücke landen? Was soll ich bloß tun?

Je schneller sich meine Gedanken drehten, desto erschöpfter fühlte ich mich. Zwar wusste ich, dass mich dieses angstvolle Grübeln nicht weiter bringt, aber ich hatte keine Ahnung, wie ich damit aufhören kann und was ich stattdessen tun soll. Mir wurde bewusst, wie viel Raum mein Denken bisher eingenommen hatte. Mein Verstand war der Kompass gewesen, nach dem ich mich ausgerichtet hatte. Doch jedes Mal, wenn ich müde aus meinem Gedankenkarussell entkam, wurde es allzu deutlich für mich, dass mein Verstand in dieser Situation keine Antwort für mich hatte. Der alte Weg war zu Ende. Die alten Methoden, meinen Weg zu erkennen, funktionierten nicht mehr.

Auch wenn ich nicht gerade begeistert war über diese unbequeme Situation, so hatte ich doch das tiefe Gefühl, dass es hier etwas Grundlegendes zu lernen gibt. Mir wurde bewusst, dass die äußeren Wegweiser, denen ich ein Leben lang gefolgt war, mich immer weiter von mir entfernt hatten. Eine Vermutung keimte in mir auf: Vielleicht finde ich meinen ureigenen Weg erst dann, wenn ich nicht mehr den äußeren Wegweisern folge, sondern nach innen lausche. Vielleicht müssen die Zeichen, die mich auf den Weg zu mir selbst führen, aus meinem eigenen Inneren kommen. Vielleicht ist es möglich, mit meinem Inneren in Kontakt zu kommen und tief in mir zu erfahren, was mein nächster Schritt ist.

Die Idee, mich nach innen zu richten, um meinen ureigenen Weg zu finden, erfüllte mich mit Begeisterung. Ich war so froh, endlich etwas tun zu können! Meine Erwartung war, dass ich mich hinsetze, die Augen schließe und sofort klar und deutlich erfahre, wie es weitergeht. Ich konnte es kaum erwarten zu beginnen!

Voller Vorfreude setzte ich mich in meiner kleinen Einzimmerwohnung, in die ich gerade erst eingezogen war, auf den Boden und schloss meine Augen. Ah, gleich geht es los, dachte ich. Gleich kommt die große Erkenntnis. Das Suchen hat ein Ende – jetzt erfahre ich, wie es weitergeht. Und so saß ich dann eine Weile und wartete. Ich wartete auf die Botschaft, auf die Erkenntnis, auf den erlösenden Hinweis. Ich hoffte darauf, dass ich endlich herausfinde, was mein nächster Schritt ist.

Nach einigen Minuten legte sich mein Hochgefühl. Erste Zweifel regten sich. Mist, warum funktioniert das nicht, es hat sich doch so stimmig angefühlt! Doch statt einer bahnbrechenden Erkenntnis spürte ich einfach nur – gar nichts. Ich hörte nichts. Ich nahm nichts wahr. Ich spürte nichts. Schließlich konnte ich meine Ungeduld nicht mehr im Zaum halten und öffnete meine Augen. Ich war enttäuscht.

Weil ich meinen tollen Plan so schnell nun doch wieder nicht aufgeben wollte, versuchte ich es am nächsten Tag noch einmal. Vielleicht muss man diese innere Wahrnehmung erst trainieren, überlegte ich. Einige Wochen lang setzte ich mich dann tatsächlich mehrmals täglich auf meinen Platz am Boden und lauschte – mal mehr und mal weniger frustriert – nach innen. Aber ich hörte nichts. Wieder nichts. Und beim nächsten Mal noch immer nichts.

Eines Tages, als ich wieder einmal nach innen lauschte und nichts wahrnahm, fing ich aus einem spontanen Impuls heraus an, dieses Nichts genauer zu inspizieren. Wenn es schon jeden Tag direkt vor meiner Nase liegt, will es mir vielleicht etwas sagen, so dachte ich. Ich versuchte nicht mehr verkrampft, etwas Bestimmtes wahrzunehmen, sondern begann das Nichts zu fühlen. Es fühlte sich ziemlich ruhig an. Je mehr ich die ruhige Qualität von diesem Nichts beobachtete, desto ruhiger wurde es in mir. Dieses Nichts bewirkt etwas in mir, bemerkte ich. Es war überraschend angenehm und wohltuend.

Nach einigen Begegnungen mit dem Nichts wurde mir klar, dass dieses erstaunliche Nichts mir jedes Mal eine neue Facette von sich zeigte. Einmal fühlte es sich ruhig an wie ein stiller See, ein anderes Mal war es wärmend wie eine weiche Decke. Manchmal fühlte es sich auch leicht an, wie ein zarter Lufthauch. Da war ja doch eine ganze Menge los in meinem Inneren! Da steckte eine Menge drin in diesem Nichts! Ich hatte es bisher nur übersehen.

Ich ließ nicht locker und lauschte weiter nach innen. Mit der Zeit zeigten sich Worte, die aus der Stille auftauchten. Das erste Wort, das zum Vorschein kam, lautete »Vertrauen«. Mein erster Impuls war, mehr darüber wissen zu wollen. Warum soll ich vertrauen? Wie funktioniert das überhaupt, vertrauen? Und wo wir gerade beim Thema sind, könnte ich denn nicht bitte erfahren, was ich *tun* soll und wie mein Leben weitergeht? Doch ich merkte auch, dass meine Fragenlawine mich nur rausbringen würde aus der inneren Verbindung. Also begann ich, dieses eine Wort, das da in mir aufgetaucht war, genauer unter die Lupe zu nehmen.

Mit jedem Atemzug erlebte ich, dass dieses Wort mich zu einem Gefühl führte. Und je mehr ich mich auf das Gefühl einließ, desto mehr lernte ich eine neue innere Haltung, die mir bisher fremd war. Mitten im Chaos meiner ungeklärten Lebenssituation lud mich mein Inneres dazu ein, mich entspannt zurückzulehnen und zu vertrauen. Ganz schön verrückt – oder?

Das Wort Vertrauen kam jeden Tag immer wieder neu zum Vorschein. Mein Inneres forderte mich auf, dem Vertrauen bis in seine tiefste Tiefe zu folgen. Auch wenn ich es manchmal gelangweilt beiseiteschieben wollte, um endlich neue Hinweise zu erhalten, so merkte ich doch, dass es da tatsächlich jedes Mal noch etwas mehr zu entdecken gab. Jedes Mal schmeckte das Vertrauen anders. Jedes Mal führte es mich in eine tiefere Entspannung, in ein inneres Loslassen. Jedes Mal spürte ich verwundert, dass eigentlich alles okay ist und ich meinem Weg vertrauen darf.

Je tiefer ich mich einließ auf diese neue Art der inneren Verbundenheit, desto klarer wurde mir, dass es keine schnelle Lösung für mein Anliegen gibt. Es gab keinen Knopf, den ich drücken konnte, oder eine banale Antwort, die mir ermöglicht, mit einem Schlag dort anzukommen, wo ich hinmöchte. Es ging darum, mich jeden Tag aufs Neue nach innen zu richten und meine inneren Impulse wahrzunehmen. Es ging darum, mich auf eine langfristige Entwicklung einzulassen. Ich merkte, dass in Wahrheit ein Weg vor mir liegt. Der Weg der Entfaltung. Der Weg des Erwachens. Der Weg des schrittweisen Erblühens meiner Seele.

Dein Bewusstsein ist wie der Ozean

Wenn ich heute an meine allererste Kontaktaufnahme mit meinem Inneren zurückdenke, muss ich schmunzeln. Tja, besonders geschickt habe ich mich wirklich nicht angestellt. Manchmal dauert es eine Weile, bis man sieht, was eigentlich die ganze Zeit direkt vor der eigenen Nase liegt. Im Nachhinein betrachtet, scheint alles so klar zu sein, doch es war überraschend schwierig, nach innen zu lauschen. Vielleicht geht das nicht nur mir so, denn wir leben in einer Welt, die uns von klein auf dazu trainiert, unsere Wahrnehmung nach außen zu richten. Es ist ungewohnt, nach innen zu hören, um von dort etwas wahrzunehmen.

Als ich meine innere Wahrnehmung trainiert habe, kam es mir öfter einmal so vor, als würde ich unter die Oberfläche meines alltäglichen Denkens tauchen und in die Tiefe meines Seins sinken. Immer wieder einmal kam mir das Bild von einem Ozean, in den ich langsam eintauche.

Wenn du dir einen Ozean im Querschnitt vorstellst, könnte man ganz grob drei verschiedene Ebenen voneinander unterscheiden: Es gibt ganz oben die unruhige Wasseroberfläche mit den Wellen, darunter die Mitte des Ozeans mit ihren starken Strömungen und ganz weit unten die geheimnisvolle stille Tiefe des Ozeans.

Unser menschliches Bewusstsein hat ebenfalls drei grundlegende Ebenen, die wir wahrnehmen können: Die ständig bewegte Wasseroberfläche mit ihren Wellen gleicht unserem Verstand. Hier herrscht ein ständiges Kommen und Gehen von Gedanken. Eine Ebene tiefer befinden sich die Strömungen, die man mit unseren Emotionen vergleichen könnte und die uns mitreißen können, wenn wir nicht achtsam sind. Die tiefste Ebene in unserem Bewusstsein ist unser Sein. Das Sein ähnelt der geheimnisvollen Tiefe des Ozeans, in der eine heilige Stille herrscht, die wir mit unseren alltäglichen Sinnen oft nicht wahrnehmen können.

Die wahrhaftigen Impulse, die uns auf den Weg zu uns selbst führen, entspringen nicht der unruhigen Verstandesebene. Sie kommen auch nicht aus unseren Emotionen, die uns mal hierhin und mal dorthin zerren. Die tiefste Wahrhaftigkeit kommt aus der stillen Tiefe, aus unserem Sein. Wenn du beginnen möchtest, in dein Inneres zu lauschen, um dich von dort leiten zu lassen, musst du lernen, in deine innere Tiefe zu tauchen.

Die Wellen im Verstand

Wenn du dich hinsetzt, deine Augen schließt und deine Aufmerksamkeit nach innen richtest, kann es gut sein, dass du zunächst einfach nur die Ebene deines Verstandes wahrnimmst. Du befindest dich an der Wasseroberfläche, wo ständige Bewegung herrscht. Unsere Gedanken sind wie das ständige Auf und Ab der Wellen. Es gibt Momente, da sind die Gedanken aufgepeitscht und türmen sich hoch auf – und dann gibt es wieder Zeiten, in denen die Gedanken etwas ruhiger werden. Auf der Ebene unseres Verstandes ist immer etwas los! Wir wachsen heute in einer sehr verstandesbetonten Welt auf. Von klein auf lernen wir, dass es wichtig ist, unser Leben mit dem Verstand zu begreifen. Wir denken oft über das Leben nach, statt es wirklich zu erfahren. Manchmal fällt es uns schwer, im jetzigen Moment zu sein, denn wir hängen den Gedanken über unsere Vergangenheit nach – oder sind in Gedanken schon mit der Zukunft beschäftigt.

Ich hatte immer schon eine Sehnsucht, unter die Oberfläche zu tauchen und die Tiefe des Lebens zu erkunden. Vielleicht habe ich aus diesem Grund als Jugendliche eine Tauchausbildung gemacht. Als ich in meinem unangenehm nasskalten Taucheranzug mit einer schweren Sauerstoffflasche auf dem Rücken weit draußen auf dem türkisblauen Meer in einem schaukelnden Motorboot saß, konnte ich den Weg in die Tiefe des Ozeans hautnah erleben.

Der Weg in die Tiefe begann jedes Mal aufs Neue an der Wasseroberfläche. Es hat mich immer wieder erstaunt, wie laut es da ist. Man treibt wie ein Korken auf den Wellen, die einen hin und her schubsen. Es herrscht eine große Unruhe, genauso wie es oft auch in unserem Denken unruhig ist.

Statt uns vom Treiben der Gedanken ablenken zu lassen und fasziniert einzelnen Gedanken zu folgen, haben wir die Möglichkeit, wahrzunehmen, dass es unterhalb der Gedanken noch viel mehr zu entdecken gibt. Es wird Zeit, tiefer zu tauchen!

Die Strömung deiner Emotionen

Wenn wir uns ein Stück tiefer in unser Inneres sinken lassen, gelangen wir zur Ebene unserer Emotionen. Unsere Emotionen – Freude, Trauer, Wut, Leidenschaft, Schmerz – sind Bewegungen in unserem Bewusstsein.

Vielleicht hast du beim Schwimmen schon einmal erlebt, wie anstrengend es ist, wenn man in eine Strömung gerät, die einen in eine bestimmte Richtung ziehen will? Unsere Emotionen gleichen diesen starken Strömungen. Sie können eine heilsame Bewegung in unser Leben bringen, doch wenn wir uns blind von ihnen mitreißen lassen, schleppen sie uns irgendwohin, wo wir gar nicht hinwollen.

Wenn du nach innen lauschst, um deine wahrhaftigen Impulse wahrzunehmen, ist es wichtig, deine emotionale Ebene bewusst zu betrachten. Manchmal sind es angenehme Gefühle, die du wahrnimmst – und manchmal sind es eher schmerzhafte, unangenehme Gefühle.

Statt deine Emotionen zu verdrängen, gegen sie zu kämpfen oder zu versuchen, sie zu verändern, kannst du ihnen erlauben, da zu sein und zu fließen. Du kämpfst nicht gegen die Strömung, aber du lässt dich auch nicht von ihr fortreißen, sondern bleibst aufmerksam und offen in deiner eigenen Mitte. Erst dann kannst du langsam tiefer tauchen und der wahrhaftigen Ebene deines Seins begegnen.

Die Tiefe deines Seins

Nur sehr wenige Menschen wissen, dass es jenseits der Emotionen noch einen viel tieferen Teil des Bewusstseins gibt. Wenn wir in unsere tiefste Tiefe eintauchen, kommen wir uns selbst ganz nahe. Hier beginnt und endet unser Bewusstsein. Hier entspringen wahrhaftige, heilsame Antworten, die uns wirklich weiterbringen.

Heutzutage ist es gar nicht so einfach, in unsere eigene Tiefe einzutauchen und unser Sein wahrzunehmen. Unsere Tendenz, uns ständig mit Gedanken oder Gefühlen zu beschäftigen, hält uns meistens auf den oberen Bewusstseinsebenen fest. Doch wer tiefer in sich selbst eintauchen möchte, muss die greifbare Ebene des Verstandes und der Emotionen hinter sich lassen. Hier, in der tiefsten Tiefe, funktioniert unsere Wahrnehmung anders. Hier hören und sehen wir auf andere Art und Weise. Hier kommuniziert unser wahres Sein mit uns.

Bei meinen Tauchgängen liebte ich den Moment, wenn man ausatmet und langsam unter die Wasseroberfläche sinkt. Der Tumult der Wellen legt sich. Es wird stiller und stiller, bis die Oberfläche mit ihren wilden Wellen wie ein längst vergessener Traum scheint. Taucht man in die Tiefe ein, wird alles langsamer. Bewegungen verlaufen in Zeitlupe. Die Wasserpflanzen, die von der Strömung bewegt werden, wiegen sich langsam und tänzerisch.

Ich werde nie den Moment vergessen, als wir am Grund des Ozeans ein tiefes Tal durchquerten. Ich schwamm dicht am Meeresboden entlang. Für einen Moment hörte ich auf, mich zu bewegen. Ich schwebte und ließ mich vom sanften Atem des Ozeans hin und her wiegen. Es war so unendlich still hier. Diese Tiefe machte mir keine Angst, sondern lud mich ein, loszulassen und mich tragen zu lassen. Hier war alles so ruhig. Über mir war alles tiefblau. Meine Gedanken waren verschwunden, und für einen Moment konnte ich eins werden mit dieser tiefen Stille.

In jenem Moment, so verstand ich viele Jahre später, hatte ich Zugang gefunden zu einer tieferen Ebene meines Bewusstseins, die weit jenseits der Gedanken und weit unter den Emotionen zu finden ist. Hier befindet sich der stille Raum im Inneren jedes Menschen – unser Sein. Wenn wir hier ankommen, erhalten wir neue Antworten und einen tieferen Zugang zu unserem Leben.

Mein tägliches Ritual, nach innen zu lauschen und in meinem Sein anzukommen, wurde schon bald zu einer wohltuenden Gewohnheit für mich. Ich verbrachte viel Zeit damit, täglich tief in mein Inneres einzutauchen und in die Stille zu lauschen. Manchmal tat es einfach nur gut, in der Stille zu sein. Ohne Worte, ohne

Erwartungen, ohne ein bestimmtes Ergebnis. Einfach nur zu sein. Ich liebte die tiefe Stille, die mir dort begegnete. Das Eintauchen in mein Sein hatte jedoch auch einen anderen Nebeneffekt: Ich lernte eine neue Art von Kommunikation mit meinem Inneren. Oft spürte ich deutliche Impulse. Mal durch Worte, mal einfach nur durch intuitives Wissen.

Ich werde oft gefragt, wie es sich anfühlt, wenn man sich mit seinem Inneren verbindet und tatsächlich Antworten und Hinweise erhält. Die wahrhaftigen Impulse, die aus dem Inneren kommen, sind meistens überraschend, weil sie nicht zum alltäglichen Strom der Gedanken gehören und tatsächlich aus der inneren Tiefe aufsteigen. Doch so unerwartet die inneren Antworten auch manchmal sein mögen, immer enthalten sie etwas Vertrautes. Etwas an ihnen fühlt sich auf innige Weise stimmig und bekannt an. Innere Weisheit ist oft einfach und elegant. Sie hat etwas Reines und Heilsames.

Es ist hilfreich, wenn wir uns ohne Erwartungen in die Tiefe sinken lassen, um unsere inneren Antworten anzunehmen. Doch nicht immer ist das möglich. Als ich begonnen habe, nach inneren Antworten zu forschen, stand ich innerlich sehr unter Druck und war ziemlich ungeduldig. Immer wieder rauschte ein Schwall von Fragen durch mich hindurch: Wie geht es weiter? Wie soll ich Geld verdienen? Was soll ich tun? Es kam mir so vor, als würde die Tiefe in meinem Inneren in einer völlig anderen Welt leben und einfach nicht verstehen, wie dringend ich neue Antworten brauche.

Jedes Mal wenn ich voller Angst in mein Inneres eintauchte, staunte ich über die Ruhe in meinem Inneren. Die Hinweise »Alles ist gut« und »Alles entwickelt sich zur rechten Zeit«, die aus meiner Tiefe emporstiegen, trieben mich manchmal fast zum Wahnsinn. Ja, ich fühlte, dass es so ist, während ich tief mit mir verbunden war. Doch sobald ich meine Augen öffnete und das Chaos meines Lebens vor mir sah, schien mir das alles so naiv!

Trotzdem vertraute ich weiter und blieb auf meinem Weg. Natürlich hätte ich schnell etwas unternehmen können, was sich eigentlich nicht stimmig anfühlte, um zunächst mal aus der Situation herauszukommen, doch das fühlte sich eher an wie ein Weglaufen. Auch wenn ich nicht wusste, wie die Lösung aussieht, ich wollte mir zum ersten Mal in meinem Leben ermöglichen, den nächsten Schritt authentisch und langsam in meinem Inneren reifen zu lassen.

Dem eigenen Weg vertrauen

Als zum ersten Mal ein deutlicher, praktischer Impuls für mein Leben in meinem Inneren auftauchte, musste ich lauthals lachen. Wirklich. Es kam mir so absurd, so unglaublich lächerlich vor. »Gib Einzelsitzungen!«, dieser Impuls war auf einmal da. Das kann doch nicht wahr sein, dachte ich. Schließlich glaubte ich, dass man erst einmal sein eigenes Leben – zumindest teilweise – im Griff haben sollte, bevor man hingeht und andere berät. Das war bei mir nun wirklich nicht der Fall. Eine vorzeitig abgestürzte Kunststudentin, die täglich in ihr Inneres eintaucht und Botschaften aus der Tiefe erhält – was hatte ich schon zu geben?

Ich hatte zwar den alten Weg verlassen, aber ich wusste deshalb noch lange nicht, wie der neue Weg aussieht und ob es überhaupt funktioniert, diesen neuen Weg zu gehen. Was für ein Vorbild kann ich sein, wenn ich selbst nicht weiß, was ich da mache? So dachte ich.

Ich ignorierte diesen inneren Hinweis also einige Wochen lang hartnäckig und hoffte, dass ich mich verhört hätte. Doch weit gefehlt. Jeden Tag blubberte dieser Impuls erneut aus der Tiefe empor: »Gib Einzelsitzungen! Gib Einzelsitzungen! Gib Einzelsitzungen!« Es dauerte eine Weile, doch schließlich wurde ich mürbe. Na gut, na gut, dann mache ich es eben. Ich war felsenfest davon überzeugt, dass es sowieso nicht funktionieren würde. Doch um nicht mehr von diesem Hinweis genervt zu werden, beschloss ich, es zumindest einmal zu versuchen.

In einem spirituellen Forum, in dem ich bereits ein paar von mir geschriebene Texte geteilt hatte, konnte man Anzeigen aufgeben. Das tat ich dann auch. Als sich tatsächlich eine Frau für eine

Einzelsitzung bei mir anmeldete, fiel ich fast rückwärts vom Stuhl! Ach du lieber Himmel. Und was mache ich jetzt?

Es war ein seltsames Gefühl, mit leeren Händen in meine erste Sitzung zu gehen. Ich hatte keine spezielle Technik, die ich anwenden konnte. Ich hatte keinen Plan, dem ich folgen konnte. Ich hatte kein Wissen, das ich weitergeben konnte. Ich hatte absolut nichts. Im Stillen hatte ich schon längst beschlossen, dass ich das Geld für die Sitzung auf jeden Fall zurückgebe, falls die Sitzung ein totaler Reinfall wird. Das beruhigte mich zumindest etwas. Trotzdem kam ich mir vor wie ein Nichtschwimmer, der auf dem Zehnmeterbrett steht und springen muss.

Um mich vor meiner ersten Sitzung, die ich am Telefon abhielt, zu beruhigen, übte ich, mich tief in mein Inneres sinken zu lassen. Ich spürte die aufgepeitschten Wellen meiner Gedanken und ließ mich tiefer sinken. Darunter nahm ich die starken Gefühle wahr, die durch mich strömten. Als ich mich noch tiefer sinken ließ, landete ich wieder in der Stille, die mir im Lauf der vergangenen Wochen vertraut geworden war.

Während an der Oberfläche meine Gedanken angstvoll rasten, spürte ich hier, tief in meinem Inneren, eine wache Freude. Es war als ob die Tiefe mir zuflüstern würde: »Oh, wie schön, gleich geht es los. Du wirst sehen, dass dir die Sitzung ganz viel Freude machen wird. Es ist alles okay, mach dir keine Sorgen. Lehn dich zurück, atme tief durch, und lass dich auf diese Erfahrung ein.«

Bevor ich Zeit hatte, wieder Angst zu bekommen, klingelte mein Telefon, und die Sitzung begann. Nun war ich auf einmal mittendrin, es gab kein Zurück mehr. Zuerst einmal fragte ich meine Klientin nach ihrem Anliegen. Während sie sprach, machte ich genau das, was ich seit Wochen täglich geübt hatte. Während ich ihr zuhörte, ließ ich mich in die Stille sinken. So hörte ich nicht nur ihre Worte, sondern konnte spüren, welche tiefen Gefühle unter den Worten verborgen waren.

Als sie fertig mit Sprechen war, lauschte ich nach innen. Nach einigen haarsträubenden Sekunden, in denen ich erst einmal nichts wahrnahm und beinahe wieder in Angst und Panik verfiel, stiegen zum Glück tatsächlich Impulse und Einsichten aus der Tiefe empor. Puh, wie meine Knie zitterten! Auch wenn mein Verstand absolut keine Ahnung hatte, welche Art von Ratschlag oder Lösungsansatz für meine Klientin hilfreich sein konnte, so erhielt ich doch aus der Tiefe einen klaren, leicht verständlichen Impuls nach dem anderen.

Hast du dich schon einmal mit verbundenen Augen von jemand anderem führen lassen? Genau so kam ich mir vor. Ich war voll und ganz damit beschäftigt, auf jeden noch so kleinen Impuls aus meinem Inneren zu achten. Schritt für Schritt folgte ich meiner inneren Stimme. Und siehe da, obwohl ich immer noch nicht wusste, wie das möglich ist, begann ein tiefer, heilsamer Prozess. Ich spürte, dass der schmerzhafte Knoten, den meine Klientin in die Sitzung mitgebracht hatte, zu schmelzen begann.

Es war berührend, danach zu hören, wie heilsam die Sitzung für meine Klientin war. Als sie mir für meine wunderbare Arbeit dankte, kam ich jedoch erst einmal einen Moment ins Zweifeln, ob ich dieses Kompliment tatsächlich annehmen darf. Schließlich waren die Ideen und Lösungsansätze, die ich mit ihr geteilt hatte, nicht meine eigenen, zumindest nicht im herkömmlichen Sinn.

Die Heilung, die geschehen konnte, geschah, weil ich aus der inneren Quelle geschöpft hatte. Mein Beitrag, den ich für die Einzelsitzung geleistet hatte, war meine Bereitschaft, mich in unbekanntes Terrain vorzuwagen und zu akzeptieren, dass ich nicht weiß, was die Lösung ist. Dieses Nichtwissen hat mir ermöglicht, mich nach innen zu wenden und von dort heilsames Wissen anzunehmen.

Es war eine erstaunliche Erkenntnis, dass ich aus dieser inneren Quelle anscheinend nicht nur Impulse für mich persönlich schöpfen konnte, sondern auch für andere Menschen. Als die Sitzung beendet war und ich den Hörer aufgelegt hatte, begannen meine Knie wieder zu zittern. Ich legte mich flach auf den Boden und kam mir vor, als wäre ich ohne Netz und doppelten Boden in die Tiefe gesprungen. Doch statt des schmerzhaften Aufpralls, den ich erwartet hatte, war ich weich gelandet. Die liebevolle Quelle hatte mich nicht im Stich gelassen. Alles, was ich brauchte, war im richtigen Moment zu mir gekommen. Alle Antworten, das Wissen und die Impulse, die ich brauchte, hatten mir genau rechtzeitig zur Verfügung gestanden.

Ich war begeistert. Wann kann ich die nächste Einzelsitzung geben?, fragte ich mich. Es machte mir Freude, aus dieser inneren Quelle zu schöpfen und mit anderen zu teilen, was ich wahrnehme. Ich ging auch weiterhin mit leeren Händen in meine Sitzungen – ohne eine gedankliche Vorstellung zu haben, wie ich meinen Klienten helfen kann. Das Einzige, was ich in alle meine Sitzungen mitnahm, war die Bereitschaft, mich in die Tiefe sinken zu lassen und die heilsamen Impulse anzunehmen, die dort entspringen.

Noch viele Jahre später, als ich bereits Hunderte von Sitzungen hinter mir hatte, staunte ich jedes Mal aufs Neue, wie elegant diese inneren Impulse die Heilung und Entwicklung unterstützten. Immer wieder erlebte ich, wie der Strom von innerer Unterstützung mir genau die richtigen Beispiele und Bilder vermittelte. Mit den Jahren wuchs meine felsenfeste Überzeugung, dass es immer einen Heilungsweg gibt, der uns gezeigt wird, wenn wir nach innen lauschen.

Zu Beginn meiner Coaching-Tätigkeit habe ich mich dafür geschämt, keine Ausbildung vorweisen zu können und mit leeren Händen dazustehen. Doch mit der Zeit bemerkte ich, dass genau diese Eigenschaft es mir ermöglichte, eine ganz besondere Arbeit zu entwickeln. Statt angelerntes theoretisches Wissen zu vermitteln und ausgetrampelten Pfaden zu folgen, brachte ich in jedem Moment genau das ein, was mir gezeigt wurde. Und nicht nur meine Klienten profitierten davon, sondern auch ich selbst. Am Ende kam es mir ganz wundervoll vor, mit leeren Händen in meine Sitzungen zu gehen. Schließlich sind leere Hände die einzigen, die wirklich etwas annehmen können.

Vielleicht bemerkst du gerade, wie einfach es sich oft anhört, wenn jemand berichtet, wie er seinen eigenen Weg gefunden hat. Das ist wirklich oft so. Von außen betrachtet, wirkt vieles klarer. Doch wenn man gerade mittendrin steckt, sieht es meistens anders aus. Wenn du dir die Erlaubnis gibst, deinen nächsten eigenen Schritt wahrzunehmen, der dich auf den Weg zu dir führt, kann das ziemlich herausfordernd sein. Es gibt meistens keine äußeren Wegweiser, an denen du dich orientieren kannst. Niemand bestätigt dir, dass du richtigliegst und es sich lohnt, den Schritt zu machen. Richtig laut sind in diesem Moment meistens nur die Zweifel, Ängste und das innere Chaos der Gedanken.

Wie schafft man es, seine inneren Impulse ernst zu nehmen, dem eigenen Weg zu vertrauen und ihn auch wirklich zu gehen? Im Folgenden teile ich mit dir, was mir dabei geholfen hat.

Hast du schon einmal am Fluss gesessen und beobachtet, wie das Wasser fließt? Als ich auf der Suche nach meinem Weg war, wohnte ich mitten in Frankfurt am Main in einem hässlichen Hochhaus. Das Schöne daran war allerdings, dass meine kleine Einzimmerwohnung nur wenige Schritte vom Flussufer des Mains entfernt war. Ich setzte mich fast jeden Tag auf eine Bank und schaute dem langsamen Strömen des Wassers zu. Ich spürte die große, ruhige Kraft des Flusses. Es spielte keine Rolle, wie das Wetter war, ob die Sonne schien oder Wolken am Himmel hingen – das Wasser strömte stetig weiter.

Während ich den Fluss betrachtete, spürte ich immer wieder, wie hingebungsvoll sich das Wasser auf sein Fließen einlässt. Einige Meter von meinem Sitzplatz entfernt gab es eine kleine Staustufe, und das Wasser zögerte nicht. Es ließ sich mutig in die Tiefe fallen. Weiß das Wasser, wohin es fließt? Oder vertraut es einfach so sehr, dass es sich seinem eigenen Fluss überlässt?

Mir wurde bewusst, dass ich selbst ganz anders reagiere, wenn im Flussbett meines Lebens eine »Staustufe« auf mich zukommt. Was für ein Unterschied! Ich ertappte mich oft dabei, dass ich mich in solchen Fällen ängstlich verkrampfe und alles dafür tue, um dieser Herausforderung aus dem Weg zu gehen. Ich musste lachen, als ich mir plötzlich vorstellte, was geschehen würde, wenn das Wasser so reagieren würde wie ich. Da würde es vor der Staustufe einen regelrechten Berg Wasser geben, der nicht bereit ist weiterzufließen. Da würde es Wassertropfen geben, die panisch an Land hüpfen, um sich vor dem drohenden Abgrund in Sicherheit zu bringen.

Wenn wir das Wasser beobachten, zeigt es uns, dass unser eigener Weg wie ein Flussbett ist, dem wir uns vertrauensvoll überlassen dürfen. Das Wasser zeigt uns auch, dass selbst dort, wo es scheinbar keine Wege gibt, durch das einfache Weiterfließen neue Wege entstehen. Wasser höhlt Berge aus und gräbt einen Weg durch Steine hindurch.

Natürlich werden sich in deinem Kopf hin und wieder auch kritische Gedanken melden, die dich darauf aufmerksam machten, dass es nicht besonders intelligent wirkt, sich innerlich zurückzulehnen und zu vertrauen. Vielleicht redet dir dein Verstand ein, dass du kämpfen musst, dass du etwas tun musst oder dass du so schnell wie möglich ein Ziel erreichen musst.

Vielleicht bemerkst du, dass du bisher immer versucht hast, deinen Weg selbst im Griff zu behalten. Doch wenn du dich dafür öffnest, deinen ureigenen Weg zu finden, wird es Zeit, dem natürlichen ursprünglichen Fluss deines Lebens wieder zu vertrauen. Dein Leben kennt den Weg. Dein Leben möchte fließen. Dein Leben trägt dich.

Statt krampfhaft nach Lösungen zu suchen, kannst du dich innerlich zurücklehnen und den Fluss des Lebens in deinem Inneren wahrnehmen. Es gibt dort eine lebendige Kraft, die dich innerlich aufgeweckt hat und dich jetzt auch weiterführt. Du bist bereits unterwegs zu dir. Du bist bereits dabei, dich zu öffnen. Du bist bereits auf deinem Weg.

Diese vertrauensvolle innere Haltung ist sehr wohltuend. Du kannst den Fluss deines Lebens wahrnehmen, der dich trägt. Wenn du täglich übst, dich dem Fluss deines Lebens anzuvertrauen, wirst du immer deutlicher spüren, dass dein Weg bereits existiert und sich dir schrittweise zeigen wird, sobald du dich darauf einlässt. Das Wasser zeigt dir, dass es nicht deine Aufgabe ist, deinen Weg selbstständig aus dem Nichts heraus zu erschaffen. *Vertraue dem Fluss deines Lebens*, flüstert dir das Wasser zu.

ÜBUNG: Die liebevolle Stimme hören

Möchtest du die Impulse wahrnehmen, die dich auf deinem Weg begleiten? Ich würde dir vorschlagen, jeden Morgen kurz nach innen zu lauschen, bevor dein Tag beginnt. Diese Übung ist in erster Linie dafür da, deine Verbindung nach innen zu stärken. Es geht nicht darum, eine fertig verpackte, perfekt scheinende Antwort zu erhalten, sondern deine intuitive Wahrnehmung zu trainieren.

Finde eine bequeme Körperhaltung, und richte deine Aufmerksamkeit nach innen. Atme weich, und folge dem Strom deiner Aufmerksamkeit nach innen. Nimm deine Gedanken wahr und sinke tiefer. Nimm deine Emotionen wahr, und sinke noch tiefer in die Stille. Lausche eine Weile, und achte auf das, was du wahrnimmst.

Falls du das Gefühl hast, nichts wahrzunehmen, nimm dieses Nichts genauer unter die Lupe. Wie fühlt sich dieses Nichts an? Hat es eine Farbe, eine Form oder ein Gefühl, das damit verbunden ist? Gibt es Körperwahrnehmungen, die zum Vorschein kommen? Atme weich, und sei offen für das, was du wahrnimmst.

Achte im Lauf des Tages auf Impulse, Symbole oder Zeichen der Natur, die dir begegnen. Dein Inneres möchte mit dir kommunizieren, und wenn du regelmäßig deine Aufmerksamkeit nach innen richtest, entsteht mit der Zeit eine liebevolle, zuverlässige Verbindung.

Den Impuls für deinen Tag wahrnehmen

Morgenritual

Download-Link:
https://leahamann.de/leben-lieben-leuchten-download/

3

Werde, wer du wirklich bist

Wieder atmen, nachdem du so lange die Luft angehalten hast. Spüren, wie das Leben wieder strömt. Spüren, wie deine Kraft erwacht. Die Härte schmilzt, und du kommst in Fluss. Das Leben zeigt dir den Weg. Raus aus dem Kopf, rein ins Gefühl. Sei, wo du bist. Fühle, was du fühlst. Nimm wahr, was du wahrnimmst. Egal wie weit du von deinem Weg abgekommen sein magst, dein Leben wartet auf dich – nur einen Atemzug entfernt. Wenn du so weit bist, komm nach Hause. Mit allem, was du erlebt hast. Mit allem, was du bist. Komm heim.

* * *

Deine Vergangenheit darf heilen und dir den Weg
in eine neue Zukunft öffnen.

* * *

Nachdem ich begonnen hatte, mich täglich mit meinem Inneren zu verbinden und von dort inspirierende Impulse anzunehmen, wurde ich auf ganz neue Weise durch den Tag geführt. Auf einmal sah ich meinen Weg ganz deutlich vor mir. Es gab eine Menge zu tun! Auf meinem kleinen Esstisch lag eine lange Liste mit Dingen, die zu erledigen waren. Doch auch wenn ich fest entschlossen war, meinen Weg zu beschreiten und all das Neue anzupacken, gelang es mir leider noch nicht, es in die Tat umzusetzen.

Mein Schwung hatte mich erst mal wieder verlassen. Jeden Morgen, wenn ich aufwachte, fühlte ich eine lähmende Schwere in meinem Körper. Ich war unendlich erschöpft, so als würde die Müdigkeit meines ganzen Lebens auf einmal über mir zusammenbrechen. Ich schleppte mich mühsam durch den Tag. Zwar spürte ich immer wieder innere Aufforderungen, aktiv zu werden, doch ich hatte einfach keine Kraft, sie umzusetzen! Es war mir, als hätte jemand den Stecker gezogen. Wo ist bloß meine Lebensenergie?, wollte ich wissen.

In der Vergangenheit hatte ich mich selbst meistens durch enormen Druck angetrieben und versucht, nach außen hin zu funktionieren. Doch sogar das ging nicht mehr – ich hatte nicht einmal genug Kraft, um mich unter Druck zu setzen. Ein Teil von mir hatte einfach keine Lust mehr, sich antreiben zu lassen. Jeden Morgen dachte ich an die positiven Schritte, die ich unternehmen könnte, um mein Leben weiter zu gestalten. Doch die erdrückenden Gedanken hüllten mich ein wie eine schwere miefige Decke: »Das hat sowieso alles keinen Sinn. Ich schaffe das sowieso nicht. Ich fühle mich innerlich leer. Ich will nicht aufstehen. Ich will nicht leben. Ich will nur noch schlafen. Ich will mich nur noch zurückziehen. Ich will gar nicht hier sein.« Ich konnte es gar nicht glauben, dass so viel Negatives aus meinem Inneren zum Vorschein kam. Warum fühle ich mich so blockiert? Warum stehe ich mir selbst im Weg? Das wollte ich wissen. Ich brauchte dringend eine Lösung für mein Dilemma.

Einige Tage später saß ich mit geschlossenen Augen auf dem Boden und lauschte nach innen. Auf einmal tauchte das Bild einer großen braunen Zwiebel vor mir auf. Ich musste lachen. Eine Zwiebel? Was wollte mir das wohl sagen? Als ich mich diesem Bild vorsichtig näherte, wurde es mir deutlich.

Bestimmt hast du schon einmal eine Zwiebel aufgeschnitten und – vielleicht mit tränenden Augen – bemerkt, dass die Zwiebel aus vielen übereinanderliegenden Schichten besteht. Während ich dieses innere Bild betrachtete, sah ich zuerst nur die Oberfläche der Zwiebel, die äußere Schicht. Doch dann konnte ich nach und nach auch die vielen einzelnen, übereinanderliegenden Schichten im Inneren der Zwiebel wahrnehmen.

Ich muss zugeben, es dauerte eine Weile, bis ich wirklich dahinterkam, was mir dieses Bild mitteilen wollte. Aber dann fiel mir auf, dass Menschen ebenfalls aus vielen inneren Schichten bestehen. Menschen sind wie Zwiebeln. Im Laufe unseres Lebens entwickeln wir eine Schicht nach der anderen. Auch wenn man sie von außen nicht sehen kann, so tragen wir doch alle früheren, inneren Schichten weiterhin in uns.

Wenn wir unsere Entwicklung anschauen, können wir das sehr schön beobachten: Zunächst ist da ein kleines Baby. Einige Jahre später sitzt da ein Schulkind. Nochmal einige Jahre später steht ein Jugendlicher vor uns. Wenn wir dann einige Zeit später dem erwachsenen Menschen gegenüberstehen, könnte man beinahe übersehen, dass derjenige all die früheren Schichten seiner Entwicklung nach wie vor in seinem Inneren trägt.

Da wir in einer sehr oberflächlichen Welt leben, lernen wir, nur die äußere Schicht eines Menschen wahrzunehmen. Wir werden geradezu dazu erzogen, die tieferen Schichten unseres Wesens zu verdrängen. »Du bist doch kein Baby mehr!«, heißt es verächtlich, wenn wir uns nicht unserem Alter entsprechend verhalten. »Stell dich doch nicht so an wie ein bockiges zweijähriges Kind!«, wird uns befohlen.

Wir sehen uns als Erwachsene. Die früheren Schichten unserer Entwicklung nehmen wir meistens gar nicht mehr wahr, während wir versuchen, unsere Ziele zu erreichen. Erst wenn irgendwann einmal nicht alles so funktioniert, wie wir es erwartet haben, wird deutlich, dass es in unserem Inneren noch viele weitere, tiefer liegende Schichten gibt, die unsere Lebensenergie bremsen können. So ging es mir zumindest. Erst als ich mich blockiert fühlte, bemerkte ich, dass es tiefere Schichten in mir gibt, die nicht im Fluss sind.

Vielleicht fragst du dich gerade, was diese inneren Zwiebelschichten damit zu tun haben, dass ich mich kraftlos und blockiert fühlte? Das Bild der Zwiebel machte mir deutlich, dass unsere Lebensenergie fließen muss, wenn wir uns kraftvoll und lebendig fühlen wollen. So wie der Saft einer Zwiebel durch jede einzelne Schicht strömen will, möchte unsere Lebensenergie frei durch alle unsere inneren Schichten hindurchströmen.

Die Schichten in uns, die liebevolle Erfahrungen gemacht haben und denen es gut geht, sind offen und entspannt. Durch diese Schichten kann der Fluss unserer Lebensenergie sehr gut fließen. Doch die Schichten in uns, die vom Schmerz der Vergangenheit traumatisiert wurden, ziehen sich zusammen, werden hart und erstarren. Hast du schon einmal eine Zwiebel gesehen, die in ihrer Mitte eine Schicht hatte, die ganz hart und vertrocknet war? So ähnlich kann es in unserem Inneren aussehen, wenn eine Schicht in uns erstarrt. Hier wird der Fluss unserer Lebensenergie gebremst und kann nicht mehr weiterfließen. Eine Blockade entsteht.

Wenn ein Bereich in uns erstarrt ist, fühlt es sich an, als würdest du mit angezogener Handbremse Auto fahren. Du trittst auf das Gaspedal, doch etwas hält dich mit aller Kraft zurück. Auch wenn wir in Schwung kommen wollen, auch wenn wir uns Ziele stecken und versuchen, sie zu erreichen – solange ein innerer Teil von uns nicht offen für den Fluss unserer Lebensenergie ist, wird es entweder unglaublich schwer oder sogar unmöglich, unser Ziel zu erreichen.

Wir fühlen uns blockiert, müde oder traurig und können es uns nicht erklären. Wir wundern uns vielleicht, warum wir nicht in der Lage sind, unseren Weg in Freude zu gehen. Das liegt daran, dass irgendwo in unserem Inneren unsere Lebensenergie an eine harte Schicht stößt und nicht weiterkommt.

Die Erkenntnis, dass wir Menschen aus vielen Schichten bestehen, war sehr wichtig für mich. Endlich begriff ich, warum ich das Gefühl hatte, tief in meinem Inneren blockiert zu sein und es einfach nicht zu schaffen, in Schwung zu kommen. Ich begann, meine eigene Vergangenheit wahrzunehmen und zu überlegen, ob ich schmerzhafte Situationen erlebt hatte, die zur Folge hatten, dass innere Bereiche von mir erstarrt waren.

Als ich zurückschaute auf meine Kindheit, fielen mir Begebenheiten auf, in denen ich mich ängstlich und überfordert gefühlt hatte. Als sich die Scheidung meiner Mutter und meines Stiefvaters anbahnte – damals war ich etwa elf Jahre alt –, fühlte ich mich, als würde sich ein großer dunkler Abgrund vor mir auftun. Die Sicherheit, das Vertraute – alles begann zu bröckeln. Wenn sich meine jüngere Schwester abends zu mir ins Bett flüchtete und ängstlich an mich klammerte, während unsere Eltern sich stritten und die Türen knallten, waren wir beide vor Angst wie gelähmt. Wir zogen die Bettdecke über den Kopf und träumten davon, aus dieser bedrohlichen Welt zu entfliehen.

Wenn eine schmerzhafte Situation nicht allzu lange andauert, kann es durchaus sein, dass wir das Erlebte gut verarbeiten, uns entspannen und wieder in Fluss kommen. Die inneren Verhärtungen entstehen nur dann, wenn wir etwas Schmerzhaftes oder Bedrohliches erleben und anschließend nicht in der Lage sind, die damit verbundenen Gefühle und Erfahrungen fließen zu lassen.

Die Situation in unserer Familie wurde über einen längeren Zeitraum hinweg nicht besser, sondern im Gegenteil immer angespannter. Es war mir nicht möglich, innerlich aufzuatmen, loszulassen und die angstvolle Spannung abzuschütteln. Ich lernte, damit zu leben, dass ich ständig Angst habe. Es wurde normal für mich, meine Schultern zu verkrampfen und mich so klein wie möglich zu machen, um mich zu schützen. Meine ursprüngliche Offenheit für mein Leben wurde immer kleiner. Eine Zwiebelschicht nach der anderen erstarrte.

Es berührte mich, als ich wahrnahm, wie sehr mich meine Vergangenheit geprägt hatte. Auf einmal konnte ich mich selbst besser verstehen. Es war auf einmal ganz logisch, dass selbst auferlegter Druck oder Härte hier nicht die Lösung sein können. In mir erwachte die Sehnsucht, auf heilsame Weise in Fluss zu kommen. Ich wollte mich nicht mehr antreiben, sondern morgens aufstehen und wahrnehmen, wie die Lebendigkeit durch mich strömt. Ich wollte wieder Freude empfinden und kreativ sein. Ich hoffte aus ganzem Herzen darauf, einen neuen Weg zu finden. Doch wie? Ich ließ meine ungelöste Frage in mein Inneres sinken und wartete auf eine Antwort.

Kennst du Zufälle, die eigentlich gar keine sind? Schon so oft in meinem Leben habe ich scheinbar zufällig etwas entdeckt, das mich auf meinem Weg weitergebracht hat. Ich staune jedes Mal darüber, wie das Leben zu uns spricht. Wir müssen einfach nur die Augen und unser Herz offen halten.

Einige Tage nachdem ich innerlich darum gebeten hatte, dass mir ein Weg gezeigt wird, wie ich die erstarrten Schichten in mir erlösen und meine blockierte Lebensenergie wieder in Fluss bringen kann, sah ich in einem Bioladen einen Flyer, auf dem stand: »Breite deine inneren Flügel aus«. Ich fühlte mich total angesprochen! Doch als ich den Flyer aufklappte, sah ich, dass es sich um ein Angebot für Atemtherapie handelt. Ich war irritiert. *Atmen, was soll das denn bringen?,* dachte ich und legte den Flyer schnell wieder zurück.

Doch als ich am folgenden Tag in der Bücherei die Selbsthilfeecke durchstöberte und mir auf einmal mehrere Bücher über die heilsame Kraft des Atmens in die Hände fielen, wusste ich, dass ich mir das Atmen vielleicht besser doch einmal näher anschauen sollte. Ich lieh mir einige der Bücher aus und begann in ihnen zu stöbern.

Ich fand es spannend, zu lesen, dass viele Menschen sehr flach atmen und daher auch zu wenig Sauerstoff zu sich nehmen. Wie bei einem Holzofen, in den zu wenig Luft einströmt, wird auch in unserem Körper die Lebensenergie gedrosselt, wenn wir nicht tief genug atmen. Wenn wir so angespannt sind, dass unsere Schultern verkrampft hochgezogen sind, der Brustkorb stocksteif wird und der Bauch steinhart, hat der Atem einfach keinen Raum.

Ich machte einen Test, mit dem man feststellen kann, ob man vollständig oder nur flach atmet. Dazu legte ich, während ich auf dem Rücken lag, eine Hand auf meinen Bauch. Ich atmete wie gewohnt und beobachtete, ob sich meine Bauchdecke mit dem Einströmen meines Atems hebt und mit dem Ausatmen wieder senkt oder ob mein Bauch unbewegt bleibt.

Ich stellte rasch fest, dass mein Bauch einer Betondecke glich. Mein Atem war so flach, dass keinerlei Bewegung zu spüren war.

Meine Lebensenergie war kein rauschender Fluss, sondern fühlte sich eher an wie ein tröpfelndes Rinnsal. Kein Wunder also, dass ich mich so erschöpft und fertig fühlte.

Die Begegnung mit meinem Atem zeigte mir, wie sehr meine Lebensenergie ins Stocken geraten war. Konnte mir mein Atem vielleicht dabei helfen, insgesamt wieder in Fluss zu kommen? Es war auf jeden Fall einen Versuch wert. Ich begann täglich zu üben, meinen Atem bewusster wahrzunehmen und tiefer zu atmen. Natürlich machte ich zunächst den Fehler, dass ich mit Anstrengung und Druck an die Sache heranging. Ich nahm das Ganze viel zu sportlich. Ich schnaufte wie eine Dampflok und versuchte mit einigem Kraftaufwand, möglichst tief zu atmen. Das Ergebnis war, dass es mir bereits nach wenigen Atemzügen schwindelig wurde und ich wieder aufhören musste.

Ganz deutlich zeigte mir mein Körper, dass ich meine Lebensenergie nicht mit Gewalt in Schwung bringen kann. Es ging nämlich nicht darum, möglichst viel Luft in meine Lungen zu pressen, sondern darum, wieder in der Lage zu sein, meinen Atem anzunehmen und »verdauen« zu können. Wenn man einem verhungernden Kind, das jahrelang kaum Nahrung zu sich genommen hat, plötzlich eine ganze Sahnetorte geben würde, wären Bauchschmerzen – und Schlimmeres – vorprogrammiert. Der Körper muss sich in einem solchen Fall erst wieder langsam daran gewöhnen, mehr Nahrung aufzunehmen. So ähnlich ist es auch mit dem Atem.

Durch das einfache Einlassen auf den natürlichen Fluss des Ein- und Ausatmens vertieft sich unser Atem mit der Zeit von ganz alleine. Ich hörte auf, Druck auszuüben, und begann damit, den natürlichen Fluss meines Atems wahrzunehmen. Statt einem schnellen Ergebnis nachzujagen, ging es mir nun darum, mich auf das beständige Fließen einzulassen.

Ich hörte auf das Geräusch, das mein Atem verursachte, wenn ich durch die Nase ein- und ausatmete. Das leise Rauschen erinnerte mich an das Meer. Die Wellen meines Atems hoben sich langsam aus der Tiefe, rollten durch mich hindurch und strömten dann wieder zurück in die Stille. Dieses ruhige Auf und Ab der Wellen meines Atems hatte auf mich eine sehr beruhigende Wirkung. Ich merkte, wie gut mir das Einlassen auf diesen Urrhythmus tat. Es fühlte sich so an, als würde mich mein Atem sanft hin- und herwiegen.

Dieses weiche Atmen war allerdings nicht nur angenehm, sondern berührte bald auch die erstarrten, schmerzhaften Schichten in meinem Inneren und weckte sie mit seinem rhythmischen Strömen meines Atems auf. Die unangenehmen Gefühle, die sich dort angestaut hatten, waren auf einmal wieder deutlich zu spüren.

Als ich bemerkte, dass ich durch das weiche Atmen die unangenehmen Gefühle geradezu hervorholte, geriet ich kurz ins Zweifeln. Ich wollte die unangenehmen Gefühle doch loswerden, nicht an die Oberfläche bringen! Doch bald wurde mir klar, dass der einzige Weg, die unangenehmen Gefühle loszuwerden, darin besteht, ihnen zu begegnen. Was ich tief in meinem Inneren verdrängt hatte, musste ans Licht, um sich lösen zu können. Immer wenn ich das weiche Atmen übte, musste ich mich entscheiden: Laufe ich weiterhin weg und versuche, meinen Schmerz zu verdrängen? Oder atme ich weich und lasse die angestauten Gefühle fließen, damit sie sich lösen können?

Mein Atem zeigte mir, dass sich die inneren Schichten nur dann aus ihrer Erstarrung lösen können, wenn ich bereit bin, die verdrängten Gefühle wahrzunehmen. Oh, was für eine Herausforderung! Ich merkte auf einmal, wie viel Angst ich vor meinen Gefühlen hatte und wie schnell ich innerlich davonlaufe, wenn sich ein unangenehmes Gefühl meldet.

Ich hatte ein Leben lang trainiert, meinen aufgestauten Schmerz zu vermeiden. Ich dämpfte meinen Schmerz durch zu viel Essen, ständige Aktivität und das gedankliche Flüchten in andere Welten. Wenn während des Atmens Traurigkeit aufkam, ertappte ich mich dabei, dass ich plötzlich mit dem weichen Atmen aufhörte, in die Küche ging und mir einen Tee machte. Warum stehe ich hier in der Küche?, fragte ich mich dann einige Zeit später ganz verdutzt. Eigentlich wollte ich doch atmen und der Traurigkeit begegnen. Mir wurde klar, wie sehr sich dieses innere Weglaufen verselbstständigt hatte.

Ich begann zu üben, präsent zu bleiben und meine Gefühle wahrzunehmen. Jeder weiche Atemzug war eine Entscheidung, wirklich zu fühlen, was ich fühle. Das weiche Atmen zeigte mir endlich einen Weg, meinem Schmerz zu begegnen und ihn dadurch aufzulösen. Jeder weiche Atemzug lud mich dazu ein, die unangenehmen Gefühle wahrzunehmen und fließen zu lassen.

Es war ein langsamer Prozess, der mich immer wieder einmal frustrierte. Denn ich wurde oft ungeduldig und geriet in Versuchung, die erstarrten Schichten in mir mit Gewalt beiseitezudrücken. Doch wenn ich mit Druck gegen meine inneren Blockaden anatmete, stockte alles. Das weiche Atmen lehrte mich wieder und wieder, nicht gegen die innere Erstarrung zu kämpfen, sondern mich geduldig auf den natürlichen Prozess meiner inneren Heilung einzulassen.

Der weiche Strom meines Atems brachte die blockierten Bereiche in mir zum Schmelzen. Wie Eisschichten, die von warmem Wasser umspült werden, begann die innere Härte, sich aufzulösen. Mit jedem weichen Atemzug entspannte sich etwas in mir. Ich konnte meine Schultern etwas sinken lassen und mich innerlich mehr zurücklehnen. Es war, als würde ich durch eine graue Wolkendecke hindurchbrechen – mit jedem weichen Atemzug wurde die lähmende Schwere etwas leichter.

Jedes Mal, wenn ich dem weichen Strömen meines Atems folgte, beobachtete ich, wie der Atem mein Inneres Schicht für Schicht befreite. Mein Atem zeigte mir, wie ich wieder in Fluss kommen kann. Der Fluss meines Atems begann meine Vergangenheit wegzuspülen. Ich war so lange erstarrt gewesen – und mein Atem zeigte mir den Weg zurück ins Leben.

Immer öfter fühlte ich eine leise innere Freude, die vorher nicht da gewesen war. Immer mehr Zwiebelschichten in meinem Inneren tauten langsam aus ihrer Erstarrung auf und wurden wieder lebendig. Es war, als ob ich durch die bewusste Begegnung mit meiner Vergangenheit die Tür zu einer neuen Zukunft öffne.

Auf einmal konnte ich auch eine Veränderung in meinem Alltag beobachten! Als ich zum ersten Mal nach langer Zeit mit einem heiteren Grundgefühl aufwachte und beschwingt durch meinen Tag gehen konnte, freute ich mich riesig. Immer öfter erlebte ich Momente, in denen meine Kreativität sprudelte und ich meine Aufgaben in Freude erledigen konnte. Jeder weiche Atemzug trug mich tiefer hinein in mein Leben. Meine Augen begannen wieder zu leuchten. Die Lebenskraft in meinem Inneren erwachte und konnte endlich wieder fließen.

Innere Anteile integrieren

Als ich begonnen hatte, täglich weich zu atmen, bemerkte ich, wie sich meine grundlegende Stimmung nach und nach verbesserte. Ich fühlte mich schwungvoller und konnte öfter Freude empfinden. Doch dann machte ich eine Erfahrung, die mir zeigte, dass in meinem Inneren noch sehr viel mehr auf Heilung wartete.

Eines Morgens stand ich gerade in der Küche, als auf einmal ein unruhiges Gefühl in mir aufkam. Zunächst war es nur ein schwaches Unwohlsein, wie eine graue Nebelwolke, doch ziemlich schnell fühlte ich, wie daraus eine Welle von Angst wurde, die sich hoch auftürmte und über mir zusammenbrach. *Hilfe, was passiert denn jetzt?*, fragte ich mich.

Die Angst wurde so stark, dass ich mich flach auf den Boden legen musste. Mein ganzer Körper zitterte. Eine panische Welle nach der anderen rauschte durch mein Inneres. Es dauerte fast eine halbe Stunde, bis die Angst langsam wieder schwächer wurde.

Als ich wieder klar denken konnte, fragte ich mich, was ich da gerade erlebt habe. Es gab keinen Grund, Angst zu haben. Kein brüllender Tiger war plötzlich aus meinem Küchenschrank gesprungen, der diese Angstreaktion rechtfertigt hätte. Warum habe ich Angst, obwohl es keine Erklärung dafür gibt?

Diese Attacke von Angst war die erste von einigen, die ich erlebte. Immer wieder türmte sich die Angst von Neuem auf und brach über mich herein. Diese angstvollen Zustände waren sehr anstrengend. Oft fühlte ich mich im Nachhinein, als wäre ich einen Berg hochgeklettert. Ich war ausgelaugt, müde und hatte keine Kraft mehr. Wenn so eine Angstattacke kommt, ist mein Tag gelaufen, das wurde mir klar.

Da ich eigentlich so hoffnungsvoll gewesen war und die ersten Fortschritte meiner inneren Entwicklung freudig genossen hatte, wollte ich natürlich wissen, was es mit dieser Angst auf sich hat.

Meine ersten Versuche, dem Grund für die Angst auf die Spur zu kommen, scheiterten. Die Angst war so stark, dass sie mein Denken ausschaltete. Ich konnte nicht überlegen und etwas erkennen, während die Angst mich im Griff hatte. Es dauerte einige Wochen, bis ich auf die Idee kam, mich in einem ruhigen Moment, als ich mich innerlich entspannt fühlte, mit dieser Angst zu verbinden. Ich schloss meine Augen und begann damit, meinen Atem fließen zu lassen. Ich gab mir innerlich die Erlaubnis, mit dieser bodenlosen Angst in Kontakt zu kommen. Und tatsächlich, nach einigen Minuten spürte ich das vertraute Angstgefühl. Die Angst war gerade nicht so stark, nicht so bedrohlich, aber im Hintergrund war sie noch immer da.

Zum Glück hatte ich bereits geübt, meine unangenehmen Gefühle nicht zu verdrängen, sondern ihnen bewusst zu begegnen. Als ich versuchte, der Angst zu begegnen, nahm ich zunächst einmal das Gefühl wahr. So viel Angst! So eine verzweifelte und kindliche Angst!

Während ich mich dem Gefühl näherte, tauchte auf einmal das innere Bild von einem kleinen Mädchen auf. Der weiche Atem half mir, präsent zu bleiben und mehr wahrzunehmen. Ich sah ein kleines Mädchen, das mich mit weit aufgerissenen Augen anstarrte. Es kauerte in einer Zimmerecke und versuchte, sich so klein wie möglich zu machen, um nicht bemerkt zu werden. Die Kleine wollte weinen, aber sie konnte nicht. Sie wollte schreien, aber sie konnte nicht. Ihre Angst war so groß, dass sie darin erstarrt war.

Es dauerte nicht lange, bis mir klar wurde, dass ich einen kindlichen Anteil von mir selbst wahrnehme. Dieser Anteil von mir hatte nach der Scheidung meiner Eltern mehrere Jahre in verschiedenen Pflegefamilien verbracht. Es war eine Zeit, in der ich eine Bandbreite von einschneidenden traumatischen Erfahrungen machte. Von sexuellem Missbrauch bis hin zu psychischem Terror – immer wieder erlebte ich, dass die Erwachsenen in meinem Leben sich in grauenvolle Monster verwandelten und mir förmlich den Boden unter den Füßen wegzogen.

Mein Leben wurde damals so unerträglich für mich, dass ich eines Abends im Bett lag und aus ganzem Herzen betete: »Bitte, lieber Gott, lass mich endlich sterben. Bitte, lieber Gott, lass mich nicht mehr aufwachen. Ich kann es nicht mehr aushalten. Bitte, lass mich sterben, ich kann nicht mehr.« Ich hatte solche Angst vor dem nächsten Tag. Ich war so alleine. Ich hatte keine Kraft mehr. Ich wusste nicht, wie ich mich schützen sollte. Ich sah keinen Ausweg.

Als diese Erinnerungen aus meiner Kindheit auftauchten, wurde mir bewusst, dass dieser Anteil von mir immer noch in dieser schmerzhaften Situation feststeckte. Während ich mich inzwischen für mehr Lebensfreude und Heilung geöffnet und ein neues Ja zu meinem Leben entwickelt hatte, war ein kindlicher Anteil von mir im Schmerz der Vergangenheit hängen geblieben.

Da das weiche Atmen so heilsam für mich war, probierte ich nun, weich zu atmen, während ich meinen kindlichen Anteil wahrnahm. Sobald meine ersten Atemzüge flossen, entdeckte ich etwas Überraschendes. Staunend fühlte ich, dass mein Atem diesen verlorenen Anteil von mir erreichen konnte. Es kam mir vor, als ob der weiche Atem einen Hauch von Wärme und Geborgenheit in die kalte Einsamkeit brachte, in der mein kleines Mädchen gefangen war. Jeder weiche Atemzug verwandelte sich in eine Einladung. Es kam mir vor, als würde eine Liebe durch den Strom meines Atems ziehen und zu dem kleinen Mädchen sagen: »Du bist nicht allein. Ich bin hier. Ich nehme dich wahr. Ich helfe dir.« Jeder weiche Atemzug war wie ein Versprechen: »Ich gehe nicht ohne dich weiter. Ich lasse dich nicht zurück. Ich habe deinen Ruf vernommen. Ich bleibe hier bei dir, bis du ganz zu Hause angekommen bist.«

Die Liebe in meinem Atem zeigte mir, dass es nicht genügt, wenn ein oberflächlicher Teil von mir heil wird, während ein großer Teil von mir weiterhin vom Leben abgeschnitten ist und einsam leiden muss. Ich entdeckte immer mehr Anteile in mir, die viele Jahre oder sogar Jahrzehnte erstarrt und vergessen in meinem Inneren ausgeharrt hatten. Sie warteten darauf, dass endlich jemand kommt, der ihnen den Weg nach Hause zeigt. Sie wollten wissen, wo die Liebe ist, die ihnen hilft, wieder lebendig zu werden. Sie wollten wieder lebendig werden. Sie wollten ihr Versteck verlassen – doch sie waren auf meine Unterstützung angewiesen.

Jeder weiche Atemzug formte eine Brücke zwischen der Gegenwart und der Vergangenheit. Jeder weiche Atemzug sagte: »Komm nach Hause. Komm in die Geborgenheit. Komm heim!« Ich merkte, dass die Liebe alles, was zu mir gehört, zurück ans Licht holte. Jeder Anteil von mir durfte wieder verbunden werden mit der Liebe und durchströmt werden von Wärme. Jeder noch so kleine Teil von mir durfte von den Schatten der Vergangenheit erlöst werden.

Ich war dem ängstlichen kleinen Mädchen dankbar, dass es sich so vehement bemerkbar gemacht hatte. Viele Anteile äußern sich zunächst dadurch, dass ihre Gefühle auf unerwartete Weise an die Oberfläche kommen – sei es durch einen bestimmten Auslöser oder auch einfach so. Diese Gefühle stammen nicht aus der Gegenwart, sondern zeigen uns, wo ein Anteil von uns noch in der Vergangenheit feststeckt und genau das fühlt. Auch wenn ich es zuerst nicht verstanden habe, mit jeder Angstattacke sagte dieses kleine Mädchen zu mir: »Ich bin in dieser einsamen bedrohlichen Situation hängen geblieben. Ich bin noch immer hier. Ich fühle mich noch immer einsam und verzweifelt. Bitte hilf mir! Bitte hilf mir!«

Mein Atem begann, die verschlossenen Türen zu öffnen. Mein Atem begann zu verbinden, was über viele Jahre hinweg abgeschnitten war. Mein Atem begann, zu neuem Leben zu erwecken, was so lange gelähmt und abgestorben war.

Ich hatte viele Gelegenheiten, innere Anteile zu integrieren. Immer wieder kamen neue Anteile zum Vorschein, die nach Hause kommen wollten. Ich lernte, die unterschiedlichen Anteile auf liebevolle Weise abzuholen und mithilfe meines Atems zu befreien. Ich habe ängstliche Anteile integriert, wütende Anteile und traurige Anteile. Jeder dieser Anteile brauchte eine andere innere Haltung, um sich akzeptiert und angenommen zu fühlen.

Ängstliche Anteile integrieren

Die ängstlichen Anteile lehrten mich, geduldig zu sein. Stell dir vor, du holst einen kleinen Hund aus dem Tierheim, der misshandelt wurde. Wenn du zu schnell auf den Hund zugehst, wird er sich angstvoll unter dem Sofa verstecken – auch wenn du es nur gut meinst. Unsere ängstlichen Anteile reagieren zunächst misstrauisch und erwarten, dass wir sie schlecht behandeln, zu etwas zwingen oder Druck auf sie ausüben.

Das Beste ist, ängstlichen Anteilen zu vermitteln, dass sie jede Menge Zeit haben. Sie brauchen sich nicht mit dem ersten weichen Atemzug begeistert zu öffnen und alle ihre traumatischen Erfahrungen sofort hinter sich zu lassen. Es ist okay, wenn sie uns eine Weile beobachten, um herauszufinden, ob wir es gut mit ihnen meinen. Viele ängstliche Anteile entspannen sich, wenn sie spüren, dass wir liebevoll anwesend sind und ihnen Zeit lassen.

Wütende Anteile integrieren

Wütende Anteile fordern sehr viel Verständnis von uns, aber auch Standhaftigkeit. Wir können ruhig und mitfühlend wahrnehmen, welche schmerzhaften Erfahrungen diesen Anteil so hilflos und wütend gemacht haben. Wir können dem Anteil erlauben, seine Wut zu spüren. Wir müssen die Wut nicht zerreden oder versuchen den Anteil zu überreden, sich wieder zu besänftigen.

Wenn du einem wütenden Anteil begegnest, gib ihm die Erlaubnis, dich anzuklagen, um sich zu schlagen und zu schreien – auf der inneren Ebene. Du hast währenddessen die Aufgabe, ruhig und zentriert zu bleiben und dem Anteil zu signalisieren, dass er willkommen ist. Liebe ist größer als Wut. Liebe kann sogar ein wütendes Kind oder einen wütenden Jugendlichen in die Arme nehmen.

Traurige Anteile integrieren

Traurige Anteile brauchen unser Verständnis und Mitgefühl und die Erlaubnis, ihre Trauer auszudrücken. Wie oft haben wir erlebt, dass wir davon abgehalten werden, traurig zu sein? Wie oft werden kleine Kinder abgelenkt oder aufgeheitert, und wie oft sagen wir ihnen: »Lach doch wieder, statt traurig zu sein!«

Wenn du einem traurigen Anteil begegnest, versuche nicht, ihn aufzumuntern. Gib ihm Zeit, traurig zu sein und seine Gefühle fließen zu lassen. Atme weich, und lade ihn ein, nach Hause zu kommen. Atme weich, und begleite deinen Anteil durch seinen Prozess. Wenn Tränen fließen, lass sie fließen, doch bleib in der Mitte, atme weich, und nimm wahr, wie sich alles löst.

Als ich begonnen habe, meine inneren Anteile zu integrieren, war ich oft sehr berührt. Es kam mir so vor, als hätte ich die Chance, meine Vergangenheit zu heilen. Es war überraschend schön, mit meinen inneren Anteilen zu atmen. Der Zauber dieser inneren Annäherung war so berührend. Ich wollte einfach nur dasitzen und die Liebe in meinem Atem spüren. Wahrnehmen, wie die inneren Anteile aus ihrer Erstarrung erwachen und endlich nach Hause kommen können.

Manchmal lösten sich während des Atmens innerhalb eines kurzen Zeitraums ganze Berge von Spannung. Manchmal fielen innerhalb einer halben Stunde zentnerschwere Berge von Trauer und Schmerz von mir ab.

Jedes Mal wenn ich in diesen heilsamen Atem eintauchte, wurde mir klar, dass es die Liebe ist, die mir hilft, meine inneren Anteile zu erlösen. Da ist eine Liebe, die alles, was ich bin, heilen und verwandeln will. Da ist eine Liebe, die mich heilt.

In der Begegnung mit dieser Liebe lernte ich, nicht mehr meinen eigenen Vorstellungen zu folgen, sondern mir den liebevollen Weg zeigen zu lassen. Sie wusste genau, was sich zuerst lösen muss. Die Liebe ist unglaublich präzise. Nur das, was reif ist, sich zu lösen, wird vom Strom des Atems erfasst. Was noch verhärtet ist, wird so lange weich umspült, bis der richtige Zeitpunkt für die Lösung gekommen ist.

Die Liebe zeigte mir immer wieder, dass es eine größere Weisheit gibt, einen größeren Willen, der mich auf dem schnellsten und einfachsten Weg in meine Heilung führt. Statt meinen eigenen Kopf durchzusetzen, lernte ich, mich einzulassen und dieser inneren Führung zu vertrauen. Jedes Mal wenn ich in den Fluss meines Atems eintauchte, sagte ich innerlich: »Ich gebe mich hin. Ich lasse mich ein auf die Heilung, die geschehen möchte. Ich vertraue der Liebe, die größer ist als ich. Sie weiß genau, welcher Schritt heute ansteht. Ich folge dem Fluss des Lebens in die Heilung.«

Das Erwachen der Seele

Während ich damit beschäftigt war, meinen Heilungsweg zu gehen, bemerkte ich, wie das Einlassen auf den Fluss meines Atems noch etwas ganz anderes in mir weckte, was ich vorher nicht hatte wahrnehmen können. Immer wieder spürte ich während des Atmens ein liebevolles Leuchten, so als würde sich die Tür zu einer anderen Welt öffnen. »Ist das meine Seele?«, fragte ich mich. Vertieft mein Atem die Verbindung zwischen meinem menschlichen Selbst und meiner Seele?

Ich spürte, wie eine neue Ebene in mir lebendig wurde, von der ich vorher noch gar nicht wusste, dass sie überhaupt existiert. Es war, als hätte ich bisher nur einen winzigen Teil von mir bewusst wahrgenommen. Nur ein kleiner Teil von mir war lebendig gewesen. Doch mein Atem öffnete die Tür zwischen diesen Welten und begann, die liebevolle Präsenz meiner Seele in meinen Alltag einströmen zu lassen.

Ich mag den Begriff »Höheres Selbst« eigentlich nicht so gerne, weil ich damit die Vorstellung verbinde, dass unsere Seele unerreichbar hoch über uns schwebt. Meine Erfahrung ist eher die, dass unsere Seele nicht von oben auf uns herunterschauen will, sondern sie möchte mitten in unserem Alltag landen und ein Teil von uns werden.

Meine Seele, die mir vorher fremd und etwas suspekt war, kam mir jeden Tag etwas näher. Mit jedem weichen Atemzug strömte ein Teil meiner Seele aus den feinstofflichen Bereichen in meine alltägliche Realität. Meine Seele brachte vieles mit, was ich vergessen hatte. Ein großer Teil meiner Identität kehrte gemeinsam mit meiner Seele in mein Leben zurück, und meine vergessenen Fähigkeiten erwachten.

Es gab einige Eigenschaften meiner Seele, die mich überraschten. Ich entdeckte zum Beispiel, dass meine Seele unglaublich entschlossen ist. Oft war es fast skurril für mich, den Unterschied zwischen meiner Seele und meinem menschlichen Selbst wahrzunehmen. Inspiriert durch einen Impuls meiner Seele, kündigte ich mutig mein erstes Seminar an. Als mir dann einige Zeit später auf der menschlichen Ebene bewusst wurde, was ich mir da vorgenommen hatte, zitterten mir die Knie.

Mein ängstliches, menschliches Selbst war sehr oft nicht ganz einverstanden mit den Entscheidungen, die meine Seele einbrachte. Ich merkte, dass es nicht genügte, nur ab und zu mit meiner Seele verbunden und für einen kurzen Moment mutig zu sein – und dann mein menschliches Selbst mit der Umsetzung des Neuen alleinzulassen. Ich wollte in *jedem* Augenblick verbunden sein. Ich wollte keinen Schritt meines Weges mehr einsam und abgeschnitten zurücklegen.

Auch hier half mir der Atem. Jedes Mal, wenn die Angst mich packte, atmete ich weich und ließ mich wieder in die Liebe meiner Seele eintauchen. Die Verbindung war wieder da, und meine Angst löste sich wieder auf.

Meine Seele brachte eine ungeahnte Leichtigkeit in mein Leben. Sie hatte keine Lust zu warten, bis mein Leben irgendwann in der Zukunft beginnt – sie wollte am liebsten gleich loslegen und Abenteuer erleben. Meine Seele findet Freude in den kleinsten Dingen. Sie ist erstaunlich kindlich – und gleichzeitig tief und weise. Sehr oft, wenn ich gerade denke, dass sie so verspielt und offen ist wie ein Kind, zeigt sie mir ihre unerschütterliche Kraft und sagt: »Ich bin hier auf der Erde, um Liebe einzubringen. Ich bin hier, um neue Wege der Heilung zu bahnen. Ich bin hier, um die Erde in ihrem Entwicklungsprozess zu unterstützen. Ich bin eine Hebamme für das neue Bewusstsein.«

Meine Seele nahm kein Blatt vor den Mund. Sie sprengte jedes Bild, das ich von mir hatte. Es kam öfter vor, dass mir vor Staunen der Mund weit offen stand und meine Gedanken wirbelten, während sie die Begrenzungen in meinem Verstand einfach beiseiteschob. Mein Vorhaben, einen kleinen, möglichst unauffälligen Weg einzuschlagen, der mir erlaubt, möglichst unsichtbar zu bleiben, wurde einfach weggepustet. Mit jedem weichen Atemzug merkte ich, dass ich den alten, gewohnheitsmäßigen Weg hinter mir lasse und in die glitzernde Welt meiner Seele eintauche.

Je mehr ich meine Seele wertschätzen lernte, umso mehr sehnte ich mich danach, die Weisheit meiner Seele direkt in Worte übersetzen zu können. Bisher hatte es nämlich eine deutliche Grenze zwischen meinem menschlichen Selbst und meiner Seele gegeben. Wenn ich mit meinem menschlichen Selbst anwesend war, fiel es mir leicht, logisch zu denken und mich klar auszudrücken – und wenn ich tief verbunden mit meiner Seele war, hatte ich Zugang zu viel tieferen Ebenen von Weisheit, aber ich konnte sie nicht zum Ausdruck bringen.

Zwischen diesen beiden Welten – dem menschlichen Selbst und der Seele – schien ein tiefer Graben zu liegen. Ich brauchte ziemlich viel Zeit, um mich mit meiner Seele zu verbinden und ihr Wissen dann langsam in Worte zu übersetzen. Es fühlte sich so an, als wären zwischen meiner Seele und meinem menschlichen Selbst viele Verbindungen eingerostet, weil ich sie nie genutzt hatte.

Zum Glück hatte ich auch hier den Atem als unschätzbar wertvolles Hilfsmittel. Mit jedem weichen Atemzug begann die Liebe meiner Seele leichter durch mich zu strömen. Die unterbrochenen Verbindungen begannen zu heilen. Die beiden unterschiedlichen Welten kamen sich langsam wieder näher.

Die neue Beziehung mit meiner Seele hatte durchaus auch humorvolle Nebenwirkungen. So musste ich nämlich zunächst sehr langsam sprechen, wenn ich tatsächlich die Weisheit meiner Seele in meine Worte einströmen lassen wollte. Ich – sprach – sehr – langsam. Nur wenn ich langsam sprach, konnte ich mit meiner Seele Schritt halten. Zum Glück wurde diese Verbindung mit der

Zeit flüssiger. Ich brauchte weniger Zeit, um mich zu verbinden, und das Einbeziehen meiner Seele wurde zur Normalität. Das weiche Atmen hat die Tür zu meiner Seele geöffnet und mich eingeladen, alles einzubringen, was ich zu geben habe.

Viele Jahre war ich begeistert dabei, immer tiefer in die Liebe meiner Seele einzutauchen. Mich berührte dieser lange vergessene Teil in uns Menschen so sehr. Ich begann wahrzunehmen, wie unglaublich eingeschränkt es ist, wenn wir uns nur auf unseren Körper und unser physisches Selbst reduzieren. Wir sind viel mehr als das. Durch unsere Augen leuchtet ein göttlicher Funke. Da ist etwas Ewiges, unglaublich Schönes in jedem von uns.

Die Begegnung mit meiner Seele erweiterte meinen Horizont. Wo meine Welt vorher abrupt zu Ende war, ging sie nun weiter. Wo vorher »nichts« war, öffneten sich neue Räume voller Leben. Doch ich merkte, dass meine Seele nicht das Einzige ist, was mir durch meinen Atem näher kommt. Mein Atem brachte mich nicht nur in eine tiefere Verbundenheit mit mir selbst, sondern zu einer unendlich liebevollen Quelle, aus der sich alles speist, was existiert.

Und Liebe ist das einzige Wort, das mir dazu einfällt. Ich meine damit keine romantische Liebe und auch nicht das rosarote, kitschige Bild von Liebe, das man so oft zu sehen bekommt. Ich meine eine Liebe, die so groß ist, dass man Angst bekommt. So ging es mir zumindest.

Nachdem ich mich daran gewöhnt hatte, weich zu atmen und dabei auch intensive Erfahrungen zu machen, tauchten immer wieder Momente auf, in denen es mir förmlich den Atem verschlug. Ich merkte, dass ich an das Ende meines kleinen, gewohnten Selbst komme und dass hier etwas ganz anderes beginnt.

Der erste Gedanke, der mir dabei kam, war der, ob sich so wohl das Sterben anfühlt. Wenn man an sein eigenes Ende kommt und merkt, dass dahinter noch etwas viel Größeres ist. Auf jeden Fall war es zu Anfang beinahe unmöglich für mich, weiterzuatmen, wenn ich diesem großen, unendlichen »Etwas« begegnete. Was ist da? Wer ist da? Ich vernahm zunächst keine Antwort außer diesem großen, unergründlichen »Etwas«.

Nachdem ich mich einige Monate immer wieder bis zu dieser inneren Schwelle vorgewagt hatte, beschloss ich, die Grenze zu überschreiten. Ich muss wissen, was da ist, sagte ich mir. Wie gut, dass ich meinen Atem im Gepäck hatte! Denn als ich mich ängstlich über die Schwelle traute, erinnerte mich mein Atem daran, dass ich behutsam beginnen kann, dieses große unergründlich wirkende »Etwas« einzuatmen.

Ich fühlte mich, als würde ich vor einem unendlichen Ozean aus Liebe stehen. Dass ich das nicht alles auf einmal einatmen kann, wurde mir schnell klar. Dieser Ozean war unendlich groß und unendlich tief – wie sollte ich mit ihm in Verbindung treten? Da tauchte aus der Tiefe des Ozeans ein kleiner silberner Teelöffel vor mir auf. Mir kam die Idee, einen kleinen Teelöffel nach dem anderen aus diesem riesigen Ozean zu löffeln. Ein weicher Atemzug nach dem anderen. Nicht denken, sondern wahrnehmen. Nicht wissen wollen, sondern hingeben. Atemzug für Atemzug.

Meine Tränen begannen zu fließen. Aber da war keine Traurigkeit, sondern einfach nur eine tiefe Rührung. Mein Herz floss über. Jeder kleine Atemzug brachte eine überwältigende Liebe zu mir. Es war, als würde diese Liebe zu mir sagen: »Da bist du ja endlich! Ich habe so lange auf dich gewartet.« Ich fühlte mich, als würde ich nach einer unendlich langen Reise endlich nach Hause kommen. Mein ewiges Suchen hörte auf. Eine wilde Freude tanzte durch mich hindurch. Es ist geschafft! Hier ist alles, wonach ich gesucht habe. Hier ist alles, wonach sich mein Herz verzehrt hat. Egal, was jetzt noch geschieht in meinem Leben – ich bin zufrieden. Ich habe den Weg zur Liebe gefunden. Hier will ich Wurzeln schlagen.

Den Weg zur Liebe finden
zum Herz(enraum)

Übung: Das weiche Atmen

Möchtest du gerne die heilsame Kraft deines Atems für dich entdecken? Dann nimm eine bequeme Körperhaltung ein – im Sitzen oder Liegen –, in der du dich entspannt zurücklehnen kannst.

Entspanne deine Schultern und deinen Bauch. Du kannst deine Augen schließen oder geöffnet lassen. Probier aus, was dir hilft, dich auf deinen Atem zu konzentrieren.

Richte deine Aufmerksamkeit auf das Strömen deines Atems. Lass dich auf den natürlichen Fluss deines Atems ein. Vermeide jegliche Anstrengung. Es gibt kein Ziel zu erreichen.

Wenn du magst, leg eine Hand auf deinen Bauch, um das Strömen deines Atems besser wahrzunehmen. Mit der Zeit wirst du bei jedem Einatmen spüren, dass deine Bauchdecke sich leicht hebt und beim Ausatmen wieder absinkt.

Du kannst dir nun gestatten, tiefer in deinen Atem einzutauchen. Atme so lange, wie es dir angenehm ist. Beginne mit wenigen Minuten, und erhöhe die Zeit, wenn du spürst, dass es dir guttut.

Weiches Atmen für mehr Verbundenheit

Atemerfahrung mit deiner Seele

Download-Link:
https://leahamann.de/leben-lieben-leuchten-download/

4

Dein Neues Leben beginnt

Dein Leben, das du heute erfährst, ist erst der Anfang. Da ist noch so viel mehr, das sich entfalten möchte. Leise klopfen neue Möglichkeiten an deine Tür. Deine Träume erinnern dich an Kinderlachen, Seifenblasen und Sommerblumen. Sie waren niemals wirklich weg, sondern nur vergessen. Bist du bereit, die harte Schale schmelzen zu lassen, damit das Wahrhaftige in dir erblühen kann? Nicht mehr träumen, sondern leben. Nicht mehr hoffen, sondern wissen. Nicht mehr warten, sondern beginnen.

* * *

Wenn du es für möglich hältst,
kann es Wirklichkeit werden.

* * *

Wenn ich zurückschaue auf meinen Weg, dann fällt mir auf, dass sich durch meine inneren Schritte schon einiges verändert hatte. Ich fühlte eine tiefe Verbundenheit, eine Liebe, die mich bedingungslos annimmt und auf liebevolle Weise durch mein Leben trägt. Innerlich war ich so reich wie niemals zuvor. Eigentlich hätte meine Suche hier enden können, denn mein größter Wunsch hatte sich innerlich bereits erfüllt. Natürlich war es wunderbar, dass ich so viel Wertvolles in mir entdeckt hatte, doch wenn ich meine Augen öffnete und mich in meiner spärlich eingerichteten Einzimmerwohnung umschaute, bemerkte ich, dass meine äußere

Situation mich nicht erfüllte. Als mir zudem noch bewusst wurde, wie einsam ich mich momentan fühlte, merkte ich, dass der alltägliche Bereich meines Lebens noch sehr leer war und einiges zu wünschen übrig ließ. Ich war innerlich verbunden – und doch auf der äußeren Ebene allein.

Als immer wieder einmal die leise Sehnsucht nach einer Beziehung bei mir anklopfte, dachte ich mit einer Prise Ironie darüber nach, wie gering die Wahrscheinlichkeit wohl ist, dass es dort draußen einen Menschen gibt, der eine Partnerin sucht, die so seltsam ist, wie ich mich in jener Zeit empfand. Jemand, der ausgestiegen ist aus der Normalität. Jemand, der stundenlang auf einer Parkbank sitzt, um die Weisheit des Wassers wahrzunehmen. Jemand, der seiner inneren Stimme folgt. Jemand, der Angstattacken hat, plötzliche Gefühlsstürme erlebt und sich tief auf die eigene innere Heilung einlässt. Nicht gerade das herkömmliche Bild einer attraktiven Partnerin, oder?

In der Vergangenheit waren meine wenigen Beziehungen immer nur dann entstanden, wenn ich es schaffte, mich zu verbiegen und meine wahren Gefühle und Probleme zu verbergen. Solange es ging, versuchte ich, ein möglichst positives Bild von mir zu präsentieren. Ich versuchte voller Anstrengung, jemand zu sein, der nie schlechte Laune hat, nie schwach ist und sich nie danebenbenimmt.

Wie sollte ich eine Beziehung entwickeln, wenn ich keine Kraft und keine Lust mehr dazu hatte, dieses Versteckspiel zu spielen? Ich hatte keine attraktive Fassade mehr, die ich wenigstens für die ersten paar Monate des Kennenlernens vorzeigen konnte. Wie sollte ich eine Beziehung entwickeln, wenn mein Inneres einer großen Baustelle glich? Sollte ich etwa sagen: »Hey, ich bin Lea, ich spreche mit mir selbst, höre innere Stimmen und bin dabei, meine Vergangenheit zu heilen, was öfter einmal kindliche Anteile aus meinem Inneren zum Vorschein bringt, die sich durch irrationale Gefühlsausbrüche und Angstattacken, bemerkbar machen. Na, wie sieht's aus?«

Je öfter ich an die innere Überzeugung stieß, dass ich wahrscheinlich den Rest meines Lebens allein verbringen werde, desto mehr fand ich mich damit ab. Okay, dann werde ich eben eine skurrile Einzelgängerin.

Kurze Zeit später hatte ich nachts einen sehr intensiven Traum. Im Traum öffnete ich eine schwere Holztür, die knarrend aufging, und auf einmal stand eine leuchtende Gestalt vor mir. Auch wenn ich das Aussehen dieser Person nicht deutlich erkennen konnte, kam mir doch eine tiefe Liebe entgegen. Es war eine Liebe, wie ich sie nie zuvor erlebt hatte. Sie hatte weder etwas mit meinem Aussehen noch mit anderen oberflächlichen Dingen zu tun. Es war eine Liebe, die durch meine raue äußere Schale hindurch meine Seele und mein ganzes Dasein berührte. Es war eine Liebe, die zu mir sagte: »Du musst dich gar nicht so sehr anstrengen. Ich liebe dich, so wie du bist. Genau jetzt. Mit allem, was zu dir gehört.« Als ich aufwachte, bemerkte ich, dass ich im Schlaf geweint hatte.

Diese tiefe Begegnung ließ mich nicht los. Den ganzen Tag begleitete mich die Erinnerung an diese Person und an die Liebe, die ich wahrgenommen hatte. Ich sehnte mich danach, die Person aus meinem Traum in mein Leben zu holen. Doch wie? Mir war bewusst, wie sehr diese Art von Liebe gegen meine tiefsten Überzeugungen prallte. Schließlich war ich so tief überzeugt, nicht liebenswert zu sein, dass ich ein Leben lang versucht hatte, mich zu verstellen. Ich fragte mich, wie es möglich sein kann, dass mich jemand so liebt, wie ich heute bin – mich, Lea, die wandelnde Baustelle.

Die Erinnerung an diese Liebe folgte mir sogar, wenn ich mich hinsetzte, um mich mit meinem Inneren zu verbinden und weich zu atmen. Es war, als forderte diese Liebe mich heraus, sie anzunehmen. Es machte mir zunächst Angst und tat sogar weh, denn so viele ungeliebte Seiten an mir wurden dadurch berührt. Kann ich es aushalten, geliebt zu werden? Die überraschende Antwort war, dass ich es wohl nicht aushalten konnte, zumindest nicht lange. Schon nach wenigen Atemzügen, bei denen ich mich bewusst für diese Liebe öffnete, bekam ich Angst, es wurde eng in meinem Inneren, und ich musste aufhören.

Ich übte das Annehmen dieser Liebe jeden Tag. Mit den Wochen wurde es leichter für mich. Ich konnte die Nähe, das Gefühl von

Wärme und Liebe immer besser aushalten. Eines Tages bemerkte ich, dass ich offen bin für diese Art von Liebe. Atemzug für Atemzug hatte ich meine Angst zurückgelassen. Ja, ich hatte gelernt, diese Liebe anzunehmen.

Am nächsten Tag sagte mir eine Bekannte, die auch in Frankfurt wohnte und von der ich länger nichts gehört hatte, dass am Wochenende ein spirituelles Treffen stattfinden werde. Plötzlich wusste ich: Da gehst du hin! Das Treffen fand allerdings an einem Tag statt, an dem es mir nicht besonders gut ging. Ich war zwar ziemlich erschöpft, aber ich schleppte mich dennoch mit letzter Kraft zu dem Treffpunkt.

Der Veranstalter unseres Treffens war Matthias, mein heutiger Ehemann, mit dem ich inzwischen seit mehr als fünfzehn Jahren mein Leben teile. Schon beim ersten Treffen wussten wir beide, dass wir uns auf demselben intensiven Heilungsweg befinden. Wie praktisch! Wir waren beide wandelnde Baustellen und machten uns gemeinsam auf die Suche nach einem neuen Weg für unser Leben.

Ich bin mir sicher, dass ich nicht in der Lage gewesen wäre, Matthias als Partner wahrzunehmen, wenn ich nicht schon viele Wochen vorher damit begonnen hätte, mich innerlich zu öffnen und zu lernen, eine neue Art von Liebe anzunehmen. Der Weg, etwas Neues in mein Leben zu bringen, hatte in meinem Inneren begonnen. Die Mauern und Widerstände, die alten Überzeugungen, sie alle mussten in meinem Inneren überwunden werden, damit sich mein Leben dann auch ganz real verändern konnte.

Doch nicht nur ich sehnte mich nach sichtbaren Veränderungen in meinem Leben, sondern auch meine Klienten brachten neue Anliegen in unsere Einzelsitzungen. Sie spiegelten mir meinen eigenen Wunsch wider, nicht nur innerlich erfüllt zu sein, sondern auch auf der ganz alltäglichen Ebene ein Leben zu entwickeln, das stimmig ist. Es fühlte sich immer mehr so an, als müssten wir zuerst tief in unserem Inneren die Verbindung wiederfinden – und diese Entwicklung, die auf der inneren Ebene beginnt, verwandelt dann auch die äußere Ebene des Lebens.

Unser Leben ist kein Zufall. Die Umstände in unserem Leben sind tief mit unserer inneren Einstellung verbunden. Was wir denken, was wir glauben, wofür wir offen sind und wovor wir Angst haben – das alles beeinflusst unsere Realität. Mir wurde klar, dass sich mein Leben erst ändern kann, wenn ich mich innerlich verändert habe. Die Veränderung, nach der wir uns sehnen, muss immer zuerst in unserem Inneren beginnen.

Zum ersten Mal wurde der Zusammenhang zwischen der inneren Einstellung und der äußeren Realität deutlich für mich, als ich mit einer Klientin arbeitete, die sehr darunter litt, dass sie in ihrem Privatleben überhaupt keinen Raum für sich selbst hatte. Sie wohnte mit ihrem Mann und den Kindern im Haus der Schwiegereltern und war den ganzen Tag umgeben von Menschen, ohne eine Möglichkeit, sich auch mal zurückzuziehen. Jedes Mal, wenn sie ihren Mann darauf ansprach, dass sie mehr Raum für sich braucht, gab es Streit.

Meiner Klientin ging es mittlerweile so schlecht, dass sie sogar darüber nachdachte, sich scheiden zu lassen. Als sie zu mir kam, schlug ich ihr vor, zunächst einmal innerlich den Raum anzunehmen, den sie so dringend braucht. Ich riet ihr, nicht mit einer Veränderung der äußeren Umstände zu beginnen, sondern einfach damit, den Raum innerlich anzunehmen.

Verdutzt fragte sie mich: »Wie soll ich etwas annehmen, das nicht existiert?« Eine ganz und gar verständliche Frage! Wenn etwas in unserem Leben fehlt, gehen wir logischerweise davon aus, dass es nicht existiert. Doch was wir wahrnehmen, wenn wir unser Leben mit unseren menschlichen Augen betrachten, ist nur ein kleiner Teil der Wirklichkeit. So wie in unserem Garten Tausende von Samenkörnern in der Erde schlummern und auf die richtigen Witterungsverhältnisse warten, um wachsen zu können, so gibt es auch in unserem Leben eine unsichtbare Ebene, auf der all die Potenziale warten, die in unser Leben kommen wollen.

Je größer unsere Sehnsucht nach etwas ist, umso lebendiger ist dieses Potenzial bereits. Es ist »reif« und möchte in unser Leben kommen. Sobald wir das Neue fühlen können, sind wir schon in

Berührung damit und können beginnen, es in unser Leben einzulassen.

Ich lud meine Klientin ein, ihre Augen zu schließen und sich entspannt zurückzulehnen. Um ihr aus ihrer angespannten Haltung herauszuhelfen, schlug ich ihr vor, auf das weiche Strömen ihres Atems zu achten. Nach einigen Atemzügen legte sich ihre innere Anspannung. Während meine Klientin ruhiger wurde, lud ich sie dazu ein, ihren Raum wahrzunehmen: ihren eigenen, persönlichen Rückzugsraum in ihrem Leben, der bereits auf sie wartet.

Immer wieder schaltete sich ihr Verstand ein und erinnerte sie daran, dass es diesen Raum ja noch gar nicht gibt! Aber wenn wir uns von unserem Verstand begrenzen lassen, bekommen wir keinen Kontakt zu unseren Potenzialen und können nichts Neues in unser Leben bringen. Deshalb erinnerte ich sie jedes Mal, wenn sich bei ihr sorgenvolle Gedanken meldeten, daran, weich zu atmen und sich wieder darauf zu konzentrieren, das Potenzial ihres Raums zu fühlen.

Es geht bei dieser Vorgehensweise übrigens nicht darum, sich ein genaues gedankliches Bild von dem neuen Potenzial zu machen. Das herkömmliche Visualisieren ist eine Technik, die sehr stark mit unserem Verstand zu tun hat. Wenn wir visualisieren, schränken wir uns meistens ein, weil unser Verstand nur die Bilder produzieren kann, die wir uns vorstellen können. Doch ein wirkliches Potenzial einzubringen ist meistens ganz anders, als sich unser kleiner Verstand ausmalen kann. Viel einfacher, viel liebevoller, viel eleganter – und viel größer.

Immer wieder fragte ich meine Klientin: »Wie fühlt sich dein Raum an? Kannst du etwas wahrnehmen?« Nach einer Weile beschrieb sie, dass sie eine große Ruhe spürte, wenn sie ihren Raum wahrnahm: »Ich fühle mich, als würde ich in eine große Ruhe eintauchen. Um mich herum ist Platz. Ich kann hier sein und fühle mich wohl. Mein Atem wird tiefer. Das tut so gut!«

Ich wusste, dass meine Klientin nun ganz tief mit dem Potenzial ihres neuen Raumes verbunden war. Schon allein der innere Kontakt damit war heilsam für sie. Natürlich meldeten sich dann sofort wieder Zweifel, die sagten: »Aber wie soll so ein Raum in mein Leben kommen? Wie soll ein wirklicher, realer Raum für mich entstehen? Unser Haus ist zu klein. Ich habe kein Geld, um mir einen zu mieten, ich weiß nicht, wo so ein Raum für mich ist.« Ich gab meiner Klientin eine Hausaufgabe mit. Sie sollte sich jeden Tag mindestens einmal mit ihrem Raum verbinden, so wie wir das gerade gemacht hatten, und etwas Zeit damit verbringen, diesen zu spüren, anzunehmen und zu genießen. Ich schlug ihr vor, die zweifelnden Gedanken zu ignorieren und sich immer wieder auf den Raum zu konzentrieren.

Bei der darauffolgenden Sitzung eine Woche später war meine Klientin plötzlich wie ausgewechselt. »Lea, du glaubst es nicht, ich fühle mich viel wohler! Auch wenn ich noch nicht weiß, wie der Raum in mein Leben kommen wird, innerlich genieße ich ihn jeden Tag! Die Streitereien mit meinem Mann haben endlich aufgehört, weil ich seitdem viel entspannter bin.« Ich freute mich mit ihr, und mir fiel wieder einmal auf, dass die Grenzen zwischen dem, was noch unsichtbar ist und in unser Leben kommen möchte, und dem, was bereits in unserem Leben ist, sehr durchlässig sind. Wir können das Neue bereits genießen und erfahren, während es auf dem Weg in unser Leben ist.

Während meine Klientin im Verlauf der Sitzung wieder ihren Raum wahrnahm, fragte ich sie, ob sie sich vollkommen wohlfühlt oder ob sich dabei noch innere Anspannungen oder unangenehme Gefühle bemerkbar machen. Tatsächlich gab es da noch ein paar unangenehme Dinge. Sie fühlte eine Traurigkeit, und als sie die Trauer deutlicher wahrnahm, wurde ihr bewusst, dass sie schon als kleines Kind den Eindruck gehabt hatte, dass es nicht genug Raum für sie gab. Sie war das jüngste Kind einer großen Familie, und ihre Mutter war hoffnungslos überfordert gewesen. Meine Klientin hatte während ihres ganzen Lebens immer den Eindruck, dass es besser wäre, wenn sie nicht da wäre. Sie nahm sich selbst als Belastung wahr und versuchte, sich so klein wie möglich zu machen.

Das Annehmen ihres eigenen Raumes brachte all das ans Licht. Sie ließ viele weiche Atemzüge fließen, um die verletzten inneren

Kinder liebevoll wahrzunehmen und ihnen zu erlauben, die alten schmerzhaften Erfahrungen loszulassen. Je mehr Traurigkeit sich lösen konnte, desto deutlicher konnte sie ihren neuen Raum spüren. Ein keckes Leuchten blitzte in ihren Augen, als sie sagte: »Ich habe ein Recht auf meinen Raum. Dieser Raum gehört mir, und ich nehme ihn niemand anderem weg! Ich muss mich nicht mehr klein machen.«

Der Prozess, wenn jemand etwas Neues in sein Leben bringt, gleicht immer einer Liebesgeschichte. Wir beginnen etwas zu lieben und eine immer tiefere Beziehung dazu zu entwickeln. Unterwegs müssen alte Verletzungen heilen und störende Glaubensmuster aus dem Weg geräumt werden, damit das Neue immer näher kommen kann – und irgendwann ist es dann wirklich Teil unseres Lebens.

Wenige Tage später erhielt ich plötzlich eine lange, freudige E-Mail von meiner Klientin. Sie schrieb mir: »Weißt du, Lea, ich habe trotz all dem, was du gesagt hast, ja doch immer noch meine Zweifel gehabt. Du hast mir immer wieder gesagt, dass mein Raum auf mich wartet, dass er auf einfache und liebevolle Weise in mein Leben kommen wird, aber ganz ehrlich, ich zweifelte daran. Jetzt ist mein Raum tatsächlich Wirklichkeit geworden, und ich kann es fast nicht glauben. Es war so einfach, und es ist so viel schöner, als ich es mir jemals hätte vorstellen können!«

Meine Klientin hatte – ohne jemals damit gerechnet zu haben – eine kleine Ferienwohnung geerbt. Mitten in der Natur, nicht allzu weit von ihrem Zuhause entfernt. Ein wunderschöner eigener Raum, der genau ihren Bedürfnissen entsprach. Hier war die Ruhe, nach der sie sich gesehnt hatte. Hier waren der Rückzug und die Möglichkeit, etwas Zeit für sich allein zu verbringen.

Ihr Raum war aus dem Bereich des Möglichen in ihre alltägliche Realität gekommen. Hätten wir das im Vorfeld visualisieren können? Nein, denn wie konnten wir ahnen, dass das Leben eine so elegante Lösung finden würde!

In unserer vorerst letzten Sitzung sagte sie mir dann, wie froh sie sei, dass wir einige Zeit damit verbracht hatten, den Raum erst einmal auf der inneren Ebene anzunehmen. Sie merkte, dass nicht nur ein neuer Raum in ihrem Leben entstanden war, sondern dass sie sich in einen neuen Menschen verwandelt hatte: in einen Menschen, der seinen eigenen Raum annimmt. Diese neue innere Haltung verwandelte ihr gesamtes Leben. Auch mitten im Trubel ihrer großen Familie spürte sie nun zu jeder Zeit den Raum, der ein Teil von ihr geworden war.

Das bewusste Gestalten unserer eigenen Realität ist nicht nur eine punktuelle, äußere Veränderung, sondern ein ganzheitlicher Entwicklungsprozess. Während wir uns verwandeln, ändert sich unser Leben. Während wir uns für neue Potenziale öffnen und sie lieben lernen, zeigt uns das Leben, auf welche Weise sich das Neue realisiert.

Was hält dich noch zurück?

Gibt es etwas, das dir fehlt, das du in dein Leben bringen möchtest? Vielleicht hast du sogar schon probiert, das Neue zu realisieren und es hat noch nicht geklappt? Hast du Sehnsucht danach, dein Leben vollständiger und erfüllender werden zu lassen? Bist du neugierig, wie dein Leben aussehen könnte, wenn es nicht mehr durch alte Überzeugungen eingeschränkt wird?

Es ist so viel mehr möglich, und es wartet so vieles darauf, gelebt zu werden. Doch wenn wir uns innerlich mit der erwünschten Veränderung verbinden, spüren wir meistens sehr schnell, dass es irgendwo in uns etwas gibt, das uns zurückhalten möchte. Oftmals sind es unsere tiefen unbewussten Überzeugungen, die das Schöne, wonach wir uns sehnen, von uns weghalten. Doch wir haben zum Glück die Möglichkeit, einschränkende Glaubensmuster über Bord zu werfen!

Einschränkende Glaubensmuster loswerden

Wenn du einen Bereich deines Lebens verändern möchtest, solltest du dir zunächst einmal bewusst machen, welche Glaubensmuster du in dir trägst.

Ein Glaubensmuster ist ein Gedanke, die sich tief in deinem Inneren verankert hat und zu einer Überzeugung geworden ist. Unsere Glaubensmuster beeinflussen die Realität, in der wir leben. Wenn du das Glaubensmuster »Ich bin wertlos« in dir trägst, dann wirst du immer wieder Erfahrungen machen, die dir genau das bestätigen. Wenn du jedoch das Glaubensmuster »Ich habe etwas Wertvolles zu geben« in dir trägst, erlebst du etwas völlig anderes.

Um deinen Glaubensmustern auf die Spur zu kommen, überleg dir zunächst, welche prägenden Erfahrungen du in diesem Lebensbereich gemacht hast. Wenn du die einschneidenden Erfahrungen deiner Vergangenheit betrachtest, wird es einfacher, die Glaubensmuster zu erkennen, die du entwickelt hast. Viele Glaubensmuster sitzen jedoch so tief, dass wir sie mit unserem alltäglichen Bewusstsein nicht wahrnehmen. Doch wenn wir uns entspannen und weich atmen, werden sie spürbar.

Um dir deine Glaubensmuster bewusst zu machen, schließt du deine Augen, lässt deinen Atem weich strömen und verbindest dich innerlich mit dem Bereich deines Lebens, den du verändern möchtest. Wenn du den Bereich deines Lebens, den du verändern willst, deutlich wahrnehmen kannst, achte auf die unangenehmen Gefühle, die eventuell auftauchen. Negative Glaubensmuster verursachen immer ein unangenehmes Gefühl, weil sie letztendlich nicht mit uns selbst und unserer tiefsten Wahrheit im Einklang sind.

Nimm dir ein Blatt Papier und notiere dir alles, was dir zu diesem Bereich deines Lebens einfällt. Notiere dir, welche Erfahrungen du gemacht hast und welche Glaubensmuster du in Bezug auf diesen Lebensbereich in dir wahrnimmst. Dann kannst du damit beginnen, die einschränkenden Glaubensmuster aufzulösen.

Ein Glaubensmuster ist vergleichbar mit einer Wand aus Eis, die den Fluss deines Lebens in eine bestimmte Richtung lenkt. Diese Eiswand kann schmelzen, und der Fluss deines Lebens kann in eine neue Richtung fließen. Ganz genauso können wir unsere inneren Glaubensmuster auflösen, damit unsere alltägliche Realität sich ändern kann.

Das weiche Atmen eignet sich wunderbar, um diese erstarrten Glaubensmuster-Eiswände zum Schmelzen zu bringen. Atme weich, und nimm wahr, wie die harten Glaubensmuster behutsam zu schmelzen beginnen. Sie lösen sich ganz allmählich auf. Du erkennst das daran, dass sich tief in dir etwas entspannt. Es fühlt sich leichter an, und der Fluss deines Lebens kann an der Stelle wieder fließen.

Wenn du das alte, einschränkende Glaubensmuster aufgelöst hast, wird es Zeit, dir zu überlegen, welche neuen Überzeugungen du in diesen Bereich deines Lebens einbringen möchtest. Wenn du dabei bist, deinen Geldbereich zu verwandeln, möchtest du vielleicht eine positive neue Überzeugung für dich formulieren: »Ich nehme das Geld, das mir zusteht, in Freude an. Ich darf mich entspannt fühlen und finanzielle Fülle genießen.«

Schließe deine Augen, atme weich und erlaube, dass diese neue positive Überzeugung tief in deinem Inneren Formen annimmt. Du kannst das neue Glaubensmuster spüren. Ein angenehmes warmes Gefühl breitete sich in dir aus. Positive Glaubensmuster fühlen sich angenehm an. Sie sind mit uns im Einklang und lenken den Fluss unseres Lebens in eine fruchtbare Richtung.

Es kann einige Zeit dauern, bis du tief sitzende Glaubensmuster aufgelöst hast. Jede kleine innere Veränderung bewirkt zwar bereits etwas, aber es kann eine Weile dauern, bis sich ein gesamter Lebensbereich komplett gewandelt hat. Ich habe mit vielen Bereichen meines Lebens einige Jahre lang gearbeitet und immer wieder tiefere Glaubensmuster entdeckt und aufgelöst, bis ich wirklich glücklich war mit dem Ergebnis.

Wichtig ist, dass du dich täglich mit dem Lebensbereich verbindest, den du verwandeln möchtest. Atme mit den Glaubensmustern, und gestatte ihnen, sich immer weiter aufzulösen. Manchmal stellt sich sofort Veränderung ein, und manchmal dauert es einige Zeit, je nachdem, wie tief die Glaubensmuster sitzen und wie viel von deinem Leben sie geprägt haben.

Umgang mit negativen Gedanken

Während du einen Bereich deines Lebens veränderst, ist es sehr wahrscheinlich, dass dich nicht nur positive Gedanken auf deinem Weg begleiten. Wenn wir unsere Gedanken einmal bewusst beobachten, können wir wirklich froh sein, dass sich nicht jeder Gedanke von uns sofort realisiert! Manche unserer Gedanken sind nämlich ganz schön negativ.

Wenn du dich daran erinnerst, dass unser menschliches Bewusstsein dem Ozean gleicht, dann kannst du dir vorstellen, dass sich die Glaubensmuster ganz unten auf dem Grund des Ozeans befinden. Glaubensmuster bestimmen, in welche Richtung der Fluss unseres Lebens fließt. Ganz oben an der Wasseroberfläche, wo der größte Lärm ist, da befinden sich unsere Gedanken. Gedanken sind zwar flüchtig, aber sie können beeinflussen, ob wir unser Leben positiv sehen oder in Zukunftssorgen hängen bleiben.

Gedanken fließen durch unseren Verstand wie vergängliche Wellen. Viele unserer Gedanken bemerken wir nicht einmal, sie schwappen im Hintergrund durch uns hindurch. Doch manchmal entsteht in unserem Kopf ein Gedankenkarussell, in dem wir uns immer weiterdrehen. Vor allem dann, wenn es sich um einen negativen Gedanken handelt, kann aus einem kleinen Gedanken, dem wir unbewusst folgen, ein immer größerer Strudel werden.

Das passiert oft, wenn wir uns über irgendetwas Sorgen machen. Du überlegst plötzlich, was du tun würdest, wenn du einen Unfall hättest, dir das Geld ausginge, du deinen Job verlieren würdest, dein Partner fremdgehen würde oder dein Kind eine unheilbare Krankheit hätte.

Negative Gedanken beruhen meistens auf einer imaginären Realität, die gar nicht existiert. Unser Leben wird bedeutend einfacher, wenn wir nur über die realen Probleme nachdenken, nicht über die *möglichen* Probleme, die wir *eventuell* haben könnten. Unsere realen Probleme sind anstrengend genug, wir brauchen nicht noch über weitere Probleme nachdenken, die wir gar nicht haben.

Der erste Schritt, die negativen Gedanken in deinem Leben loszuwerden, ist, dich zu fragen, ob dieser Gedanke auf der Realität beruht oder nicht. »Ich könnte einen Autounfall haben« – dieser Gedanke beruht nicht auf einem aktuellen Problem, das real ist. »Ich könnte in der Zukunft krank werden und arbeitsunfähig werden« – auch dieser Gedanke hat mit deiner jetzigen Realität nichts zu tun.

Negative Gedanken sind meistens ziemlich verlockend. Sie üben eine Art Sog auf uns aus. Doch wenn wir anbeißen, hängen wir wie ein Fisch an der Angel und kommen nicht mehr los. Es ist sehr sinnvoll, zu üben, den negativen Gedanken nicht zu folgen. Dabei geht es nicht darum, sie zu unterdrücken. Es geht darum, ihnen nicht mehr so viel Gewicht zu geben.

Wenn du dabei bist, einen Bereich deines Lebens zu verändern, achte im Lauf deines Tages auf die negativen Gedanken, die aufkommen. Am Anfang glauben wir oft, dass wir diesen Gedanken folgen müssen, dass es gar keine andere Möglichkeit gibt. Doch Gedanken sind wie Busse, die an der Haltestelle stehen und die Türen öffnen – du entscheidest, ob du einsteigst oder nicht. Wenn du einen Bus vor dir hast, der dich einlädt, die nächsten zwei Stunden in panischer Angst zu verbringen – möchtest du wirklich einsteigen?

Auch hier hilft die Konzentration auf das weiche Atmen. Wenn du für einige Minuten innehältst, kannst du dich entscheiden, einfach nur dem Fluss deines Atems zu folgen und die Gedanken an dir vorüberziehen zu lassen. Manche Gedanken sind tatsächlich recht klebrig oder »geladen«, und sie machen dich ganz hibbelig, weil du es kaum schaffst, ihnen nicht zu folgen. Doch je öfter du das übst, umso einfacher wird es. Statt dem Gedanken zu folgen, nimmst du lieber einen weichen Atemzug und bleibst in der Gegenwart. Statt in die Zukunft abzudriften – die noch gar nicht existiert –, bleibst du im Hier und Jetzt.

Negative Menschen meiden

Sobald du beginnst, dich für Veränderung zu öffnen und dein Leben in eine neue Richtung zu lenken, wirst du bemerken, dass die Menschen in deinem Leben unterschiedlich darauf reagieren. Manchmal fallen wir aus allen Wolken, wenn Freunde und Bekannte plötzlich negativ reagieren, weil wir uns verändern wollen.

Wenn eine Freundin von dir es gewohnt ist, gemeinsam mit dir über das fehlende Geld zu jammern und über die reichen Nachbarn zu schimpfen, und du da auf einmal nicht mehr mitmachst, sondern ihr begeistert davon erzählst, dass du dich dafür öffnest, mehr Fülle in deinem Leben anzunehmen – dann kann es sein, dass sie sich nicht mit dir freut.

Oft sind es sogar gerade die Menschen, mit denen du jahrelang viel Zeit verbracht hast, die nicht damit umgehen können, dass du dich auf einmal veränderst. Vielleicht empfinden sie dich als arrogant, überheblich oder nervig, weil deine Entscheidung, dich weiterzuentwickeln, sie – gegen ihren Willen – damit konfrontiert, dass sie das ja ebenfalls tun könnten. Menschen, die sich selbst als Opfer der Umstände sehen wollen, entwickeln manchmal eine erstaunliche Menge Hass und Ablehnung, wenn jemand es wagt, nicht länger Opfer zu sein, sondern kleine Schritte in eine neue Richtung zu gehen.

Andere Menschen hingegen reagieren vielleicht positiv und freuen sich mit dir. Sie unterstützen dich und glauben an dich, während du deinen Weg gehst.

Es ist wichtig, bewusst zu wählen, mit welchen Menschen du deine Zeit verbringst. Wenn du spürst, dass bestimmte Menschen dich nur belasten und ständig ihre Negativität an dir auslassen, verringere den Kontakt, soweit das möglich ist. Vielleicht ist das eine vorübergehende Lösung, und es kann sein, dass sich deine Freunde an die Veränderung gewöhnen. Manchmal machen Freundschaften eine Pause, und dann entsteht irgendwann wieder eine Beziehung auf einer neuen Ebene. Manchmal wirst du jedoch leider auch bemerken, dass bestimmte Menschen in ihrer Negativität bleiben wollen und daran festhalten. Bewahre dir die Liebe für diese Menschen, und nimm wahr, dass sie jederzeit die Möglichkeit haben, ihr Leben zu verändern, wenn sie das möchten. Doch überlege genau, mit wem du dein Leben teilst, mit wem du dich regelmäßig triffst und deine Zeit verbringst.

Soweit möglich solltest du dich mit Menschen umgeben, die ebenfalls bewusst ihren Weg gehen und dich respektieren oder sogar unterstützen. Gerade während du dabei bist, dein Leben grundlegend zu verändern, kann es sehr wichtig sein, dich so oft wie möglich mit Menschen zu umgeben, die dich ermutigen oder es zumindest respektieren, dass du neue Wege beschreitest.

Feuer unterm Hintern

Oft werde ich gefragt, ob es ausreicht, einfach nur eine neue innere Haltung einzunehmen und sich mit neuen Potenzialen zu verbinden, um diese in unser Leben zu bringen. Die Antwort lautet Nein.

Menschen haben sowohl Zugang zur inneren, feinstofflichen Welt als auch zur äußeren, alltäglichen Welt. Oft haben wir versucht, nur durch harte Arbeit und Anstrengung Veränderung zu erreichen. Dabei haben wir völlig außer Acht gelassen, dass unsere innere Einstellung und unsere Offenheit für das Neue eine entscheidende Rolle für das Entstehen unserer Realität spielen. Es ist unmöglich, finanzielle Fülle zu erschaffen, wenn wir innerlich nicht offen dafür sind. Egal, wie hart wir arbeiten, entweder ist die finanzielle Fülle von kurzer Dauer, oder es passiert immer wieder etwas, um uns im letzten Moment zu sabotieren.

Das andere Extrem ist, dass wir versuchen, allein durch innere Veränderung Neues in unser Leben zu bringen. Ich kenne einige spirituelle Menschen, die sich seit Jahren innerlich für etwas öffnen, doch wenn es darum geht, aktiv zu werden und konkrete Schritte zu unternehmen, um ihre Schöpfungen zu realisieren, ist keine Bereitschaft da.

Ganzheitliche Entwicklung funktioniert aber nur, wenn wir unsere innere *und* unsere äußere Arbeit tun. Es genügt nicht, hart zu arbeiten und zu versuchen, etwas Neues gegen unsere eigenen inneren Blockaden und Widerstände in unser Leben zu zerren. Doch es genügt ebenfalls nicht, nur auf dem Meditationskissen zu sitzen und darauf zu warten, dass es Geld regnet.

In meinen Seminaren sage ich oft, dass wir zuerst innerlich die Weichen stellen, und dann folgen die praktischen Schritte, die wir gehen müssen.

Dabei ist es nicht immer ganz einfach zu erkennen, welche Schritte wir im Einzelnen tatsächlich gehen sollten. Schließlich gibt es unendlich viele Möglichkeiten, und oftmals haben wir Ratschläge und Ideen von anderen im Kopf. Sollen wir alles einfach ausprobieren? Sollen wir das tun, was einfach erscheint – oder lieber das, was schwierig und herausfordernd für uns wäre?

Wenn wir uns auf ganzheitliche Veränderung einlassen, beginnt die Veränderung immer in unserem Inneren. Wenn du etwas Neues in dein Leben bringen möchtest – eine neue Beziehung, einen neuen Job, ein neues Zuhause, mehr Gesundheit oder eine Reise –, beginnst du immer damit, dich zuerst einmal innerlich mit diesem neuen Potenzial zu verbinden. Du beginnst damit, das Neue wahrzunehmen und damit vertraut zu werden.

Durch tägliches Verbinden mit dem neuen Potenzial entsteht eine Beziehung dazu. Wenn dann irgendwann Impulse für praktische Schritte kommen, bist du in der Lage, zu prüfen, ob ein Impuls zu dem Neuen passt, das du einbringen möchtest.

Als ich dabei war, meine Beziehung zum Geld zu heilen, kam nach einiger Zeit der klare Impuls, meine Leitlinien für Zahlungen im meinem Beruf zu erneuern und alle Abläufe rund um das Geld zu überarbeiten. Als ich diesen Impuls unter die Lupe nahm, spürte ich, dass mich dieser Schritt der neuen Beziehung zum Geld tatsächlich näher bringt. Ich merkte, wie dieser Schritt mich stärkt und genau in die Richtung führt, in die ich gehen möchte.

Natürlich gibt es aber auch Impulse, die uns vom Weg abbringen können. Eines Abends, als ich Geldsorgen hatte, kam der fieberhafte Impuls auf, meine Selbstständigkeit überstürzt aufzugeben und mir möglichst schnell irgendeinen Job zu suchen, damit ich mich finanziell sicherer fühlen kann. Als ich diesen Impuls deutlicher wahrnahm, spürte ich, dass dieser Schritt mich von meinem Ziel entfernen würde. Es fühlte sich schwächend an, als würde ich auf irgendeiner Ebene aufgeben.

Es lohnt sich also, alle Impulse, die aufkommen, wenn wir uns für etwas Neues öffnen, genau unter die Lupe zu nehmen. Wenn es dir schwerfällt, zwischen mehreren verschiedenen Möglichkeiten zu unterscheiden, leg dir Blätter auf den Boden und schreib auf jedes Blatt eine der Möglichkeiten. Stell dich auf eines der Blätter, schließ deine Augen, und lass dich nach innen sinken. Verbinde dich mit der Möglichkeit, und achte auf deine körperlichen Gefühle. Fühlst du dich gestärkt, ermutigt, als würde sich alles öffnen oder als würdest du wachsen? Dann handelt es sich um einen wahrhaftigen, wertvollen Impuls. Fühlst du dich geschwächt, klein, gestresst und verwirrt? Dann handelt es sich um einen Impuls, der nicht im Einklang ist mit deinem Ziel.

Mit der Zeit wirst du schon nach wenigen Sekunden erkennen, ob ein Impuls stimmig ist oder nicht, und es wird dir leichter fallen, deinen Weg zu gehen.

Meistens tauchen immer nur Impulse auf, die genau für den jetzigen Augenblick von Bedeutung sind. Versuche nicht, vorzugreifen und deinen Weg für die nächsten Jahre im Voraus zu planen. Konzentriere dich auf den Schritt, der deutlich erkennbar als Nächstes vor dir liegt, und nutze deine Kraft dafür, diesen Schritt zu gehen. Vertraue darauf, dass weitere Signale und Zeichen für dich auftauchen, wenn du diesen Schritt gegangen bist.

Wenn ich auf meinen Weg zurückschaue, bin ich froh, dass ich nicht alle meine Schritte im Voraus wusste. Vieles hätte mir vielleicht einfach nur Angst gemacht oder mich überfordert.

Wenn du dabei bist, einen Bereich deines Lebens zu verwandeln, ist es hilfreich, dich immer wieder neu damit zu verbinden. Wie in einer Beziehung ist es wichtig, immer wieder Kontakt aufzunehmen und zu schauen, welche inneren oder äußeren Schritte gerade anstehen. Manchmal gibt es nichts zu tun, und du kannst einfach genießen, dass etwas Neues im Garten deines Lebens wächst. Dann wieder gibt es Phasen, in denen du die Ärmel hochkrempelst und ordentlich zupackst.

Etwas Neues in dein Leben zu bringen gleicht einer Reise. Du pendelst auf angenehme Weise zwischen ruhigen Phasen innerer Heilung und Zeiten von Aktivität hin und her.

Übung: Eine neue Vision für dein Leben

Möchtest du deinem Leben erlauben, sich zu verwandeln? Möchtest du all das, was sich in deinem Inneren verändert, auch ganz real in deinem Leben genießen? Dann brauchst du schleunigst eine neue Vision für dein Leben!

Nimm dir ein Blatt Papier. Verbinde dich mit deinem neuen Selbst, das gerade am Wachsen ist. Kannst du wahrnehmen, wie du voll entfaltet und in Freude dein Leben lebst? Wie würde sich das anfühlen, wenn du morgens aufstehst? Wie würde dein Tag aussehen?

Stell dir dein neues Leben wie eine Landschaft vor. Zeichne dich selbst in der Mitte und rund um dich herum alles, was zu deinem neuen Leben gehört. Zeichne deine Projekte, deinen Alltag, deine Beziehungen und alles, was dir wichtig ist. Achte beim Zeichnen darauf, dich innerlich zu öffnen.

Diese Übung hilft dir dabei, dein neues Leben ein großes Stück näher kommen zu lassen. Wenn du magst, häng deine Zeichnung auf, oder leg sie an einen Ort, an dem du sie automatisch öfter siehst. Verbinde dich mit dem inneren Gefühl für dein neues Leben.

Die neue Vision für dein Leben

Meditation zum Aktivieren deiner Zukunft

Download-Link:
https://leahamann.de/leben-lieben-leuchten-download/

Teil II

lieben

Liebe macht Unsichtbares sichtbar.
Liebe ordnet alles neu.
Liebe verwandelt alles.
Liebe ist die Basis für ein erfülltes Leben.

5

Die Weichen deines Lebens neu stellen

Denke daran, rechtzeitig die Weichen zu stellen, damit der Zug deines Lebens in die richtige Richtung fährt. Halte inne. Finde den Schalthebel. Prüfe die innere Einstellung. Stell die Weichen neu. Winzige Veränderungen haben eine große Wirkung. Lehn dich zurück, und nimm wahr, wie das Leben seine Richtung ändert. Es fließt nun für dich statt gegen dich. Du gibst die Richtung vor. Dein Leben folgt dir.

* * *

Die Veränderung beginnt in deinem Inneren.

* * *

»Das ist eben so!« Wie oft habe ich mich über diesen Satz geärgert. Du bist jemand, der immer übersehen wird – das ist eben so. Es gibt einfach Menschen, die immer wenig Geld haben – das ist eben so. Du hattest eine traumatische Erfahrung und wirst nun für immer darunter leiden – das ist eben so. Immer wenn mir jemand sagte, dass ich bestimmte Einschränkungen in meinem Leben am besten einfach hinnehmen soll, weil »das eben so ist«, regte sich Widerstand in mir. Ich wollte nicht glauben, dass die Grundlage für unser Leben von außen festgelegt wird und nicht geändert werden kann.

Ich wusste mittlerweile bereits, dass ich nach innen lauschen und dort neue Impulse und Hinweise bekommen kann. Mit dem weichen Atmen hatte ich eine Möglichkeit gefunden, wieder in Fluss zu kommen und die Berge von emotionalen Belastungen aus der Vergangenheit zum Schmelzen zu bringen. Doch ich suchte immer noch nach einem Weg, um die grundlegende Ausrichtung meines Lebens zu verändern.

Ich bin sehr froh, dass mir mein Leben immer wieder Probleme servierte, die ich auf die herkömmliche Art und Weise nicht lösen konnte. Denn genau diese Probleme waren es, die mich dazu herausgefordert haben, zu lernen, wie man die grundlegenden Einstellungen des eigenen Lebens verändern kann.

Es begann damit, dass meine Selbstständigkeit im ersten Jahr nur langsam in Schwung kam. Obwohl ich meine Tätigkeit als Coach liebte, fiel es mir schwer, Werbung für meine Arbeit zu machen. Es fiel mir schwer, über meine Arbeit zu reden und die Menschen anzusprechen, mit denen ich von Herzen gerne arbeiten wollte.

Statt sichtbar zu werden und den Wert meiner Arbeit deutlich zu machen, verhielt ich mich wie ein Geheimagent. So nach dem Motto: Hoffentlich bemerkt niemand, dass ich existiere! Hoffentlich erkennt niemand, was ich zu geben habe!

Diese innere Grundeinstellung, mich unsichtbar zu machen, war in meiner Kindheit sehr nützlich gewesen. Unsichtbarkeit war lange Zeit ein Schutz für mich gewesen. Doch nun begann ein neuer Abschnitt meines Lebens, und die Unsichtbarkeit wurde zum Hindernis. Egal, wie sehr ich mich anstrengte, wie viele Newsletter ich versandte und wie präsent ich auf den verschiedenen Social-Media-Plattformen war – ich blieb weiterhin unsichtbar. Ich fühlte mich, als würde ich eine Tarnkappe tragen.

Oberflächliche motivierende Business-Sprüche gingen mir einfach nur auf die Nerven. Schließlich arbeitete ich bereits mit vollem Einsatz und war bereit, alles zu geben. Ich wusste, dass ich eigentlich die richtigen Worte finden kann, um meine Arbeit zu beschreiben. Das Problem lag jedoch viel tiefer. Die grundlegenden Weichen meines Lebens waren auf Unsichtbarkeit gestellt, und ich wusste nicht, wie ich sie neu stellen kann. Es war eine frustrierende Zeit für mich, aber ich ließ nicht locker.

Nach einer Weile kam ich auf die Idee, meine Selbstständigkeit in mein tägliches weiches Atmen mit einzubeziehen. Doch wie genau sollte ich mit meiner Selbstständigkeit atmen? Meine Selbstständigkeit war keine »Person«, die vor mir auf dem Stuhl sitzt und der ich helfen kann, in Fluss zu kommen, wie ich das bei meinen Einzelsitzungen zu tun pflegte. Als ich jedoch meine Augen schloss und meinem Atem folgte, bemerkte ich ganz deutlich die Präsenz meiner Selbstständigkeit. Sie zeigte sich mir wie ein Raum, wie ein großes Zimmer. Während ich meinen Atem weiterfließen ließ, erkundete ich den Raum meiner Selbstständigkeit.

Bald fiel mir auf, dass der Raum von einer dichten Nebelschicht umgeben war. Aha, hier ist also mein Tarnmantel, dachte ich. Von außen war meine Selbstständigkeit vor lauter Nebel tatsächlich nicht zu sehen. Alles war wie hinter einer dicken Wolkenbank verborgen.

Doch als ich den Raum weiter erkundete, bemerkte ich, dass es in seinem Inneren eigentlich schon recht warm und gemütlich aussah. Ich spürte die tiefe liebevolle Kraft meiner Arbeit in diesem Raum. Der Raum war farbenfroh und hatte eine heilsame Atmosphäre. Hm, eigentlich müsste nur diese blöde Nebelschicht verschwinden, dachte ich.

Als ich mich dafür öffnete, die Nebelschicht genauer wahrzunehmen, spürte ich auf einmal eine unangenehme Enge, die sich ganz erstickend anfühlte. Der Nebel hatte sich so eng um meinen Raum gelegt, dass gar keine Energie mehr nach draußen fließen konnte. Alles war im Inneren gefangen. Nun wunderte es mich schon etwas weniger, dass es mir nicht leichtfiel, meine Selbstständigkeit wirklich strahlen zu lassen. Eng und angespannt, so wirkte die schwere Nebelschicht auf mich.

Als mir dies bewusst wurde, rollte zunächst einmal eine Welle der Verzweiflung durch mich hindurch. Die Enge fühlte sich so erstickend an, und es war eine richtige Qual, mir das alles so deutlich anzuschauen. »Wie kann ich das jemals ändern?«, fragte ich mich.

Doch ich konzentrierte mich darauf, weiter auf den Fluss meines Atems zu achten, der während meiner Beobachtungen mehrfach ins Stocken geraten war. Der Rhythmus meines Atems war mir vertraut und half mir, mich innerlich wieder zu entspannen. Es gibt einen Weg, auch wenn ich ihn noch nicht kenne, diese leise Gewissheit tauchte auf einmal in mir auf.

Jeder weiche Atemzug lud mich weiter dazu ein, der dichten Nebelschicht zu begegnen. Ich wusste, dass sich nichts verändert, wenn ich mich frustriert zurückziehe. Auch der verzweifelte Wunsch, der irgendwann aufkam, wie mit einem großen Baseballschläger eine Öffnung in die Nebelwand zu schlagen, fühlte sich nicht besonders liebevoll und zielführend an.

Während ich atmete, spürte ich immer wieder den Wunsch nach mehr Raum, nach mehr Licht und Bewegungsfreiheit. Die Enge war zwar noch da, doch ich spürte auch meine Sehnsucht nach mehr Leichtigkeit, meinen tiefen Wunsch nach Veränderung. Nach einer Weile bemerkte ich, dass irgendetwas vor sich ging. Der Nebel wurde lichter. Es wurde etwas heller. Dann wurde es auch wärmer. Die erstickende Enge begann zu weichen. Mit jedem neuen Atemzug spürte ich, dass eine Veränderung im Gang war. Vor lauter Begeisterung hätte ich die Veränderung versehentlich fast wieder gestoppt, denn meine Gedanken überstürzten sich, und ich wollte unbedingt wissen, was da gerade geschieht. Die undurchdringlich wirkende Nebelwand wurde auf einmal durchlässig!

Mit jedem weichen Atemzug wurde es leichter. Auch wenn immer noch ein dünner Nebelschleier übrig war, so spürte ich doch einen großen Unterschied. Zwar hatte ich noch nicht verstanden, wie ich das geschafft hatte, aber es fühlte sich auf jeden Fall anders an als vorher. Nach etwa zehn Minuten war ich erschöpft. Diese innere Arbeit war richtig anstrengend!

Natürlich war ich gespannt, ob sich durch die innere Arbeit mit dem Raum meiner Selbstständigkeit irgendeine äußere Veränderung zeigen würde.

Zunächst fiel mir auf, dass mein Gefühl von Leichtigkeit den ganzen Tag über blieb. Wenn ich an meine Arbeit dachte, fühlte ich mich viel zuversichtlicher. Ganz neue Gedanken tauchten auf: Das wird schon, dachte ich. Vielleicht gibt es einen Weg, Werbung für dich zu machen, der besser zu dir passt? Deine Sichtbarkeit darf langsam wachsen.

Diese Gedanken waren völlig neu für mich. Es war, als hätte ich eine neue Tür in meinem Leben geöffnet. Auf einmal hatte ich Zugang zu neuen Gedanken und Gefühlen. Am Nachmittag warteten drei neue E-Mails mit Terminanfragen für Coaching-Sitzungen in meinem Postfach. Alle drei neuen Klienten schrieben mir, dass sie meine Website zwar schon öfter besucht hatten, aber heute erst entdeckt hatten, dass ich Coaching-Sitzungen gebe. Das konnte einfach kein Zufall sein!

Das innere Beseitigen der Nebelwand hatte auch auf der ganz alltäglichen Ebene für mehr Sichtbarkeit gesorgt. Meine Angebote, die vorher hinter der dichten Barriere verborgen geblieben waren, wurden auf einmal sichtbar und von meinen Wunschklienten angenommen! Etwas, das vorher unmöglich war, wurde auf einmal möglich. Nicht durch noch mehr äußere Arbeit, sondern durch innere Arbeit.

Ich war begeistert und wollte mehr darüber lernen, wie ich meine Realität von innen her verwandeln kann. Wenn ich mein Leben so betrachtete, gab es einige Bereiche, in denen ich mich nach Veränderung sehnte. Es gab also einiges zu tun!

Als ich darüber nachdachte, wie es funktioniert, mein Leben nicht nur oberflächlich, sondern grundlegend in der Tiefe zu verändern, fiel mir ein Beispiel dafür ein:

Stell dir vor, dein Leben würde wie ein Computerprogramm funktionieren. Dieses Computerprogramm deines Lebens hat bestimmte Stärken, also Bereiche, in denen dir vieles möglich ist, aber es beinhaltet auch Begrenzungen.

Vielleicht bist du jemand, der viele wunderschöne Ideen hat, aber es fällt dir schwer, Ideen in die Realität umzusetzen? Dann kannst du davon ausgehen, dass das Computerprogramm deines Lebens bestens dafür geeignet ist, neue Ideen anzunehmen, aber wenn es um die Realisierung deiner Ideen geht, hat dein Computerprogramm eine Lücke.

Da wir das grundlegende Programm unseres Lebens von unseren Eltern erben, schlagen wir uns oft noch mit veralteten, unbewussten Einstellungen und Sichtweisen herum. Du merkst, dass dich irgendetwas einschränkt.

Es kann uns ganz hoffnungslos werden lassen, wenn wir uns dabei ertappen, dass ein Bereich unseres Lebens sich störrisch verhält und sich – trotz harter Arbeit und Bemühungen – nicht verändern lässt. Obwohl wir zahlreiche neue Strategien ausprobieren und täglich die positivsten Gedanken denken, bleibt auf grundlegender Ebene alles gleich. Kein Wunder, dass wir manchmal glauben, wir seien unserem Leben hilflos ausgeliefert. »Das ist eben so«, sagt das alte Bewusstsein und fordert uns auf, einfach alles zu schlucken und die Einschränkungen hinzunehmen.

Es gibt aber nicht nur Lücken und Einschränkungen im Computerprogramm unseres Lebens, sondern manchmal auch grobe Fehler. Das sind Stellen, an denen etwas dich komplett blockiert. Wenn du beim Anwenden des Computerprogramms über diesen Fehler stolperst, gehen Dinge schief. Das Programm bleibt hängen. Du kannst die Datei nicht speichern. Der Computer stürzt ab.

Kennst du diese Momente in deinem Leben, wenn sich scheinbar alles gegen dich verschworen hat und nichts mehr geht? Der Satz »Das ist eben so« will uns dazu bringen, diese Fehler im Programm einfach hinzunehmen. Werden die Fehler im Computerprogramm aber nicht behoben, machen wir immer wieder dieselben schmerzhaften Erfahrungen. Wir drehen uns im Kreis. Jede Beziehung scheitert am selben Dilemma. An jedem Arbeitsplatz erleben wir dieselben wiederkehrenden Probleme mit unseren Kollegen.

Es kann sehr frustrierend sein, immer wieder an dieselben Grenzen zu stoßen. Natürlich können wir als einfache Nutzer des Computerprogramms alles dafür tun, dass wir uns möglichst entspannt an die Arbeit machen und eine positive innere Einstellung haben – aber wir haben trotzdem in diesem Moment keine Möglichkeit, wirklich in das Programm einzugreifen. Wir können zwar unsere eigene innere Haltung unserem Leben gegenüber ändern – schmerzhafte Situationen akzeptieren, unsere Erwartungen herunterschrauben, unsere Wünsche aufgeben –, aber können wir auch die grundlegenden Einstellungen unseres Lebens ändern?

Lange Zeit haben wir unser Leben aus derselben Perspektive betrachtet wie der einfache Anwender eines Computerprogramms. Wir haben versucht, das Beste aus dem Programm herauszuholen, das uns mitgegeben wurde. Wir haben die Einschränkungen hingenommen und versucht, das Beste daraus zu machen. Lange Zeit haben wir in diesem Bewusstsein gelebt.

Das ist natürlich nicht falsch, aber wir leben nun in einer Zeit, in der wir unseren Umgang mit unserem Leben grundlegend verändern dürfen. Wir brauchen nicht mehr in der Anwenderrolle zu verharren und das alte Programm so hinzunehmen, wie es bisher war.

Die gegenwärtige Zeit lädt uns mehr und mehr dazu ein, hinter die Kulissen zu schauen und zu lernen, wie ein solches Computerprogramm überhaupt geschrieben wird. Wir dürfen beginnen, wie ein Programmierer zu denken. Aus dieser neuen inneren Haltung heraus können wir neue Einstellungen vornehmen, das Programm durch neue Funktionen erweitern und grundlegende Fehler im Programm reparieren. Wir können das veraltete Programm, das wir von unseren Eltern geerbt haben, auf eine neue Version upgraden. Wir können fehlerhafte Lücken im Programm schließen und neue Möglichkeiten eröffnen, die es vorher noch nicht gab.

Statt unser Leben einfach nur hinzunehmen und zu glauben, »Das ist eben so«, können wir erkennen, *warum* es so ist, und lernen, unser Leben auf einer tiefen, grundlegenden Ebene neu auszurichten.

Tief in mir ahnte ich, dass es einen Weg geben muss. Schließlich hatte ich bereits einige Erfahrungen gemacht, die mir diese Vermutung bestätigten. Doch ich wusste immer noch nicht, wie alles zusammenhängt.

Zwar hatte ich gelernt, nach innen zu hören – doch ich wusste nicht, wo die eigentliche Schaltzentrale für mein Leben zu finden ist. Wo ist der große Schreibtisch, an dem das Computerprogramm meines Lebens geschrieben wird? Und wie, um Himmels willen, kann ich mich in diesen Prozess einklinken? Wie kann ich selbst Autor meines Lebens werden – statt nur zu lesen, was im Buch meines Lebens geschrieben steht? Wie kann ich das Computerprogramm meines Lebens auf eine neue Version bringen, die wirklich zu mir passt?

Die energetische Ebene verstehen

Wir lernen von klein auf, die Realität auf eine ganz bestimmte Weise wahrzunehmen. Es wird uns beigebracht, uns nur auf das zu fokussieren, was man sehen, berühren und durch logische Überlegungen begreifen kann.

Die äußere Ebene zu realisieren ist einfach, denn das tun wir ständig. Wenn du dein Leben mit deinen Augen, Ohren und alltäglichen Sinnen wahrnimmst, dann bist du mit der äußeren Ebene deines Lebens beschäftigt.

Doch unsere Realität umfasst noch eine weitere Ebene: die energetische Ebene! Wenn du lernen möchtest, tief greifende Veränderungen mit Leichtigkeit geschehen lassen, musst du lernen, die energetische Ebene deiner Realität zu sehen.

Wenn du deine Augen schließt und beginnst, dein Leben auf intuitive Weise wahrzunehmen, kommst du mit der inneren Ebene deines Lebens in Berührung. Da die meisten von uns das nicht gelernt haben, ist das zu Anfang oft etwas ungewohnt.

Du kannst eine einfache Übung nutzen, um das Gewahrwerden dieser inneren Ebene zu trainieren. Such dir einen Baum in der Natur. Zunächst betrachtest du den Baum mit deinen normalen, alltäglichen Sinnen. Schau ihn an, berühre ihn. Nun schließe deine Augen, halte deine Hand an den Stamm, und erlaube dir, den Baum einmal auf intuitive Weise wahrzunehmen. Atme weich, und spüre die Energie, die Qualität, die von diesem Baum ausgeht. Bekommst du ein Gefühl oder eine bestimmte Wahrnehmung? Kannst du diese inneren Eindrücke vielleicht mit bestimmten Worten beschreiben, wie zum Beispiel »Stabilität«, »Kraft« oder

»Lebendigkeit«? Du bist nun mit der inneren Ebene des Baums in Kontakt.

Um dein intuitives Gewahrwerden zu trainieren, kannst du das immer wieder mit ganz unterschiedlichen Dingen ausprobieren. Du kannst auch deinen Beruf auf diese Weise anschauen. Betrachte deinen Beruf zunächst mit deiner alltäglichen Wahrnehmung, die äußere Form sozusagen. Dann schließ deine Augen, und nähere dich deinem Beruf auf intuitiver Ebene.

Mit Menschen, denen du begegnest, funktioniert das ganz genauso. Du kannst einen Menschen mit deinen alltäglichen, äußeren Sinnen wahrnehmen. Du kannst realisieren, wie jemand aussieht, wie laut oder leise jemand spricht. Du kannst jemandem die Hand geben und spüren, ob derjenige warme oder kalte Hände hat und wie fest sein Händedruck ist. Alle diese Sinneseindrücke bringen dich mit der äußeren Gestalt eines Menschen in Kontakt. Doch wenn du die tiefere Ebene eines Menschen wahrnimmst, gibt es noch viel mehr zu entdecken. Wenn du tiefer gehen möchtest, werde dir zum Beispiel der Ausstrahlung eines Menschen gewahr. Was strahlt durch die äußere Hülle dieses Menschen hindurch? Was für eine emotionale Stimmung verbreitet dieser Mensch? Was ist die tiefe, echte Essenz, die in diesem Menschen lebt?

Manchmal ist es hilfreich, die Augen zu schließen, um diese feineren Ebenen zu erspüren. Erwarte kein bestimmtes Ergebnis, sondern beobachte, wie deine Wahrnehmung sich im Laufe der Zeit immer weiter entwickelt.

Du brauchst übrigens nicht im selben Raum mit jemandem zu sein, wenn du in die energetische Ebene eintauchen möchtest. Du kannst dich mit jedem beliebigen Menschen verbinden, unabhängig von Raum und Zeit, und ihn mit deinen intuitiven Sinnen wahrnehmen. Tu das einfach in deinem Inneren.

Denn hierbei spielt der räumliche Abstand keine Rolle. Auf der inneren Ebene gelten andere Gesetze. Raum und Zeit haben wenig Bedeutung. Ganz egal, wo sich etwas befindet – du kannst es wahrnehmen. Du kannst zum Beispiel die Energie deines Zuhauses spüren, auch wenn du dich gerade auf der anderen Seite der Erde befindest.

Auch Größenordnungen sind bei dieser Art der Wahrnehmung nicht wirklich von Bedeutung. Du kannst dich intuitiv mit der Energie eines ganzen Landes verbinden, das viel größer ist als dein menschlicher Körper. Das spielt keine Rolle, wenn du die energetische Ebene anschauen möchtest. Egal, wo sich etwas befindet, egal, wie klein oder groß es ist, und egal, ob es sich in der Vergangenheit oder in der Zukunft befindet – diese Ebene ist jederzeit wahrnehmbar. Du kannst die Energie von längst vergangenen Kulturen erspüren erspüren oder dich mit deinem zukünftigen Partner verbinden. Auf der inneren Ebene ist all das möglich.

Dieses Öffnen der intuitiven Sinne bringt mehr Tiefe in dein Leben. Je öfter du das Leben auf diese Weise betrachtest, desto weniger bleibst du nur an der Oberfläche.

Oft empfinden wir als Erwachsene unser Leben als langweilig, weil wir irgendwann dazu übergegangen sind, unsere intuitiven Sinneseindrücke auszublenden. Als Kind sind wir noch verbunden mit den inneren Sinnen und können tief eintauchen in den Zauber und die Wahrhaftigkeit des Lebens. Deshalb kann ein Kind stundenlang vor einer Blume stehen und sich darüber freuen, während wir Erwachsenen, beschäftigt mit den Details unseres Alltags, achtlos vorübergehen. Während wir durch immer neue technische Errungenschaften unsere Sinne immer einseitiger nutzen, gerät die tiefe wahrhaftige Begegnung mit dem Leben immer weiter in den Hintergrund.

Aber als Menschen sind wir nicht dafür gemacht, nur die Oberfläche des Lebens mitzubekommen. Wir sind eingeladen, auch in die Tiefe einzutauchen.

Viele meiner Klienten waren beispielsweise erstaunt, dass in ihren langjährigen Beziehungen, die grau und langweilig geworden waren, auf einmal neues Leben erwachte, als sie begannen, ihren Partner auf der inneren Ebene wahrzunehmen. Wenn wir nur die Oberfläche sehen, die Verhaltensweisen, die uns störenden Eigenschaften und Probleme, dann verpassen wir die tiefe Lebendigkeit und die Wahrhaftigkeit des Menschen, der unser Leben teilt. Doch wenn wir die äußeren Augen schließen und für einen Moment unseren Partner mit unseren inneren Sinnen erspüren, entsteht Nähe. Der Zauber erwacht wieder.

Deine intuitive Wahrnehmung trainieren

Wer seine Intuition viele Jahre nicht genutzt hat, braucht ein wenig Übung, um sie wieder zu lernen. Wir haben unsere intuitiven Sinne oft viele Jahre oder Jahrzehnte lang nicht mehr wirklich eingesetzt, und so sind sie allmählich eingeschlafen.

Wenn wir uns zum ersten Mal nach innen richten und wieder auf diese Weise wahrnehmen wollen, bemerken wir oft nur ein schwammiges, unklares Durcheinander. Wir haben keine Orientierung, spüren nichts – oder können das Wenige, das wir da sehen, nicht wirklich einordnen. So wie jemand, der seine Augen lange nicht genutzt hat und nur noch verschwommen sieht, müssen wir unser intuitives Gewahrwerden erst wieder trainieren.

Diese Art der Wahrnehmung ist entscheidend dafür, dass sich dein Leben auf ganzheitliche Weise verändern kann. Wenn du nach und nach ein Gefühl dafür bekommst, wie die energetische Ebene deines Lebens aussieht, welche Blockaden oder Möglichkeiten sich hier befinden, kannst du tief greifende Veränderung bewirken und die Weichen für dein Leben neu stellen.

Körperhaltung für Energiearbeit

Für diese Art der inneren Arbeit ist es hilfreich, die richtige körperliche Haltung einzunehmen. Auch wenn du Energiearbeit in jeder Körperhaltung machen kannst, würde ich dir empfehlen, dich aufrecht hinzusetzen und dafür zu sorgen, dass du mit beiden Füßen Bodenkontakt hast. Leg deine Hände in den Schoß oder auf die Armlehne deines Stuhls, und schließ deine Augen. Energiearbeit ist auch mit geöffneten Augen möglich, doch es fällt oft viel leichter, dich auf deine innere Wahrnehmung zu konzentrieren, wenn du deine Augen geschlossen hältst.

Vom Kopf in den Körper

Um innerlich sehen und spüren zu können, musst du in deinem Körper präsent sein. Dein gesamter Körper – von deinem Kopf bis zu den Füßen – ist dein Instrument, das du zum Fühlen brauchst.

In der heutigen Zeit sind wir oft sehr verkopft und verlieren uns in unseren Gedanken, daher kannst du die Energiearbeit am besten immer damit beginnen, dich auf den Fluss deines Atems zu konzentrieren und mit jedem Atemzug tiefer in deinen Körper zu sinken. Spüre deinen Kopf, deine Schultern, deine Arme und Hände, deinen Bauch, deinen Rücken, dein Becken, deine Beine und Füße. Entspanne dich so weit wie möglich, und nimm deinen Körper bewusst wahr.

Das Zentrum deiner intuitiven Wahrnehmung

So wie wir Augen haben, um die äußere Welt um uns herum zu betrachten, so verfügen wir auch über eine Art inneres Sehen, um die energetische Ebene des Lebens zu erfassen.

Dein intuitives Wahrnehmungszentrum befindet sich ziemlich genau in der Mitte deines Kopfs. Berühre den Punkt zwischen deinen Augenbrauen und stell dir vor, dass du von diesem Punkt aus in die Mitte deines Kopfs wanderst. Hier liegt sich das Zentrum deines inneren Sehens. Von dort aus kannst du die innere Ebene erfassen.

Während du Energiearbeit machst, solltest du im ganzen Körper präsent sein. Das Zentrum deiner Aufmerksamkeit sollte sich in der Mitte deines Kopfes befinden. Etwa 60 Prozent deiner Aufmerksamkeit sollte sich in deinem inneren Sehzentrum konzentrieren, 40 Prozent deiner Aufmerksamkeit im Rest deines Körpers.

Deine Wahrnehmung stabilisieren

Es gibt viele unterschiedliche Ausprägungen von intuitiver Wahrnehmung. Bei manchen Menschen ist das direkte innere Sehen ausgeprägt. Sie sehen innere Bilder, wenn sie die energetische Ebene wahrnehmen. Bei anderen entsteht ein fühlendes inneres Wissen, wieder andere erfahren Energien über Farben, Körperwahrnehmungen oder sogar Klänge.

Wichtig ist, dass du deiner Wahrnehmung vertraust. Am Anfang wird es dir vielleicht schwerfallen, deine intuitiven Sinne zu stabilisieren. Es kann sein, dass du das Gefühl hast, immer wieder abzudriften und deinen inneren Fokus zu verlieren. Das liegt daran, dass dein inneres Sehen noch ungeübt ist. Je öfter du deine innere Wahrnehmung trainierst, desto leichter wird es für dich, die energetische Ebene stabil wahrzunehmen.

Für den Anfang empfehle ich dir, die Energiearbeit kurz zu halten. Übe für wenige Minuten, und wenn du merkst, dass es anstrengend wird, öffne deine Augen wieder, schüttle deinen Körper sanft aus, und gönn dir eine Pause. Energiearbeit ist dann am effektivsten, wenn du innerlich entspannt bist.

So bewegst du Energie

Als ich in einem Seminar mit einer Gruppe Energiearbeit machte, fiel mir auf, dass einige Teilnehmer angestrengt und unsicher wirkten. Als ich sie einlud mitzuteilen, wie es ihnen bei der Energiearbeit geht, erzählten sie, dass sie nicht sicher sind, ob sie das Recht haben, auf dieser tiefen Ebene Veränderung herbeizuführen.

Tatsächlich ist es so, dass wir in dem Bewusstsein aufgewachsen sind, so etwas nicht zu können und vielleicht auch gar nicht zu dürfen. Um meinen Seminarteilnehmern Mut zu machen, eine neue innere Haltung einzunehmen, lud ich sie ein, sich vorzustellen, dass ihr Leben wie ein Königreich ist. Du bist die Königin – oder der König – in deinem Reich. Du darfst ganz entspannt auf deinem Thron sitzen und dein Reich liebevoll regieren. Wenn du dich vor dem Regieren drückst, dann werden andere Kräfte dein Leben prägen, die oftmals gar nicht liebevoll sind. Möchtest du, dass dein Königreich ständig von ganz unterschiedlichen Kräften in Unruhe gebracht und durcheinandergewirbelt wird – oder möchtest du deinen Platz einnehmen und liebevoll und verantwortungsbewusst regieren?

Der königliche Platz, den wir einnehmen, bringt Frieden und Stabilität in unser Leben. Das Königreich unseres Lebens kann harmonisch erblühen und sich entwickeln, wenn wir unseren Platz einnehmen und unsere Aufgabe erfüllen. Eine Königin muss sich nicht anstrengen, um ihr Königreich zu regieren. Ein König kann ganz entspannt auf seinem Thron sitzen und erlauben, dass alles sich in eine neue Richtung entwickelt. Das ist die richtige innere Haltung für die Energiearbeit.

Wenn es mal passieren sollte, dass wir von unserem Thron herunterpurzeln, wird Energiearbeit schnell sehr anstrengend, und wir werden unsicher. Da hilft nur eins: Wir müssen uns wieder auf unseren Thron setzen, uns innerlich zurücklehnen und weiterhin liebevoll regieren.

Die Räume deines Lebens wahrnehmen

Bevor du mit der Energiearbeit beginnst, solltest du dir darüber im Klaren sein, welchen Raum deines Lebens du verändern möchtest.

Es ist hilfreich, die unterschiedlichen Bereiche deines Lebens als verschiedene Räume wahrzunehmen. Diese Räume sind zum Teil nebeneinander angeordnet, manchmal aber auch ineinander verschachtelt und miteinander verwoben.

Grundlegend könnte man sagen, dass es vielleicht so etwas wie einen Privatraum und einen Berufsraum in deinem Leben gibt. In deinem Privatraum befinden sich aber noch viele weitere Räume, die zu deinem Privatleben gehören, z. B. dein Beziehungsraum, dein Zuhause oder deine Gesundheit.

Du kannst dich jederzeit mit jedem Raum deines Lebens verbinden und dort Veränderung zulassen. Du brauchst dazu nicht alle Räume auf einmal wahrzunehmen, sondern kannst dich auf den Raum konzentrieren, den du verändern willst.

Welcher Raum deines Lebens hat Veränderung im Moment dringend nötig? Wähle einen Raum deines Lebens aus. Das kann dein Job sein, deine Beziehung, dein Körper, deine Ernährung, dein Geld oder dein Zuhause. Es spielt keine Rolle, ob es sich um einen kleinen oder großen Raum deines Lebens handelt. Es ist auch völlig egal, ob du bereits eine konkrete Idee hast, wie sich dieser Bereich deines Lebens genau verändern könnte, oder ob du noch völlig ratlos bist und einfach nur Sehnsucht nach Veränderung hast.

Sobald du dich für einen Raum deines Lebens entschieden hast, begib dich in die oben beschriebene innere und äußere Haltung für Energiearbeit. Setz dich aufrecht hin, schließ deine Augen, und werde im Körper präsent. Nutze deinen weichen Atem, um aus dem Kopf herauszukommen und deine intuitive Wahrnehmung zu aktivieren.

Den energetischen Raum erkunden

Du beginnst damit, wahrzunehmen, wie es in dem Raum deines Lebens aussieht, den du gerne verändern möchtest.

Du kannst leicht herausfinden, was sich auf der energetischen Ebene befindet, indem du dir selbst Fragen stellst und dir erlaubst, den Raum fühlend zu erkunden. Fühlst du dich wohl oder unwohl, wenn du diesen Raum wahrnimmst? Atme weich, und lass dich tiefer auf die Wahrnehmung dieses Raums ein. Ist es dunkel, eng, hart – oder angenehm, warm und einladend? Welche Blockaden befinden sich hier? Welche Energien aus der Vergangenheit prägen diesen Lebensbereich noch heute?

Je mehr du dich fühlend vortastest, umso mehr wird dir klar werden, welche tiefen Einflüsse diesen Raum bisher geprägt haben.

Grundsätzlich kann man sagen, dass sich alle Energien, die dir dienen und deinem Leben erlauben, sich harmonisch zu entfalten, angenehm anfühlen. Alle Energien, die dich in deiner Entfaltung einschränken und dein Leben blockieren, fühlen sich unangenehm an.

Gehen lassen, was dir nicht dient

Um Veränderungen auf der energetischen Ebene herbeizuführen, darfst du dir bewusst machen, dass alle Energien in deinem Leben auf dich reagieren. Nur solange du es erlaubst, können sie in deinem Leben sein. Sobald du dich dafür entscheidest, eine bestimmte Energie gehen zu lassen, muss sie gehen.

Denke an die Königin und den König, die ihr Königreich liebevoll regieren. Niemand kann sich ohne ihre Erlaubnis in ihrem

Königreich breitmachen. Nur wer die königliche Erlaubnis hat, darf hier sein. Du selbst entscheidest, welche Energien in deinem Königreich willkommen sind – und welche nicht.

Es ist sehr wahrscheinlich, dass du in der Vergangenheit unbewusst einschränkende Energien in dein Leben hereingelassen hast. Vielleicht bist du in einer Familie aufgewachsen, in der es immer wieder an Geld mangelte. Dadurch ist diese Energie von Geldmangel auch in dein Leben gekommen, obwohl du dich nicht bewusst dafür entschieden hast. Mithilfe von Energiearbeit kannst du entscheiden, welche dieser Energien du behalten möchtest und welche Energien den Raum deines Lebens verlassen müssen.

Wenn du bemerkst, dass sich ein Raum deines Lebens belastend anfühlt, darfst du erlauben, dass sich dort alle Energien auflösen, die dir nicht mehr dienen. Du brauchst nicht im Einzelnen zu wissen, um welche Energien es sich handelt. Du brauchst nicht zu wissen, woher sie kommen oder wie lange sie schon da sind. Es genügt, dass du wahrnimmst, dass sich etwas nicht mehr angemessen für dich anfühlt, und entscheidest, dass es gehen darf. Am besten stellst du dir vor, dass sich Energie ähnlich verhält wie Wasser. Wasser strebt danach, zu fließen, Energie ebenfalls. Wenn wir ihr dies wieder erlauben, können wir unser Leben wieder in Fluss bringen und innerlich für frischen Wind sorgen. Bleibe während der Energiearbeit in einer kindlichen, neugierigen Haltung, und sei bereit, spielerisch zu entdecken. Je entspannter du bist, je mehr Zeit du dir zum Beobachten und Entdecken lässt, umso mehr wirst du bewegen.

Die energetische Ebene verstehen

Wenn du dich täglich mit demselben Bereich deines Lebens innerlich verbindest, wirst du bemerken, dass sich dir immer wieder etwas Neues zeigt. Ein guter Vergleich wäre ein Spaziergang durch deinen Garten. Wenn du gestern im Garten warst, hast du vielleicht einen Igel am Komposthaufen gesehen, oder dir fiel auf, dass der Salat schleunigst gegossen werden muss.

Doch wenn du einen Tag später durch denselben Garten gehst, siehst du nicht genau das Gleiche, das du gestern gesehen hast. Der

Igel ist längst nicht mehr am Komposthaufen, dafür hüpft eine Amsel über den Gartenweg und raschelt in den Blättern am Boden. Die Erde um den Salat ist nicht mehr trocken, sondern noch feucht vom gestrigen Gießen.

Vieles auf der energetischen Ebene ist in ständigem Wandel, weil du dich weiterentwickelst. Sie bleibt nicht gleich. Die energetische Ebene zeigt dir jeweils den aktuellen Istzustand, den du wahrnehmen und weiter verändern kannst. Während du Energiearbeit machst, stell dir vor, du wärst ein Archäologe, der geduldig eine Schicht nach der anderen abträgt und dabei immer tiefer in die Geheimnisse der Erde eindringt. Im Laufe der Zeit wirst du durch das Erkunden der energetischen Ebene immer mehr über dich und dein Leben herausfinden.

Schwierigkeiten überwinden

Wenn du zum ersten Mal Energiearbeit machst, kann es sein, dass du daran zweifelst, ob es überhaupt möglich ist, etwas zu bewegen. Es kann auch sein, dass du dich innerlich anstrengst und dadurch alles ins Stocken gerät. Denke daran, dass alles Neue, was du lernst, Zeit benötigt. Jede neue Fähigkeit, die du lernst, muss trainiert werden. Dass man am Anfang unsicher ist und Zweifel hat, ist völlig normal.

Konzentriere dich darauf, immer wieder in die Haltung der Energiearbeit zurückzukehren: entspannt, aufrecht und zulassend. Falls es dir schwerfällt, eine Energie aus deinem Raum zu entfernen, erinnere dich daran, deinen Platz einzunehmen. Du bist die Königin (oder der König), die ihr Leben regiert! Keine Energie hat das Recht, in deinem Leben zu sein – es sei denn, du erlaubst es ihr.

Falls du einmal auf eine Energie stoßen solltest, die sich riesig, unglaublich schwer oder sehr hart anfühlt, kannst du leicht auf die Idee kommen, dass diese Blockade unlösbar ist. Doch auf der energetischen Ebene gibt es so etwas wie Schwere oder Härte nicht. Energie ist Energie – egal, welche Geschichte sie dir erzählt.

Vielleicht hilft es dir, Energie mit Wasser zu vergleichen. Wenn du auf einen See schaust, kann er an einem Tag dunkel und bedrohlich wirken, weil dunkle Wolken am Himmel stehen, und am nächsten Tag kann der See hellblau und einladend wirken, weil die Sonne scheint. Doch ganz egal, wie das Wasser oberflächlich betrachtet aussieht – es bleibt immer genau dasselbe Wasser.

Die äußere Geschichte, die dir eine Energie erzählt, muss dich nicht übermäßig beschäftigen. Eine Energie kann dir sagen: »Ich bin so riesig groß und so uralt und so schwer, dass du mich nicht lösen kannst.« Doch das stimmt nur dann, wenn du es glaubst und ihr das Recht gibst, in deinem Leben zu bleiben. Erinnere dich daran, dass alle Energien letztendlich immer dieselbe Substanz haben, egal, welche Geschichte sie erzählen. Atme weich, und gib die Erlaubnis, dass die Energie sich auflöst – und es geschieht.

Was du verändern darfst und was nicht

Wenn ich über Energiearbeit spreche, taucht häufig auch die Frage auf, welche energetischen Räume wir denn überhaupt bearbeiten dürfen. Und welche nicht.

Auf der alltäglichen Ebene ist es für uns selbstverständlich, dass wir nicht ohne Erlaubnis in das Haus unseres Nachbarn eindringen und seine Wohnräume neu einrichten – wir dürfen lediglich unser eigenes Zuhause gestalten.

Auf der energetischen Ebene gelten ähnliche Gesetze. Du hast das Recht, alle deine eigenen energetischen Räume zu gestalten. Dazu gehören dein Körper, dein Beruf, deine Freizeit, deine Ernährung, dein Geld, dein Zuhause, dein Garten, dein Auto, dein Urlaub oder deine Reisen – einfach alles, was zu deinem persönlichen Leben gehört.

Es gibt aber natürlich auch Lebensbereiche, die mit anderen Menschen verwoben sind. Das wären zum Beispiel Partnerbeziehungen, Wohngemeinschaften, gemeinsame Arbeitsprojekte mit anderen Menschen oder deine Familie. Für alle energetischen Räume, die mit den Räumen anderer Menschen verwoben sind, gelten besondere Regeln.

Wenn andere Menschen mit im Spiel sind, kommt es auf deine grundlegende innere Haltung an. Es ist immer in Ordnung, wenn du dich generell dafür öffnest, dass sich ein energetischer Raum möglichst harmonisch weiterentwickelt. Wenn du ganz allgemein daran arbeitest, dass einschränkende Energien sich lösen und alles harmonischer wird, unterstützt du damit auch alle anderen beteiligten Menschen in ihrer Entwicklung.

So darfst du ohne Weiteres alte belastende Energien aus dem Beziehungsraum entlassen, den du mit deinem Partner teilst, und dich für neue, liebevolle Energien öffnen. Du darfst daran arbeiten, dass der Raum deiner Familie harmonischer und liebevoller wird. Du darfst einschränkende Energien aus einer Wohngemeinschaft lösen.

Nicht erlaubt ist es jedoch, zu versuchen, anderen Menschen deinen persönlichen Willen aufzuzwingen. Wenn du versuchst, einen potenziellen Partner in eine Beziehung zu zwingen, die derjenige nicht möchte, oder deine Kinder in eine bestimmte Richtung zu manipulieren, machst du keine heilsame Energiearbeit mehr, sondern rutschst in Manipulation und Machtmissbrauch ab. Jede Art von Missbrauch wirkt sich nicht nur negativ auf den anderen Menschen aus, sondern jede Grenzüberschreitung, die du begehst, hat eine negative Auswirkung, die immer auf dich selbst zurückfallen wird.

Prüfe deine Intention besonders sorgfältig, wenn du Energiearbeit mit Räumen machst, an denen andere Menschen beteiligt sind. Solange du dafür arbeitest, dass sich alles zum höchsten Wohl aller Beteiligten entwickelt, bist du auf der richtigen Spur.

Eine besondere Regel gilt in Bezug auf deine Kinder. Da du ganz natürlicherweise für eine gewisse Zeit die Verantwortung für deine Kinder übernimmst, darfst du sie in dieser Zeit auch intensiv durch Energiearbeit unterstützen. Bereits während der Schwangerschaft kannst du dein Baby in seiner Entwicklung fördern, störende Blockaden beseitigen und dafür sorgen, dass sein Weg auf die Erde harmonisch verläuft. Du darfst den energetischen Raum kleiner Kinder regelmäßig reinigen und harmonisieren, wenn sie aus dem Kindergarten oder der Schule belastende Energien mit nach Hause schleppen.

Das Ziel sollte allerdings sein, dass Kinder mit dem Älterwerden selbst lernen, ihre Räume zu gestalten und nach und nach mehr

Verantwortung zu übernehmen. Sobald sie dazu in der Lage sind, können auch sie damit beginnen, die königliche Position in ihrem eigenen Leben einzunehmen.

Selbstverständlich kannst du auch immer dann für andere Energiearbeit machen, wenn dich jemand darum bittet. Falls du als Coach oder Begleiter arbeitest, darfst du im Rahmen deiner Arbeit und mit Erlaubnis deiner Klienten Blockaden für sie lösen und sie in ihrer Entwicklung unterstützen.

Beginne zunächst einmal damit, Energiearbeit nur für dich selbst anzuwenden, und gib dir Zeit, ein Gefühl dafür zu entwickeln. Wenn du dich dann sicher fühlst, kannst du andere Menschen mit einbeziehen.

Wie lange dauert es, bis Energiearbeit »wirkt«?

Wenn du beginnst, dein Leben durch Energiearbeit zu verändern, spürst du meistens sofort eine Wirkung. Das kann zunächst einfach ein neues, ungewohntes Lebensgefühl sein, neue Gedanken, die zuvor nicht da waren, oder ein körperliches Gefühl von Erleichterung.

Doch bis sich die innere Veränderung in deinem Alltag umsetzt, kann es eine Weile dauern. Je nachdem, wie blockiert ein Lebensbereich ist, kann es manchmal sehr schnell gehen oder auch längere Zeit in Anspruch nehmen.

Nimm die innere Haltung eines Gärtners ein. Du arbeitest langsam und stetig daran, dass der Garten deines Lebens immer schöner und fruchtbarer wird. Sei geduldig, und achte auf die kleinen Erfolge, die sich zeigen. Und genieße sie!

Übung: Energiearbeit

Bevor du beginnst, Energiearbeit mit deinem Leben zu machen, ist es eine gute Idee, dir eine »Lebenslandkarte« zu zeichnen.

Nimm dir ein Blatt Papier, und zeichne eine einfache Skizze der Landschaft deines Lebens. Überleg dir, welche unterschiedlichen Bereiche es in deinem Leben gibt, z.B. Privatbereich, Familie, Beziehung, Beruf,

Gesundheit ... Zeichne in einfachen Formen, so wie es dir gefällt, die Bereiche ein, die du wahrnimmst.

Wähle einen Bereich aus, den du verändern möchtest. Begib dich in die Haltung für Energiearbeit. Setz dich aufrecht hin, lehn dich entspannt zurück, und schließ deine Augen. Atme weich, und lass dich mit deiner Aufmerksamkeit in deinen Körper sinken.

Gib dir die Erlaubnis, den von dir ausgewählten Bereich deines Lebens intuitiv wahrzunehmen. Sobald du den energetischen Raum wahrnimmst, kannst du herausfinden, welche Energien sich hinderlich für dich anfühlen. Dazu gehört alles, was eng, bedrückend, blockierend, kalt oder auf andere Weise unangenehm ist.

Atme weich, und erlaube, dass diese Energie sich jetzt lösen darf. Bleib entspannt, lehn dich innerlich zurück, und erlaube mit jedem Atemzug, dass die Energie sich lösen darf. Du wirst bald spüren, wenn die Energie sich bewegt. Oft kannst du eine körperliche Erleichterung spüren, als würde eine Last von dir abfallen.

Mach nur so lange Energiearbeit, wie es dir möglich ist und es sich gut für dich anfühlt. Gib dir danach etwas Zeit, die Veränderung wahrzunehmen, die du bewirkt hast.

Trainiere deine intuitive Wahrnehmung

Wahrnehmungsübung

Download-Link:
https://leahamann.de/leben-lieben-leuchten-download/

6

Das Neue in dein Leben einbringen

Solange du noch angestrengt suchst, kannst du nicht wahrnehmen, dass es bereits da ist. Dein Geschenk wartet auf dich. Hör auf zu suchen und beginne zu finden. Atemzug für Atemzug. Breite deine Arme aus. Kannst du es bereits sehen? Kannst du es fühlen? O ja, es ist schon da und wartet auf dich! Sobald du das Neue wahrnimmst, strömt es jeden Tag ein wenig mehr in dein Leben herein. Bist du bereit, so viel anzunehmen? Kannst du so viel Liebe aushalten? Darf dein Leben so schön werden?

* * *

Das, wonach du dich sehnst, existiert bereits.

* * *

Hattest du als Kind einen Herzenswunsch? Ich erinnere mich daran, dass ich mir von klein auf ein schönes Zuhause gewünscht habe. Einen Ort, an dem ich Wurzeln schlagen kann, an dem ich mich rundum sicher und geborgen fühle. Die Tatsache, dass ich bis Anfang zwanzig schon unzählige Male umgezogen bin und einige Jahre in diversen Pflegefamilien oder auf Isomatten bei Freunden verbracht habe, hat mich so sehr entwurzelt, dass ich meinen Herzenswunsch irgendwann völlig vergessen habe. Warum soll ich mir etwas wünschen, das unmöglich ist? Warum soll ich mir etwas wünschen, wenn es mich nur schmerzlich daran erinnert, dass es nie in meinem Leben vorhanden war?

Als ich dann meine erste eigene Wohnung hatte, habe ich lange Zeit meine Kartons nicht ausgepackt. Innerlich war ich gar nicht in der Lage anzukommen. Ich war so daran gewöhnt, dass immer wieder ein chaotischer Neubeginn auf den anderen folgt, dass ich mich gar nicht getraut habe, auszupacken und anzukommen.

Auch als ich bereits einige Jahre in meiner Wohnung lebte, war ich ziemlich zurückhaltend, was das Einrichten angeht. Lohnt es sich überhaupt, Bilder aufzuhängen? Lohnt es sich, es mir gemütlich zu machen? Tief in meinem Inneren wartete ich schon darauf, bald wieder umzuziehen.

Einige Jahre später, als ich gemeinsam mit meinem Partner Matthias in einer Mietwohnung lebte, tauchte der Wunsch nach einem richtigen, dauerhaften Zuhause wieder auf. Das innere Bild von einem schönen Haus mit Garten schwebte wie eine saftige Karotte vor meiner Nase. Der Gedanke, ein Stück Erde zu haben, wo wir Wurzeln schlagen und für längere Zeit leben können, erfüllte mich mit Freude.

Doch es war gar nicht so einfach, mein Herz für das Hausprojekt zu öffnen. Denn immer, wenn ich mich mit dieser Idee beschäftigte, begegnete mir der Schmerz aus der Vergangenheit. Jeder hektische Umzug, jede Phase von Heimatlosigkeit, jeder Moment, in dem mir schmerzhaft bewusst wurde, dass ich immer nur zu Besuch zu sein schien und nirgendwo wirklich hingehöre, kam auf einmal wieder in mein Bewusstsein. Das Haus lag auf der anderen Seite dieses tiefen Grabens aus Schmerz. Ich konnte nicht zu unserem Haus gelangen, ohne mich diesem Schmerz zu stellen.

Oft fällt es uns leichter, innere Wunden zu heilen, wenn wir uns ganz konkret auf etwas Neues konzentrieren, das wir in unser Leben bringen möchten, denn dann haben wir eine positive Ermutigung. So begann ich ein tägliches Ritual, bei dem ich mich innerlich mit unserem Haus verband und dann beobachtete, welche unangenehmen Gefühle dabei aufkamen. Ich fühlte die Angst aus meiner Kindheit, die Verlorenheit, die tiefe Verzweiflung und die Orientierungslosigkeit. Ich fühlte, dass meine Wurzeln so oft unsanft aus der Erde gerissen worden waren, bis ich mich nicht mehr traute, irgendwo Fuß zu fassen. Manchmal taten mir tatsächlich meine Füße weh, wenn ich mich mit dem Potenzial für unser Haus verbunden habe.

Doch ich spürte hinter dem Schmerz auch immer wieder Momente von Freude. Ich wusste, dass es nicht nur darum geht, auf der oberflächlichen Ebene ein Haus zu suchen und zu kaufen, sondern auf dem Weg dorthin meine tiefe Beziehung zu meinem eigentlichen Zuhause zu heilen. Ich bemerkte, dass ich behutsam dabei begleitet wurde, meine innere Entwurzelung zu heilen und mich für ein wahres Zuhause zu öffnen.

Auch wenn mein Verstand große Mühe damit hatte, sich vorzustellen, dass wir es schaffen können, ein Haus finden, das wir uns finanziell leisten können, blieb ich bei meinem täglichen Ritual. Ich habe mich jeden Tag mit unserem Haus verbunden, ließ meinen Atem strömen und erlaubte, dass unser Haus Stück für Stück näher kommt.

Mit der Zeit konnte ich die angenehme Energie spüren, die von diesem Haus ausging. Innerlich nahm ich immer wieder wahr, wie unser Haus uns freundlich anlächelt und sich darauf freut, dass wir bald dort wohnen werden. Ich begann, die tiefe erdige Kraft zu spüren, die dieses Haus ausstrahlte.

Das war etwas ganz und gar Neues für mich. Jeden Tag begann ich begeistert damit, die heilsamen Qualitäten des Hauses einzuatmen und durch mich fließen zu lassen. Ich kam zur Ruhe, wenn die heilsame Kraft unseres zukünftigen Zuhauses mich durchströmte.

Die innere Veränderung brachte mich dazu, in der Wohnung in der wir damals lebten, neue Vorhänge aufzuhängen und meinen Arbeitsraum neu einzurichten. Ich hielt mich nicht mehr zurück, sondern begann, auch schon unsere gegenwärtige Wohnung zu genießen. Je mehr ich mich für mein Zuhause öffnete, desto ruhiger wurde es in mir. Ich fühlte mich mehr mit der Erde verbunden und spürte, wie sich ein tragfähiges Fundament in mir entwickelte. Ich kam in meinem Körper an. Ich kam auf der Erde an.

Ganze zwei Jahre verbrachte ich damit, mein Zuhause innerlich reifen zu lassen und mich auf diesen Prozess einzulassen.

Manchmal zweifelte ich sehr daran, dass sich dieses Zuhause auch irgendwann ganz real manifestieren würde, doch dann schöpfte ich wieder Vertrauen.

Irgendwann fragte ich Matthias, ob wir uns ein paar Häuser anschauen könnten, um ein Gefühl dafür zu bekommen, wie so etwas abläuft. Mein Gedanke war, dass wir das einfach mal üben, damit wir dann, wenn wir unser Haus finden, schon erfahren sind und wissen, worauf es beim Hauskauf ankommt.

Die Region, in der wir unser Haus suchen wollten, hatten wir schon einige Zeit vorher wahrgenommen. Eine ländliche Gegend mit schöner Landschaft und gesundem Klima. Eines Abends schaute ich dann im Internet nach Häusern in dieser Region, weil es mich interessierte, wie viel ein Haus dort wohl ungefähr kosten würde.

Beim Durchgehen der Beschreibungen fiel mir gleich ein bestimmtes Haus auf. Zwar war das Gebäude nur teilweise auf dem Bild zu sehen, was ja meistens kein gutes Zeichen ist, aber in der Überschrift stand: »Traumhaftes Haus mit großem Garten, perfekt für Freiberufler, die auf dem Land leben wollen«. Da Matthias und ich unbedingt einen großen Garten wollten, fühlten wir uns gleich angesprochen. Kurz entschlossen vereinbarten wir einen Termin zum Besichtigen.

Wie erwartet war das Haus selbst nicht gerade auf dem neuesten Stand, das Dach war teilweise undicht, und es gab einiges zu renovieren. Auch wenn ich zunächst Mühe hatte, mich darauf einzulassen, ein altes Fachwerkhaus zu renovieren, spürte ich tief in mir, dass dieses Haus sich anfühlte wie ein Zuhause. Trotz aller Baustellen und des Renovierungsbedarfs spürte ich ein warmes Gefühl für dieses Fleckchen Erde.

Der Garten mit über 2000 Quadratmetern in schönster Südlage hat uns angesprochen. Auch dass es direkt hinter dem Haus einen Zugang zum Feld und den Wiesen für Spaziergänge mit unseren Hunden gab, fanden wir toll. Je länger wir uns alles anschauten und überlegten, umso größer wurde unser inneres Ja. Obwohl wir eigentlich nur mal probieren wollten, wie man ein Haus besichtigt, waren wir auf einen Schlag mitten in unserem Zuhause gelandet.

In allem, was in diesem Zusammenhang geschah, spürten wir eine liebevolle Führung. Dass Matthias kurz vorher noch etwas geerbt hatte und ich gerade genug auf meinem Sparkonto zusammengespart hatte, sodass alles zusammen für eine Anzahlung reichte – das hätten wir natürlich nie so planen können. Unser Haus war auf dem Weg in unser Leben!

Kurz bevor der Kauf über die Bühne ging, kam jedoch noch mal etwas Wirbel in die Geschichte, denn eine andere Familie interessierte sich plötzlich ebenfalls für unser Haus. Die Maklerin rief uns spätabends an und teilte zögernd mit, dass die Hausbesitzer sich für die andere Familie entschieden hätten, da diese einen höheren Betrag zahlen wolle. Es tue ihr sehr leid, aber da sei nichts zu machen.

Matthias und ich saßen erst einmal völlig verdattert auf dem Sofa. Die vergangenen Wochen waren voller glücklicher Überraschungen gewesen, alle Türen hatten sich für uns geöffnet – und jetzt hatte uns jemand unser Haus so kurz vor dem Ziel weggeschnappt? Ich war total geknickt. Meine Zweifel waren auf einmal alle wieder da. War es doch nicht das richtige Haus gewesen? Während ich am Grübeln war, zog sich Matthias zurück. Einige Stunden später erzählte er mir, dass er noch mal gebetet und Energiearbeit mit dem Haus gemacht hatte. »Ich habe zugelassen, dass die beste Lösung für alle Beteiligten sich zeigt«, meinte er. Nun blieb uns nichts anders übrig, als abzuwarten.

Am nächsten Tag klingelte das Telefon. Es war die Maklerin. Die andere Familie war vom Kauf zurückgetreten. Sie hatten ein anderes Haus entdeckt, das näher an der Schule ihrer Kinder lag, viel besser für sie geeignet war und ihnen auch besser gefiel. Nun stand uns also nichts mehr im Weg. Unser Haus gehörte uns! Meine Güte, was für ein Nervenkitzel bis zur letzten Sekunde!

Im Nachhinein wurde uns bewusst, dass es nicht genügt, einfach nur offen für etwas Neues zu sein – manchmal ist es auch wichtig, das Schwert der Klarheit in die Hand zu nehmen, eine innere Entscheidung zu treffen und sich zu behaupten.

Wenn ich spüre, wie liebevoll mich unser Zuhause in den letzten Jahren gehalten hat, wie viel Stille und tiefen Frieden ich hier erfahren durfte, weiß ich, dass es die Mühe wert war. Es war eine lange Reise von der leisen Sehnsucht nach einem Zuhause bis zum Einzug in unser Haus. So vieles durfte heilen, so vieles durfte sich verändern, bis unser Zuhause Wirklichkeit werden konnte.

Deine Potenziale wahrnehmen

Wenn wir lebendige Schöpfungen einbringen wollen, die auf lange Zeit in unserem Leben wachsen und reiche Früchte tragen, können wir die Natur als Vorbild nehmen. Es erfüllt mich immer wieder mit Achtung und Staunen, wenn ich wahrnehme, mit welcher Eleganz sich hier Schöpfung vollzieht. Aus einer scheinbar unerschöpflichen Quelle entsteht jedes Jahr aufs Neue eine Fülle von Pflanzen, Blüten, Früchten und vieles mehr.

Scheinbar aus dem Nichts ruft die Natur so viel Fülle ins Leben. Viele Pflanzen beginnen als winzig kleines Samenkorn, wachsen heran und tragen reiche Frucht. Jede Schöpfung, die wir bewusst in unser Leben einladen, folgt einem ähnlichen Weg. Es beginnt mit einer Möglichkeit, die wir einladen und der wir in unserem Leben Raum geben.

Das richtige Potenzial auswählen

Vielleicht fragst du dich gerade, welche Schöpfungen du in dein Leben einladen solltest. Woher weißt du, was wirklich gut für dich ist?

Um das richtige Potenzial zu wählen, solltest du nach innen lauschen und wahrnehmen, welches Potenzial sich »reif« anfühlt. Oftmals machen sich die Potenziale, die auf Verwirklichung warten, schon seit Monaten oder Jahren in deinem Leben bemerkbar. Immer wieder hast du dieselbe Idee, dieselbe Sehnsucht und fühlst, dass da etwas Schönes auf dich wartet.

Es ist wichtig, dass du dabei eine entspannte innere Haltung einnimmst. Lehn dich zurück, breite deine Arme aus, und nimm wahr, dass eine Liebe durch dein Leben strömt, die dich erreichen und beschenken möchte. Es ist diese Liebe, die das neue Potenzial reifen lässt und dir direkt vor die Nase hält, damit du dazu Ja sagen kannst.

Nimm wahr, welches Potenzial sich schon darauf vorbereitet hat, in dein Leben zu kommen. Wähle das Potenzial, das sich ausgeglichen, lebendig und reif anfühlt.

Natürlich ist es auch möglich, mehrere Potenziale auf einmal in dein Leben zu bringen. Für den Anfang empfehle ich dir, dich auf ein einziges zu konzentrieren. Du wirst genug zu tun haben!

Mit deinem Potenzial in Berührung kommen

Der nächste Schritt, um eine neue Schöpfung in dein Leben zu bringen, ist wahrzunehmen, dass das Neue bereits existiert.

Es klingt vielleicht etwas paradox, denn wenn du dich in deinem Leben umschaust, ist das, wonach du dich sehnst, ja eben gerade nicht da. Es ist daher wichtig, dass du dich daran erinnerst, dass unsere Realität zwei grundlegende Ebenen hat. Es gibt die alltägliche Ebene deiner Realität, in der all das sichtbar und erfahrbar ist, was bereits in deinem Leben angekommen ist. Dann gibt es aber auch die energetische Ebene, auf der sich auch all die noch nicht manifestierten Potenziale befinden. Du kannst dich mit der neuen Schöpfung verbinden, wenn du wahrnimmst, dass sie bereits auf der energetischen Ebene vorhanden ist.

Deine Potenziale sind wie Samenkörner, die noch nicht im Garten deines Lebens eingepflanzt wurden. Was du dir wünschst, existiert auf der energetischen Ebene bereits, aber es ist noch nicht in deiner Realität angekommen. So wie das Potenzial für ein ganzes Kilo bester Tomaten in einem winzigen Samenkorn vorhanden ist, so warten deine Potenziale auf der energetischen Ebene darauf, in deinem Leben eingepflanzt zu werden, damit sie sich vollständig entfalten können.

Auch wenn die neue Schöpfung noch weit von deinem Alltag entfernt ist, kannst du heute schon beginnen, mit ihr Kontakt aufzunehmen. Der liebevolle Partner, nach dem du dich sehnst, existiert bereits. Der erfüllende Arbeitsplatz, nach dem du suchst, existiert bereits. Dein liebevolles Zuhause wartet schon auf dich.

Es spielt übrigens keine Rolle, ob du eine scheinbar kleine Schöpfung einbringen möchtest – z. B. einen Parkplatz in einer überfüllten Einkaufsstraße – oder etwas Größeres, wie eine mehrjährige Weltreise. Auf der menschlichen Ebene mag sich das eine klein und leicht anfühlen und das andere groß und gewaltig – aber du weißt ja inzwischen, dass auf der energetischen Ebene andere Gesetze gelten. Energetisch gesprochen, kannst du beides auf dieselbe Art und Weise in dein Leben bringen.

Dich auf den Heilungsprozess einlassen

Wenn du dich mit dem Potenzial verbindest, das du in dein Leben bringen möchtest, kann es sein, dass dir innere Verletzungen oder einschränkende Glaubensmuster im Weg stehen. Du merkst das daran, dass ungute Gefühle aufkommen, wenn du dich mit deinem Potenzial verbindest.

Meistens beinhaltet ein Schöpfungsprozess das Heilen innerer Verletzungen und das Loslassen alter Glaubensmuster. Wenn du dich beispielsweise für das Potenzial einer liebevollen Beziehung öffnest, du aber die Wunden vergangener Beziehungen noch in dir trägst, gibt es eine Menge Geröll, das aus dem Weg geräumt werden muss, bevor die neue Beziehung in dein Leben kommen kann.

Durch das tägliche Verbinden mit deinem Potenzial wird eine blockierende Schicht nach der anderen in dein Bewusstsein kommen, um sich zu lösen. Das weiche Atmen gibt dir eine hervorragende Möglichkeit, die Blockaden behutsam zum Schmelzen zu bringen und den Weg für das Neue freizulegen.

Dein Geschenk annehmen

Jede Schöpfung ist ein unendlich liebevolles Geschenk, das dich auf allen Ebenen berührt und erfüllt. Es ist dein offenes, weiches Herz, das dich mit all den Schöpfungen in Berührung bringt, die geradezu darauf warten, in dein Leben kommen zu dürfen.

Kannst du es aushalten, beschenkt zu werden? Kannst du es akzeptieren, dass du das Neue weder erkämpfen noch verdienen musst? Hör auf dein Herz, und folge der leisen Sehnsucht, die das Neue bereits ankündigt.

Wer weiß, vielleicht klopft deine Schöpfung schon eine ganze Weile bei dir an, und du wusstest nur nicht, wie du die Tür öffnen kannst, damit sie in dein Leben kommen kann? Wenn du magst, hör auf das Klopfen, und öffne die Tür. Nimm das Geschenk an, das dich erreichen will.

Der Schöpfungsprozess

Ich fand es immer erstaunlich, wenn gerade Mütter zu mir sagten, dass sie nicht wissen, wie sie etwas Neues in ihr Leben bringen können. »Du hast einen kompletten neuen Menschen zur Welt gebracht, meinst du nicht, dass du in der Lage bist, etwas so ›Kleines‹ wie einen neuen Arbeitsplatz oder eine neue Wohnung in dein Leben zu bringen?«, fragte ich sie mit einem Augenzwinkern.

Die meisten von ihnen hatten gar nicht daran gedacht, dass sie ihre eigenen schöpferischen Kräfte bereits trainiert hatten, als sie ihr Kind auf die Erde brachten. Dabei ist dieser Prozess nichts anderes als ein Schöpfungsprozess. Es beginnt damit, dass du dich für etwas öffnest, was noch nicht sichtbar in deinem Leben anwesend ist. Viele Eltern sagen bereits Ja zu ihrem Baby, lange bevor eine Schwangerschaft überhaupt beginnt. Der Prozess beginnt auf der energetischen Ebene.

In der Schwangerschaft geht es dann darum, das Neue schrittweise immer mehr auf die Erde zu bringen. Das Baby darf wachsen und stärker werden. Dabei muss oft auch innere Heilung geschehen, wenn alte Ängste aufkommen und Blockaden sich lösen wollen. Schließlich will nicht nur das Baby wachsen, sondern auch die Eltern müssen sich weiterentwickeln und sich auf den Neuankömmling vorbereiten.

Wenn der Wachstumsprozess so weit fortgeschritten ist, dass das Neue wahrhaftig auf die Erde kommt, findet eine Geburt statt.

Jeder Mensch – ob Mann oder Frau – ist über diese schöpferische Bahn auf die Erde gekommen. Wir alle tragen tief in unserem

Inneren das intuitive Wissen über die Schöpfung in uns. Die Wahrheit ist: Wenn wir uns dafür öffnen, können wir jederzeit etwas Neues in unser Leben bringen.

Dich mit dem Neuen verbinden

Jede Schöpfung beginnt damit, dass du innerlich Kontakt mit dem Neuen aufnimmst. Es geht weniger darum, dir ein mentales Bild zu machen, sondern eher darum, ein tiefes inneres Gefühl für das Neue zu entwickeln, das hereinkommen möchte.

Das ist so ähnlich, als würdest du an einen geliebten Menschen denken, der momentan nicht da ist. Schließ deine Augen, denk an die Person, und fühle ihre Präsenz. Es spielt keine Rolle, wie weit jemand von dir entfernt ist, denn auf der inneren Ebene kannst du jederzeit mit ihm Kontakt aufnehmen.

Genau dasselbe kannst du tun, wenn du mit einer neuen Schöpfung in Beziehung treten möchtest. Schließe deine Augen, und nimm das Neue liebevoll wahr. Atme weich, und genieße das Gefühl, das du dabei spürst. Wenn du diese innere Verbundenheit täglich übst, entsteht eine kraftvolle Verbindung zu dem Neuen, das du einbringen möchtest.

Die Brücke zwischen den Welten

Um eine Schöpfung auf die Erde zu bringen, musst du sie aus der energetischen Ebene hinunter auf die Erde kommen lassen. Als Menschen besitzen wir eine Seele, die auf der feinstofflichen Ebene zu Hause ist, und wir besitzen einen Körper, der zum irdischen Teil des Lebens gehört. Wir sind eine Brücke zwischen den Welten, und das können wir nutzen, wenn wir Neues auf die Erde bringen wollen.

Während du mit dem Neuen Kontakt aufnimmst, bewegst du dich auf der feinstofflichen Ebene. Doch damit das Neue Realität werden kann, muss die Energie langsam Richtung Erde strömen.

Damit das Neue in unsere physische Realität kommen kann, ist es wichtig, dass wir in unserem Körper präsent sind und eine tiefe, tragfähige Verbindung zur Erde haben. Wenn du körperlich ganz präsent bist, während du mit einer neuen Schöpfung Kontakt aufnimmst, entsteht eine Art Sog, wie eine Form von Schwerkraft, die das Neue langsam hinunter auf die Erde zieht.

Im Körper präsent werden

Da wir in einer Welt leben, in der wir die meiste Zeit über mit unseren Gedanken beschäftigt sind und unseren Körper oft gar nicht wirklich wahrnehmen, kann es sein, dass du erst ein wenig üben musst, bevor du in deinem Körper wirklich präsent wirst. Du kannst deine Präsenz im Körper sehr gut trainieren, indem du deine Wahrnehmung langsam durch die verschiedenen Bereiche deines Körpers wandern lässt.

Wenn du körperlich präsent bist und dich mit dem Neuen verbindest, beginnt es, in deine Realität einzuströmen. Oftmals spürst du dabei sogar eine leichte Spannung im Körper. Viele Klienten von mir empfanden das zunächst als unangenehm und versuchten, diese Spannung wieder loszuwerden. Doch die Spannung ist einfach nur ein Zeichen dafür, dass das Neue von der feinstofflichen Ebene tatsächlich auf dic Erde und damit in dein Leben gezogen wird. Statt gegen diese Spannung zu arbeiten, solltest du dich innerlich hineinlehnen wie ein Surfer, der sich in die Kraft der Welle hineinlehnt. Genieße die Urkraft der Schöpfung, die zutiefst liebevoll ist.

Der schöpferische Atem

Das zentrale Werkzeug, um das Neue auf die Erde zu bringen, ist übrigens dein Atem. Dein Atem unterstützt dich dabei, die Energie des Neuen einzuatmen und auf die Erde kommen zu lassen.

Stell dir vor, dass du beim Einatmen die Energie deiner Schöpfung aufnimmst und beim Ausatmen auf die Erde strömen lässt.

Der Atem öffnet deine innere Verbindung zwischen der feinstofflichen Ebene und der alltäglichen Realität. Stell dir vor, dass der Atem eine Art »energetische Rutschbahn« öffnet, über die das Neue sanft auf die Erde gleiten kann.

Während du weich atmest, spürst du deutlich, wie das Neue langsam immer mehr auf die Erde kommt. Geh langsam und behutsam vor, und denke daran, dass du das Neue nicht auf einen Schlag annehmen musst – das würde dich überfordern. Folge dem ruhigen Rhythmus deines Atems, und nimm wahr, wie die Energie ganz von alleine zu fließen beginnt.

Tägliches Verbinden mit deiner Schöpfung

Während du eine Schöpfung auf die Erde bringst, bist du wie ein Gärtner, der ein Samenkorn in die Erde legt und hegt und pflegt, während die wahre Kraft der Pflanze langsam aus den energetischen Bereichen nach unten auf die Erde kommt. Du lädst das Neue ein. Du bereitest den Boden vor. Du gibst dem Neuen Raum.

Verbinde dich am besten täglich mit deiner neuen Schöpfung. Atme weich, und genieße, wie die Energie deiner Schöpfung zu fließen beginnt. Wenn du genießt, dann bist du innerlich genau in der richtigen Haltung, die Schöpfung möglich macht.

Du solltest diese Verbindung mit deiner Schöpfung am Anfang relativ kurz halten, vielleicht fünf bis zehn Minuten täglich. Wenn du spürst, dass es dir zu viel wird, all die Energie auszuhalten, mach einfach eine Pause. Manchmal ist es hilfreich, nicht nur still dazusitzen, sondern dich zu bewegen. Du kannst dich sehr gut mit dem Neuen verbinden und es in dein Leben strömen lassen, während du tanzt, singst oder durch deinen Garten gehst. Vielleicht möchtest du auch ein »Schöpfungs-Tagebuch« anlegen und notieren, wie deine Schöpfung sich schrittweise realisiert? Probier aus, was dir am meisten liegt!

Praktische Schritte gehen

Wenn du eine neue Schöpfung in dein Leben bringen möchtest, gibt es jede Menge innere Arbeit zu leisten – doch selbstverständlich gibt es auch auf der alltäglichen Ebene deines Lebens praktische Schritte, die zu gehen sind.

Wahrscheinlich hätten wir unser Haus nie gefunden, wenn ich nicht einem inneren Impuls folgend im Internet nach Anzeigen für Häuser gesucht hätte. Wahrscheinlich hätten wir unser Haus nicht finanzieren können, wenn wir nicht kurz vorher die Bank gewechselt hätten. Wahrscheinlich hätten wir unser Haus auch nicht bekommen, wenn wir nicht einen »Übungs«-Termin mit der Maklerin vereinbart hätten.

Jede Schöpfung und beinhaltet praktische Schritte, die zum richtigen Zeitpunkt mit der richtigen inneren Haltung erfolgen müssen.

Vielleicht fragst du dich nun, woher du zum jeweiligen Zeitpunkt weißt, welcher praktische Schritt für eine Schöpfung ansteht. Während du eine Schöpfung in dein Leben bringst, solltest du offen dafür sein, innere Impulse wahrzunehmen. Dabei ist es wichtig, dass du lernst, das stressige Wirbeln der Gedanken von tiefen, wahrhaftigen Impulsen zu unterscheiden. Du erkennst wahre Impulse daran, dass sie wie ein Teil deiner Schöpfung wirken und eine ähnliche Qualität haben. Sie fühlen sich wohltuend, stärkend und lebendig an.

Unsere Schöpfungen werden Wirklichkeit, wenn wir bereit sind, genau das zu tun, was ansteht, und alle überflüssigen Handlungen unterlassen, die nur unserem inneren Stress entspringen und nicht im Einklang mit unserer Schöpfung sind. Mit der Zeit wird es dir leichtfallen, das zu erkennen. Du merkst, wie unruhig und unangenehm falsche Impulse sind, die dich nur von deiner Schöpfung wegführen und deine Energie vergeuden. Du spürst, wie angenehm und kräftigend die richtigen Impulse sind, die tief aus deinem Inneren kommen.

Wenn du dir unsicher bist, ob es sich um einen wahren oder falschen Impuls handelt, stell dir vor, du würdest dem Impuls folgen, und achte auf dein Gefühl. Wie würdest du dich dabei fühlen? Gestärkt, deiner Schöpfung näher, im Einklang mit dir – oder gestresst, angestrengt und überfordert? Wahre Impulse stärken dich und bringen dich deiner Schöpfung näher!

Dem Rhythmus deiner Schöpfung vertrauen

Da es meistens nicht möglich (und oft auch gar nicht ratsam) ist, große Mengen von Energie auf einen Schlag auf die Erde zu bringen, wird jedes Mal, wenn du dich mit deiner Schöpfung verbindest, immer nur ein weiterer kleiner Teil des Neuen auf die Erde kommen. Wer einen Garten hat, weiß, dass Pflanzen langsam heranreifen und dass es Phasen gibt, in denen sich scheinbar gar nichts tut. Vor allem am Anfang, wenn die Samenkörner noch unter der Erde schlummern. Doch dann gibt es auch immer wieder Wachstumssprünge, in denen alles gleichzeitig reif zu werden scheint.

Jede Schöpfung folgt ihrem eigenen Rhythmus. Wir können eine Schöpfung nicht beschleunigen, genauso wenig, wie wir das Gras aus dem Boden ziehen können, damit es schneller wächst. Jede Schöpfung fordert von uns, dass wir ihrem natürlichen Ablauf folgen und darauf vertrauen, dass alles in genau der richtigen Zeit reif wird.

Mal scheint es schnell zu gehen, und es zeigen sich positive Auswirkungen, die wie vielversprechende Vorboten der neuen Schöpfung scheinen, und dann gibt es wieder Phasen, in denen das Neue noch ganz weit weg scheint.

Wenn du bereit bist, dem Auf und Ab des Schöpfungsprozesses zu folgen, wirst du bemerken, wie wohltuend und angenehm das ist. Die Natur folgt einem Rhythmus, der heilsam für die Schöpfung ist, aber auch für dich selbst. Manchmal entwickelt sich viel in deinem Inneren, während deine Schöpfung eine Pause zu machen scheint. Und dann, wenn du so weit bist, macht deine Schöpfung plötzlich einen riesigen Sprung.

Lass dir von deinem Leben zeigen, in welchem Rhythmus das Neue in dein Leben kommen möchte, und staune darüber. Es gibt manche Schöpfungen, die verwirklichen sich schnell. Ein Parkplatz taucht manchmal innerhalb von Sekunden auf, wenn wir uns damit verbinden. Doch manche Schöpfungen brauchen auch längere Zeit, um sich in unserem Leben zu verwirklichen. Manchmal dauert das Wochen, Monate oder gar Jahre.

Wenn du dich auf den Schöpfungsprozess einlässt, wird es nicht langweilig. Du wirst das Neue genießen, während es auf dem Weg in dein Leben ist und jeden Tag ein wenig näher kommt.

Übung: Das Schöpfungsritual

Gibt es etwas Neues, das du in dein Leben bringen möchtest? Nimm dir ein Blatt Papier, und notiere, was dir dazu einfällt.

Wenn dir gleich mehrere Dinge einfallen, überlege dir zunächst, was im Moment das wichtigste für dich ist, und beginne damit. Wenn du möchtest, richte eine Ecke in deinem Zimmer ein, z.B. einen kleinen Tisch, auf den du Gegenstände oder Bilder stellst, die dich täglich an deine neue Schöpfung erinnern. So gibst du dem Neuen bereits jetzt einen ganz realen Platz in deinem Leben.

Leg einen bestimmten Zeitpunkt fest, an dem du dich täglich mit deiner Schöpfung verbindest. Setz dich bequem hin, und schließ deine Augen. Lass deinen Atem strömen, bis du innerlich ruhiger wirst. Mach dir bewusst, dass deine Schöpfung bereits existiert. Das Neue ist schon da und wartet auf dich.

Atme weich, und beginne das Neue zu spüren. Lass das Gefühl so deutlich werden wie möglich. Beginne die Qualität des Neuen einzuatmen und zu genießen. Spür deine Präsenz im Körper. Lass dir Zeit, um dich an das Neue zu gewöhnen.

Achte auf unangenehme Gefühle, die dabei aufkommen. Gibt es innere Anteile, die Angst vor dem Neuen haben oder so verletzt sind, dass sie das Neue nicht annehmen können? Atme weich, und lass diese inneren Anteile in den liebevollen Strom deines Atems kommen. Dein weicher Atem kann alle alten Blockaden und Verhärtungen zum Schmelzen bringen.

Konzentriere dich auf das Wahrnehmen deiner Schöpfung. Beende das Ritual mit dem Gedanken: »Ich freue mich darauf, dass das Neue bald in mein Leben kommt.«

Wenn du magst, verbinde dich den ganzen Tag über nebenbei immer wieder mit dieser Vorfreude. Achte auf innere Impulse, die auftauchen und dich zum Handeln einladen. Und folge den Impulsen, die sich genauso liebevoll anfühlen wie deine Schöpfung selbst.

Bring das Schöne in dein Leben

Atemerfahrung zum Annehmen

Download-Link:
https://leahamann.de/leben-lieben-leuchten-download/

7

Aus der Dunkelheit ans Licht

Manchmal liegt eine dunkle Decke über deinem Leben. Du hast vergessen, wohin du gehen möchtest. Du hast vergessen, dass du wertvoll bist. Um dein Licht erstrahlen zu lassen, musst du in die dunklen, unbewussten Ecken deines Lebens hineinleuchten. Das Licht vertreibt die Dunkelheit. Die wundervolle und klärende Kraft des Lichts ermöglicht dir, glücklich, stark und selbstbewusst deinen Weg zu gehen. Solange wir im Dunkeln stehen, tendieren wir dazu, zu zweifeln, Angst zu haben und unsere Träume aufzugeben. Du hast die Wahl – folgst du der Stimme der Dunkelheit, oder schiebst du die dunkle Decke beiseite und lässt dein Licht erstrahlen?

* * *

Wenn das Licht kommt, verschwindet die Dunkelheit.

* * *

Während ich dabei war, zu lernen, mein Leben auf liebevolle und bewusste Weise zu gestalten, hat sich vieles zum Positiven gewandelt. Ich habe berufliche Ziele erreicht, eine liebevolle Beziehung aufgebaut und ein schönes Zuhause gefunden. Wenn ich morgens durch das Gezwitscher der Vögel aufgeweckt wurde und wahrnahm, wie viel Wunderbares auf mich wartete, war ich unendlich dankbar.

Tief in meinem Inneren wusste ich, dass all diese schönen Veränderungen daher kamen, dass ich mich täglich immer wieder neu dafür entschieden habe, der Liebe zu folgen. Jeden Tag lauschte ich nach innen und folgte den Hinweisen, die mir den Weg zeigten. Wenn man der Liebe folgt, entsteht ein liebevoller Weg.

Doch es ist nicht so, dass dieser liebevolle Weg immer leicht ist. Der Liebe zu folgen bedeutet nämlich nicht immer, den einfachen Weg zu gehen. Sehr oft ist das Gegenteil der Fall.

In unserer oberflächlichen Welt streben so viele Menschen nach dem, was auf den ersten Blick vielversprechend aussieht und angenehm erscheint. Die meisten wollen schnell etwas erreichen, das sie – zumindest kurzfristig – zufriedenstellt. In meiner Arbeit habe ich immer wieder Menschen beobachtet, die sich nur für den neuesten spirituellen Trend interessieren, ohne jemals in die Tiefe zu gehen. Sobald ihnen eine Herausforderung begegnet, sobald der Weg steil wird, machen sie schnell wieder einen Rückzieher und suchen nach etwas anderem. Denn warum solltest du deinem Schmerz begegnen, wenn du auch einfach deine Hoffnung auf die nächste Technik richten kannst, die dir verspricht, deinen Schmerz wegzuzaubern? Warum solltest du dich mit einem Partner, der nicht perfekt ist, auf den anstrengenden Weg des gemeinsamen Wachstums begeben, wenn du die Beziehung auch einfach beenden und nach einer neuen suchen kannst?

Heute soll alles einfach und leicht gehen – und vor allem schnell. Doch auch wenn wir heute von Maschinen und technischen Geräten umgeben sind, die auf Knopfdruck Leistung erbringen, so sind wir selbst immer noch Menschen. Wenn wir wachsen wollen, dann müssen wir uns auf einen Wachstumsprozess einlassen. Wenn wir heil werden wollen, müssen wir den Heilungsprozess aushalten. Wenn wir eine tiefe, vertrauensvolle Basis in unserem Leben entwickeln wollen, müssen wir uns täglich verbinden und Liebe annehmen.

Als ich noch persönliche Coaching-Sitzungen gegeben habe, wusste ich immer, dass die gemeinsame Arbeit mit meinen Klienten nur dann Früchte trägt, wenn jemand die Bereitschaft mitbrachte, seine Komfortzone zu verlassen und sich dem zu stellen, was unangenehm ist. Doch das war nicht immer der Fall. Viele

Sitzungen kamen gar nicht erst zustande, wenn ich jemandem Vorfeld mitgeteilt habe, dass meine Arbeit nicht darauf abzielt, alles wegzuzaubern, was unangenehm ist.

Oftmals beginnt der wahrhaftige Weg damit, dass wir innehalten und nicht mehr weglaufen vor dem, was uns wehtut. Wenn wir aufhören, ständig zu kämpfen, und dem begegnen, was sich uns zeigt, kann wahre Heilung beginnen. Der Fluss des Lebens kann wieder strömen.

Natürlich ist es schön, wenn man ganz oben auf dem Berggipfel steht und sich erfolgreich und glücklich fühlt. Doch unser Leben besteht nicht nur aus diesen Erfolgsmomenten. Wer schon einmal auf einen Berg gekraxelt ist, weiß, dass der Weg nach oben oftmals die meiste Zeit einnimmt und unsere gesamte Kraft (und Geduld) in Anspruch nimmt.

Ich glaube, wir brauchen die Bereitschaft, uns auch auf den herausfordernden Teil unseres Lebens einzulassen. Wenn es anstrengend wird – gehst du dann weiter, oder kehrst du wieder um?

Es gab viele dunkle Täler, durch die ich gehen musste, um mich entwickeln zu können. Auch wenn ich immer versucht habe, offen darüber zu sprechen und diese Phasen ehrlich zu teilen, glaube ich doch, dass man das letztendlich nur dann wirklich nachvollziehen kann, wenn man selbst schon einmal durch ein dunkles Tal gewandert ist.

Wenn ein dunkles Tal beginnt, fühlst du dich erst einmal vollkommen auf dich gestellt. Da ist nur der tiefe Abgrund, der vor dir liegt. Da ist eine unendlich scheinende Herausforderung, und weit und breit ist keine Lösung in Sicht. Ein solches dunkles Tal kann urplötzlich auftauchen, wenn wir zum Beispiel einen Unfall haben, einen Job verlieren, der uns erfüllt hat, oder sich eine Lebenssituation schlagartig verändert. Ein dunkles Tal kann uns begegnen, wenn wir eine Panikattacke haben, uns depressiv fühlen oder vor einem Berg von innerem Schmerz stehen. Wir haben keine Zeit, uns darauf vorzubereiten. Mit einem Schlag stehen wir einsam mitten in einem dunklen Tal.

Je nach unserer Prägung und Persönlichkeitsstruktur reagieren wir unterschiedlich auf das dunkle Tal. Ich neige dazu, erst einmal zu versuchen, mich aus eigener Kraft aus dem Tal herauszuarbeiten. Ich versuche, an den steilen Felswänden emporzuklettern und mit meinen Fingern irgendwo Halt zu finden. Meine Gedanken rattern wild hin und her, und ich frage mich, was ich wohl falsch gemacht habe, dass ich in dieses dunkle Tal hineingeraten bin. Ich strenge mich an und versuche immer wieder, aus eigener Kraft etwas zu tun, um eine Lösung herbeizuführen, mich zu retten und dem dunklen Tal zu entfliehen.

Vielleicht kennst du diese Momente, in denen all das, was dir sonst hilft, nutzlos erscheint? Es scheint keinen Ausweg zu geben, auch wenn alles in dir nach genau diesem Ausweg sucht.

Wenn deine Persönlichkeit etwas anders gestrickt ist, kann es sein, dass du erst einmal erstarrst und völlig bewegungslos wirst, wenn du in ein dunkles Tal hineingerätst. Du kannst nicht mehr denken, hast keine Kraft mehr, dich zum nächsten Schritt aufzuraffen. Wie ein Kaninchen vor der Schlange stehst du stocksteif da, und etwas in dir hofft, die Gefahr möge an dir vorüberziehen.

Doch dunkle Täler kommen nicht in unser Leben, damit wir sie allein aus eigener Kraft überwinden. Dunkle Täler kommen nicht in unser Leben, weil uns die Liebe plötzlich verlassen hat. Dunkle Täler tauchen auch nicht auf, weil wir etwas falsch gemacht haben. Die dunklen Täler geben uns vielmehr die Möglichkeit, uns der einzigen Kraft zuzuwenden, die uns durch das dunkle Tal hindurchführen kann.

Wenn alle unsere Strategien nutzlos werden, wenn alle unsere Werkzeuge versagen und alle Helfer verschwunden sind, ist es die Liebe, die unsere Hand hält. Sie lässt uns nicht allein. Sie ist immer da. Sie führt uns behutsam durch die tiefste Dunkelheit.

Auch wenn diese Abschnitte unseres Weges sehr unangenehm sind, so glaube ich doch, dass es oft genau diese schweren Momente sind, in denen sich unsere Beziehung zur Liebe vertieft. Wenn nichts mehr geht, wenn all unsere Lösungsversuche scheitern und wir irgendwann trotz alledem spüren, dass die Liebe bei uns ist, uns trägt, uns in die Arme nimmt und sagt: »Komm, ich zeige dir den Weg«, dann schmilzt unser innerer Widerstand. Je öfter wir hingebungsvoll durch dunkle Täler gehen, umso größer wird unser Vertrauen.

Durch das tiefe dunkle Tal gehen

Als ich gerade mittendrin war, dieses Buch zu schreiben, teilte mir meine Ärztin mit, dass ich mich einer Operation unterziehen muss. Vollnarkose, Krankenhaus – das dunkle Tal lag schlagartig vor mir. Schon als Kind hatte ich eine große Angst vor Ärzten und der ganzen Krankenhausatmosphäre. Wenn eine Impfung anstand, musste ich oft festgehalten werden. Ich wehrte mich, schlug um mich und wollte einfach nur fliehen.

Als mir nun meine Ärztin die Diagnose verkündete, rebellierte alles in mir. Ich hielt mich an der Vorstellung fest, dass der liebevolle Weg mich nicht ins Krankenhaus führen kann. »Ich bin doch ein bewusster Mensch!«, rebellierte es in mir. »Wie kann mir so etwas passieren?« Ich versuchte alles, um meinen Körper auf natürliche Weise zu heilen, doch ohne Erfolg. Meine Vorstellungen fielen wie ein Kartenhaus in sich zusammen. »Ich dachte, wenn ich der Liebe folge, passiert mir so etwas nicht«, klagte ich.

Ich glaube, dass wir uns in jeder nur denkbaren Situation nach innen wenden können, um zu erfahren, wie der nächste liebevolle Schritt für uns aussieht. Das tue ich jeden Tag, doch in Bezug auf die Operation fiel es mir wirklich schwer. Jedes Mal, wenn ich mich innerlich mit der tieferen Ebene verband, wartete dieselbe Antworte auf mich: »Lass dich operieren!« Ich stellte mich für einige Wochen stur und hoffte, dass sich doch noch eine andere Lösung zeigt, doch ohne Erfolg.

Letztendlich war ich dann so weit, dass ich mich für die Operation entscheiden konnte. Okay, ich lasse meine Vorstellungen los. In Ordnung, ich folge nicht meinem eigenen Verstand, sondern der liebevollen Stimme. Ich vertraue der Liebe, auch wenn der Weg, den sie mir zeigt, für mein menschliches Selbst schrecklich und dunkel aussieht. Ich entschied mich dafür, durch dieses dunkle Tal zu gehen.

Dunkle Täler sehen für jeden von uns anders aus. Ich habe mit einigen Menschen gesprochen, die schon viele und weitaus größere Operationen hinter sich haben als ich. Sie machten mir Mut und sagten mir, dass mein dunkles Tal gar nicht so tief und gar nicht so dunkel ist. Vielleicht kennst du das auch – die dunklen Täler, die jemand anders durchschreitet, sehen von außen betrachtet meistens nicht ganz so dramatisch aus. Erst wenn man selbst drinsteckt, weiß man, wie dunkel und wie tief das Tal wirklich ist.

Ich sehe jedes dunkle Tal als eine Prüfung für mein Vertrauen. Vertraue ich der Liebe wirklich, oder vertraue ich ihr nur, wenn alles glattläuft und sich genau so abspielt, wie ich es mir vorgestellt habe? Vertraue ich auch dann, wenn es dunkel wird und ich den Weg vor mir nicht mehr sehen kann? Vertraue ich, wenn meine Vorstellungen sich nicht erfüllen? Vertraue ich, wenn der eiskalte Wind mich umweht? Vertraue ich, wenn alles in mir am liebsten davonlaufen würde? Bleibe ich auch dann noch da und folge der Liebe, die mir den Weg zeigt?

Jedes Mal, wenn ich mich vertrauensvoll auf den Weg durch ein dunkles Tal einlasse, verwandle ich mich. Die oberflächlichen, künstlichen Schichten meiner Persönlichkeit, die künstliche Stärke und die künstliche, scheinbare Überlegenheit fallen Stück für Stück von mir ab. Die Masken fallen. Die harten Schalen platzen auf. Eine neue Version von mir kommt zum Vorschein. Viel unschuldiger, viel menschlicher und viel einfacher. Mein Mitgefühl erwacht wieder. Meine Liebe zu anderen Menschen beginnt auf neue Weise zu leuchten. Meine Dankbarkeit für jeden Moment meines Lebens durchfließt mich.

Ich glaube, ich war in den letzten paar Jahren noch nie so tief in einem dunklen Tal wie kurz vor meiner Operation. Bereits Wochen vorher wachte ich jeden Morgen mit dem Gedanken auf, dass es nur noch wenige Tage bis zur Operation sind. Als mich Matthias dann frühmorgens ins Krankenhaus fuhr, kam ich mir vor wie auf dem Weg in die absolute, unbeschreibliche Tiefe. Ja, ich sah das Morgenlicht, den zarten Nebel über den Feldern – doch ich hatte gleichzeitig auch so viel Angst!

Und dann war es auf einmal so weit. Ich war mit zwei anderen Frauen in einem kleinen Zimmer und sollte mir das Operationshemd überziehen. Es kam mir vor, als müsste ich die letzten Reste von mir selbst zurücklassen. Meine Brille, mein Ring, meine Socken, meine Schuhe, alles blieb zurück, alles wurde mir genommen. Nichts mehr, woran ich mich festhalten konnte. Nur noch die Liebe, die mich hielt. Das war die Erkenntnis dieses Moments: Durch das tiefste dunkle Tal, durch die Hölle meiner Angst – selbst da ist eine Liebe, die mich trägt. Sie hält meine Hand und lässt mich wissen, dass ich nicht allein bin.

Wenn wir mittendrin sind in einem tiefen dunklen Tal, fällt es uns oft schwer, die Liebe wahrzunehmen. In ruhigen Momenten, wenn wir entspannt sind und der Atem fließt, können wir hingegen fühlen, wie die Liebe uns erreicht. Wir können Wärme spüren, Geborgenheit und Zuversicht. Doch mitten im tiefen dunklen Tal verlieren wir oft diese fühlbare Verbindung. Unsere Augen sehen nichts mehr außer Dunkelheit. Unser Körper fühlt nichts mehr außer Spannung.

Als ich wie ein auf den Rücken gefallener Käfer auf dem Krankenbett in den Operationsbereich gerollt wurde und umgeben von hektischen Gestalten unter dem harschen Licht lag, konnte ich die Liebe nicht mehr spüren. Meine Arme und Beine zitterten. Meine Gedanken rasten. Mir wurde deutlich wie nie zuvor, dass ich mich nicht allein auf mein Gefühl verlassen kann.

Im tiefen dunklen Tal brauchen wir mehr als nur ein Gefühl, mehr als eine Sinneswahrnehmung. Die Beziehung zur Liebe kann nicht allein auf Gefühle bauen, denn Gefühle kommen und gehen. Mal fühlen wir uns sehr verbunden, mal überhaupt nicht. Es ist leicht, zu vertrauen, wenn man die Liebe fühlen kann, wenn alles warm, ruhig und angenehm ist. Doch mitten im tiefen dunklen Tal, wo die Sinne überreizt sind, trägt uns eine tiefere Ebene.

Ich *weiß*, dass die Liebe da ist. Ich *glaube*, dass die Liebe da ist. Ich *vertraue* darauf, dass die Liebe da ist. Auch wenn alle meine Sinne mir etwas anderes mitteilen, ich gehe den liebevollen Weg weiter.

Es ist leicht, sich von ständig wechselnden Gefühlen durchs Leben treiben zu lassen. Solange es angenehm ist, fällt es leicht zu vertrauen. Sobald aber ein dunkles Tal auftaucht, nimmt man Reißaus. Ist das verständlich? Na klar, jeder Mensch möchte sich wohlfühlen. Doch wenn wir unsere Gefühle als einzige Basis für unser Handeln nehmen, wird es schwer, wirklich etwas wachsen zu lassen. Unser Leben wird keine Tiefe haben, denn Tiefe entsteht erst, wenn man dunkle Täler durchschreitet.

Jedes dunkle Tal beinhaltet ein Geschenk. Schließlich ist es die Liebe, die uns hineinführt, hindurchführt und auf der anderen Seite neugeboren wieder ans Licht begleitet. Als ich in meinem dunklen Krankenhaustal wieder aus der Narkose aufgewacht bin, war ich glücklich. Jeder müde, vorsichtige Atemzug war ein Geschenk. Ich lebe. Ich kann atmen. Ich kann sehen. Ich kann meine Hände bewegen. Ich bin immer noch da. Langsam fiel mir alles wieder ein. Ich habe es überstanden. Eine Welle von Dankbarkeit rauschte durch mich.

Wie nie zuvor wurde mir bewusst, dass meine Beziehung zur Liebe und meine Entscheidung, den liebevollen Weg zu beschreiten, nicht von oberflächlichen Gefühlen abhängen. Das befreite mich.

Ich weiß, dass Du bei mir bist, selbst wenn ich es nicht immer fühlen kann. Ich weiß, dass Du zu mir sprichst, auch wenn ich solche Angst habe, dass ich deine Worte nicht mehr verstehe. Ich weiß, dass Du mich trägst, auch wenn ich so angespannt bin, dass ich es nicht wahrnehmen kann.

So wie der Glaube an die Liebe uns durch herausfordernde Zeiten in der Beziehung zu unserem Partner führen kann, so trägt uns der Glaube an die Liebe auch durch tiefe dunkle Täler in unserem Leben. Wenn ich weich atme, dann möchte ich mich nicht nur jetzt und hier verbunden fühlen, sondern ich lege gleichzeitig einen Vorrat an Vertrauen an.

Mit jeder Woche, jedem Monat und jedem Jahr wächst das tiefe Vertrauen. Das stille Leuchten wird heller. Ich weiß, dass die Liebe da ist. In jedem weichen Atemzug werde ich daran erinnert. Wenn ich es fühlen kann, genieße ich es. Wenn ich es gerade einmal nicht fühlen kann, gehe ich voller Vertrauen weiter. Die Wärme der Liebe hält an, bis das Feuer wieder auflodert.

In den Wochen nach der Operation kam ich langsam wieder in Schwung. Immer wenn ich ein dunkles Tal durchschritten habe, kehre ich auf neue Weise in mein Leben zurück. Als wäre ich im Feuer des Lebens neu geschmiedet worden. Oft sehe ich es in meiner Arbeit. Auf einmal kann ich mehr ausdrücken, habe mehr zu geben, und in jedem Wort schwingt eine neue Tiefe mit. Als hätte ich in diesem tiefen Tal auch einen Teil meiner eigenen Tiefe wiedergefunden. Als wäre mehr von mir aus der Tiefe ans Licht gekommen.

Ich muss schmunzeln, wenn mich jemand fragt, wie ich meine Ziele erreicht habe. Natürlich könnte ich viele oberflächliche Antworten geben, doch die unbequeme Wahrheit ist, dass ich konsequent durch die dunklen Täler gehe, die auf meinem Weg auftauchen.

Ganz ehrlich, ich mag die dunklen Täler auch nicht besonders. Oft sträube ich mich zuerst mit aller Kraft dagegen und versuche, Auswege zu finden. Doch irgendwann spüre ich die liebevolle Hand, die mich hält. Ich gehe nicht allein durch das Tal. Die Liebe geht mit mir. In jedem weichen Atemzug strömt diese Liebe. Hier festigt sich die Beziehung, hier wächst mein Vertrauen. Ich werde liebevoll versorgt, während die Wellen von Angst und Schmerz um mich herum toben. Da ist eine Liebe, die mich trägt. Du lässt mich nicht untergehen in den Wellen, sondern Du hilfst mir, tiefer einzutauchen in mich selbst.

Keine Angst vor Dunkelheit

Vielleicht hört sich meine Erfahrung mit der Dunkelheit beinahe romantisch an – schließlich habe ich durch das Mich-Einlassen auf das tiefe dunkle Tal wertvolle Erfahrungen machen können und bin mutiger geworden. Doch es gibt auch andere Situationen, in denen die Dunkelheit eine Art Eigendynamik entwickelt, die uns von unserem Weg abbringen kann. Die Dunkelheit hinzunehmen und auszuhalten ist nicht immer der richtige Weg. Manchmal müssen wir uns innerlich aufrichten, unseren Platz einnehmen und die dunklen Dinge aus unserem Leben hinausbefördern.

Ich habe schon recht früh Erfahrungen mit dieser Form von Dunkelheit gemacht. Das lag daran, dass ich zu den Menschen gehöre, die schon als Kind ziemlich intuitiv waren. Allerdings hat mich meine Fähigkeit, sehr viel wahrzunehmen, lange Zeit auch ziemlich belastet. Es kam mir immer wieder so vor, als könnte ich mit meiner Wahrnehmung unsichtbare Türen öffnen und in andere Welten hineingeraten, in denen ich ganz allein bin und über die ich mit niemandem sprechen kann.

Ich nahm als Kind deutlich wahr, dass hinter der dünnen Schicht unserer Alltagsrealität noch viel mehr vorhanden ist. Vor allem abends, wenn ich einschlafen sollte, fiel es mir schwer, mich sicher zu fühlen. Immer wieder begegnete ich dunklen Energien, denen es Spaß zu machen schien, mich zu erschrecken. Manchmal kamen diese dunklen Wesen in meine Träume, oder ich sah sie neben meinem Bett stehen.

Im Nachhinein kann ich nur sagen, dass es nicht besonders einfach ist, so viel wahrzunehmen, wenn niemand da ist, der einem helfen kann, diese energetischen Ebenen selbstbewusst zu navigieren.

Als ich älter wurde, lernte ich zunächst einmal, meine intuitive Wahrnehmung völlig zu verschließen, um mich zu schützen. Das war einerseits eine Erleichterung für mich, denn nun konnte ich mich auf die Realität konzentrieren, die alle anderen, »normalen« Menschen ebenfalls wahrnehmen. Doch manchmal habe ich während dieser

Zeit die Tiefe meiner eigenen Wahrnehmung auch vermisst. Nur ganz selten habe ich mich daran erinnert, dass es da einmal eine Tür in mir gab, die weit offen stand und mich mit der inneren Welt verbunden hat.

Viele Jahre später, als ich meine intuitive Wahrnehmung wieder nutzen wollte, hat sich diese innere Tür wieder geöffnet. Zuerst habe ich mich sehr darüber gefreut, doch die Freude war von kurzer Dauer, denn sobald ich wieder offen für diese Art der Wahrnehmung war, tauchten auch die dunklen Gestalten wieder auf, die mich als Kind bereits so erschreckt hatten.

Während einer mehrmonatigen Reise durch die USA, die ich gemeinsam mit meinem Partner Matthias unternahm, übernachteten wir in vielen verschiedenen Motels. Es war mir fast peinlich, aber fast jede Nacht schreckte ich aus dem Schlaf auf, weil schon wieder dunkle Wesen durch unser Zimmer geisterten. Während Matthias ruhig schlief und sich davon überhaupt nicht stören ließ, erlebte ich meinen privaten Albtraum. Ich hatte keine Lust mehr, jede Nacht Angst zu haben und mich terrorisieren zu lassen.

Unterwegs besuchten wir eine Frau, bei der ich bereits am Telefon Coaching-Sitzungen genommen hatte. Als ich ihr erzählte, dass ich kaum noch schlafen kann und überall dunkle Wesen wahrnehme, fragte sie mich: »Warum erlaubst du diesen Wesen denn, dich so zu bedrängen und dir den Schlaf zu rauben?« Zunächst war ich ganz verblüfft, denn ich war mir überhaupt nicht bewusst, dass ich diesen Wesen irgendetwas erlaube. Ich versuchte ja mit aller Kraft, sie loszuwerden. Doch als ich darüber nachdachte, fiel mir auf, dass ich irgendwo in meinem Inneren davon überzeugt war, dass ich nicht stark genug bin, um mich gegen die Bedrohung zu wehren. Je schwächer ich mich fühlte, desto aufdringlicher wurden sie. Ich wurde immer kleiner – während sie immer mehr Raum einnahmen.

Mir wurde klar, dass ich auf der energetischen Ebene ein riesiges Werbeschild mit mir rumtrage, auf dem steht: »Hey, dunkle Wesen, hier gibt es jemanden, der euch fürchtet und den ihr prima erschrecken könnt!«

Sobald ich für mich geklärt hatte, dass ich nicht länger ein Fünfsternehotel für dunkle Wesen sein möchte, änderte sich meine innere Einstellung. Ich lernte, mich auf das zu konzentrieren, was ich wirklich wahrnehmen will. Vor dem Einschlafen nahm ich die Liebe der Erde wahr, die nährenden, stärkenden Kräfte, die mich unterstützen. Je mehr ich mich darauf konzentrierte, meinen Raum einzunehmen, desto ruhiger wurde es in mir. Natürlich versuchten die dunklen Wesen noch ein paarmal, mich zu ärgern, aber auch dagegen fand ich ein einfaches Mittel: Ich ignorierte sie. Ich wusste, dass sie immer nur die Macht über mich haben, die ich ihnen gebe. Die angsterfüllten Erinnerungen aus meiner Kindheit lösten sich auf, und ich bemerkte, wie es ruhiger es um mich herum wurde. Ich war nicht länger ein Magnet für die dunklen Wesen, sondern lernte, meinen inneren Raum selbstbewusst in Besitz zu nehmen.

Es waren diese Erfahrungen mit der dunklen Seite der Energie, die mich gelehrt haben, eine bodenständige und entspannte Haltung der Dunkelheit gegenüber zu entwickeln. Ich spreche gerne humorvoll über die Dunkelheit und versuche, das von ihr verbreitete Drama nicht so ernst zu nehmen. Ich weiß, dass sie nur so lange da ist, wie wir es erlauben, und dass sie immer nur die Macht hat, die wir selbst ihr geben. Das ist erleichternd – und diese Erleichterung gebe ich gerne weiter.

Vielleicht fragst du dich gerade, warum ich den Begriff »dunkle Energie« verwende, wenn ich über Energien spreche, die nicht liebevoll sind, sondern uns schaden. Schließlich ist die Dunkelheit, die wir zum Beispiel in der Nacht erleben, ja nichts Schlechtes – oder? Du hast recht. Wahrscheinlich wäre es korrekter, von »negativer Energie« zu sprechen.

Ich finde den Begriff »Dunkelheit« aber sehr anschaulich, weil ich erlebe, dass es zwei grundlegend verschiedene Arten von Energien gibt. Alle Energien, die sich dem Licht zuwenden, stärken uns und wirken harmonisch auf uns. Die Energien jedoch, die sich vom Licht abwenden, wirken negativ und lebensfeindlich auf uns.

Wenn wir noch einmal Energie mit Wasser vergleichen, dann könnte man sagen: Es gibt Ströme von Energie, die in eine liebevolle Richtung fließen, und es gibt Ströme von Energie, die genau in die Gegenrichtung fließen.

Damit dieser Vergleich nicht so abstrakt bleibt, überleg dir einmal, wie du dich fühlst, wenn du etwas tust, von dem du weißt, dass es nicht gut für dich ist. Wenn du schon mal stundenlang wie gelähmt vor dem Fernseher gesessen oder dich mit zu vielen Süßigkeiten vollgestopft hast, kannst du nachvollziehen, wie deprimierend das ist. Die dunkle Strömung führt uns immer weiter weg von uns selbst, weg von dem, was uns guttut, und weg von unserer natürlichen Entwicklung.

Auf der anderen Seite gab es sicherlich auch schon Momente in deinem Leben, in denen du der heilsamen Kraft gefolgt bist und dich in eine lichtvolle Richtung bewegt hast. Wenn du dich vertrauensvoll auf eine Lernerfahrung einlässt, einen mutigen Schritt wagst oder die anstehende Arbeit in Freude erledigst, entsteht ein warmes, kräftigendes Gefühl. Dein Gefühl sagt dir immer ganz genau, in welche Richtung du dich gerade bewegst.

Ich erlebe übrigens nicht, dass Licht und Dunkelheit zwei gleichwertige, gleich starke Kräfte sind. Das Licht ist die einzige, zentrale Quelle des Lebens, die Quelle für unser Wachstum und alles, was auf unserem Planeten entsteht. Dunkelheit dagegen ist keine gleichwertige Quelle, denn aus ihr kann nichts Neues hervorgehen. Dunkelheit ist die Abwesenheit von Licht. Dunkel sind die Bereiche, die sich vom Licht abwenden und immer tiefer in den Schatten fallen. In unserer heutigen Welt gibt es einiges, was eindeutig dunkel ist. Der Missbrauch der Erde, die Zerstörung der Natur, Gewalt, Kriege und Hungersnöte sind nur einige Aspekte der Dunkelheit.

Wenn ich mich mit der liebevollen Quelle in meinem Inneren verbinde, dann erlebe ich, dass diese liebevolle Kraft mich immer weiter in meine Entfaltung und den liebevollen Umgang mit mir selbst, mit anderen Menschen und der Erde allgemein führen möchte. Die dunklen Aspekte des menschlichen Handelns existieren meiner Ansicht nach nur dort, wo wir uns von der liebevollen, lichtvollen Quelle in unserem Inneren abgewendet haben.

Die Tatsache, dass es Energien gibt, die gegen uns arbeiten, muss für uns aber nicht zwangsläufig negativ sein. Oftmals habe ich durch die Auseinandersetzung mit dunklen Energien viel gelernt. Immer wenn ich bereit war, hinzuschauen und eine solche dunkle Energie aus meinem Leben hinauszuwerfen, bin ich innerlich ein Stück gewachsen. Oft habe ich mich wie eine Königin gesehen, die ein Königreich geerbt hat, das von dunklen Energien besetzt ist. Mein Job ist es, mein Königreich Schritt für Schritt wieder zu befreien und in Besitz zu nehmen, damit es wieder erblühen kann. Ohne Panik, aber mit einer tiefen inneren Entschlossenheit.

Die Dunkelheit durchschauen

Sobald du darauf achtest, wirst du feststellen, dass es ganz unterschiedliche Stimmen und Impulse in unserem Inneren gibt. Es gibt positive und negative Kräfte. Es gibt eine liebevolle Stimme, die dich auf deinem Weg weiterbringt und dir dabei hilft, dein volles Potenzial zu entfalten – und es gibt dunkle Stimmen, die alles daransetzen, dich abzulenken und von deinem Weg abzubringen.

Es ist sehr heilsam, zu lernen, diese beiden Dynamiken voneinander zu unterscheiden. Aber wie erkennen wir die Dunkelheit in unserem eigenen, persönlichen Leben?

Lass dir nichts gefallen

Das erste Mal bin ich über dieses hilfreiche Konzept der »Dunkelheit« gestolpert, als ich begonnen habe, mich auf meinen inneren Heilungsprozess einzulassen.

Mir wurde nach und nach bewusst, wie viel Liebe und Mitgefühl ich brauche, um heil werden zu können. Jedes Mal, wenn ein weiterer Anteil von mir heilen konnte, fühlte ich mich erleichtert und vollständiger. Doch dann stieß ich irgendwann auf etwas in mir, das sich nicht änderte, wie viel Liebe ich ihm auch schenkte. Es wirkte kalt und fremd. Natürlich ließ ich mich so schnell nicht beirren und versuchte weiterhin geduldig, diesen seltsamen harten Klotz zu heilen. Doch es veränderte sich nichts.

Als ich genauer hinschaute, spürte ich, dass diese Energie zwar so tut, als wäre sie ein Anteil von mir, aber sie fühlte sich im Vergleich zu anderen Anteilen ganz anders an. Sie wirkte leer, fremd und kalt. Auf einmal wurde mir bewusst, dass ich etwas wahrnehme, das gar nicht zu mir gehört. Ich richtete mich innerlich auf und traf eine Entscheidung. Ich versuchte nicht mehr, diese Energie zu heilen oder zu integrieren, sondern befahl ihr, meinen Raum zu verlassen.

Und sofort zeigte mir diese Energie ihr wahres Gesicht. Sie zischte mich wütend an und versuchte, ihren Platz zu verteidigen. Sie schimpfte und bedrohte mich. Ich blieb klar, auch wenn mir die Knie zitterten. Ich erinnerte mich daran, dass ich der Dunkelheit keine Macht über mein Leben geben muss. Nach einigen Minuten merkte ich, wie etwas Schweres von mir abfiel. Der dunkle Klotz war verschwunden, und mein Raum gehörte wieder mir.

Wir tragen oft nicht nur unsere eigenen Verletzungen in uns, sondern auch dunkle Energien, die so tun, als wären sie ein Teil von uns – während sie uns in Wirklichkeit blockieren wollen und gegen uns arbeiten. Wenn wir darauf hereinfallen und glauben, dass es sich hier um einen verletzten, scheinbar hilfsbedürftigen Anteil von uns selbst handelt, nutzen sie uns nach Strich und Faden aus. Sie schlucken unser Mitgefühl, unsere Geduld und unsere Liebe – wie ein schwarzes Loch.

Als ich bemerkte, welches Spiel die Dunkelheit mit mir spielt, wurde ich erst mal wütend. Ich wollte meine Energie nicht an dunkle Energien verschwenden! Mir wurde klar, dass »Liebe« nicht bedeutet, sich immer geduldig und sanftmütig zu verhalten. Manchmal bedeutet Liebe, das Schwert der Klarheit zu schwingen und die dunkle Energie aus dem eigenen Leben hinauszuwerfen. Ich nenne diese Herangehensweise gerne die »spirituelle Kampfkunst«.

Vertraue deinem Weg

Immer wenn du einen Bereich deines Lebens positiv verwandelst, solltest du dir bewusst machen, dass jede noch so schöne Veränderung eine Portion Unannehmlichkeiten mit sich bringen kann.

Jedes Potenzial, das mehr Licht in dein Leben bringt, wirbelt eben auch die Dunkelheit auf, die bisher in diesem Bereich vorhanden war. Frage dich, ob du bereit bist, dich auf die Auseinandersetzung mit der Dunkelheit einzulassen. Nimm dir Zeit, und sei wachsam, besonders in Phasen von Veränderung.

Als ich meine ersten Onlinekurse für Selbstständige gab, die in ihrem Beruf erfolgreicher werden wollten, wurde schnell klar, dass es im Leben von vielen Menschen eine Dynamik gibt, die genau das verhindern will.

Einige Teilnehmer erzählten, dass, sobald sie sich neue Ziele setzen, sofort negative Stimmen in ihrem Inneren laut werden: »Das schaffst du doch sowieso nicht! Du kannst das nicht! Was bildest du dir denn ein? Du hast doch gar nichts zu geben! Du bist ein wertloser Versager!«

Wer spricht auf diese Weise zu uns? Wer möchte uns dazu bringen, dass wir uns klein fühlen, schlecht über uns denken und beim ersten Anzeichen von Misserfolg alles wieder aufgeben?

Es ist eine dunkle Energie, die gegen uns arbeitet, die nicht will, dass wir unsere Stärke entdecken und selbstbewusst in die Welt bringen. Sie möchte die lebendige Kraft in uns ersticken und dafür sorgen, dass wir nach einem kurzen Anflug von Begeisterung sofort wieder aufgeben. Und natürlich flüstert sie uns nach jedem dieser Misserfolge zu, dass wir einfach nicht gut genug sind, dass wir einfach nicht in der Lage sind, unsere Ziele zu erreichen. Wir sollen aufgeben, sagt die Dunkelheit.

Das Ziel der Dunkelheit ist, dich von deinem liebevollen Entwicklungsweg abzubringen. Wenn sie es schafft, dich davon abzuhalten, überhaupt den ersten Schritt zu machen, freut sie sich ganz besonders. So viele Menschen befinden sich in einer leidvollen Situation und glauben, dass sich daran nichts ändern kann. Sie schließen die Tür ihres eigenen Gefängnisses ab und werfen den Schlüssel weg, statt sich auf den Weg in die Freiheit zu machen.

Wie wichtig ist es daher, diese lähmende Stimme der Dunkelheit zu enttarnen und nicht zu erlauben, dass sie sich unserem Erfolg – beruflich oder privat – in den Weg stellt! Wenn wir der Dunkelheit nicht mehr zuhören und ihren Drohungen nicht mehr glauben, kommen wir wieder in Fluss.

Folge der Wahrheit

Wenn die Dunkelheit sich so richtig gemein und böse zeigt, ist es meistens recht leicht, sie zu erkennen und zu enttarnen. Doch oft hüllt sie sich in ein glitzerndes, verführerisches Kostüm und hält uns verwirrende Dinge vor die Nase, um uns von unserem Weg abzubringen.

Die dunkle Dynamik arbeitet sehr gerne mit unseren unerfüllten Sehnsüchten. Wenn beispielsweise in einer Beziehung ein anstrengender Wachstumsschritt ansteht, der uns in eine neue Tiefe und Erfüllung führen will, flüstert uns oft eine Stimme zu, dass wir uns die schwere Arbeit an unserer Beziehung doch auch sparen können. Oft taucht genau in dem Moment plötzlich eine andere Person in unserem Leben auf, von der wir uns magisch angezogen fühlen. Dies könnte uns nun dazu verführen, unseren Partner zu verlassen und uns auf diesen anderen, scheinbar perfekten Menschen zu stürzen, mit dem sich, so scheint es, alle unsere Probleme in Luft auflösen.

Doch wenn wir darauf hereinfallen, dann tauschen wir das Echte gegen den schönen Schein, der wie eine Seifenblase zerplatzt, sobald wir danach greifen.

Um dir böse Überraschungen zu sparen, solltest du jede Chance, die sich dir bietet, gründlich prüfen. Verbirgt sich Dunkelheit dahinter, ist meistens ein Element ungesunder Spannung und tiefer Unzufriedenheit mit im Spiel. Oft hast du ein mulmiges Gefühl. Es kann sein, dass es dir so vorkommt, als müsstest du auf einmal alles Bisherige über Bord werfen und dich für diese einmalige Chance entscheiden.

Oft übt die Dunkelheit einen massiven Druck aus und setzt alles daran, dich zu überstürzten Entscheidungen zu drängen. Vielleicht versetzt sie dich in eine fiebrige Aufregung, in der du deine eigenen hilfreichen Gedanken und jeden wohlmeinenden Ratschlag ignorierst.

Ein Potenzial jedoch, das auf der tiefsten Ebene liebevoll und wahrhaftig ist, erkennst du daran, dass es eine tiefe Ruhe beinhaltet. Du kannst es heute einbringen oder morgen – es wartet auf dich. Du bist frei, dich dafür zu öffnen.

Lass dir Zeit, wenn du wichtige Entscheidungen für dein Leben triffst. Setz dich hin, atme weich, und beobachte, was geschieht, wenn du eine neue Möglichkeit mit deiner Präsenz in Berührung bringst. Täuschungen haben keine Substanz. Sie lösen sich im Licht deines Bewusstseins auf. Wahrhaftige, liebevolle Möglichkeiten erkennst du daran, dass sie sich auch nach längerem Wahrnehmen weiterhin liebevoll, ausgeglichen und heilsam anfühlen.

Bleib in deiner Mitte

Oft beeinflusst uns Dunkelheit in kleinen, alltäglichen Situationen und bringt uns dazu, nicht das zu tun, was wirklich richtig für uns ist. Wie oft sagen wir Ja, wenn wir eigentlich lieber Nein sagen wollen? Wie oft spüren wir den Druck, es anderen recht zu machen, statt auf unser Gefühl zu hören und für uns zu sorgen?

Die dunkle Energie kann dir zum Beispiel weismachen wollen, dass du faul bist, wenn du eine Mittagspause machst. Sie kann sich wie ein innerer Antreiber auf deinen Rücken setzen und die Peitsche schwingen. Egal, wie hart du arbeitest, egal, wie sehr du dich bemühst, alles perfekt zu machen, sie wird dich verurteilen und dir immer wieder das Gefühl geben, nicht gut genug zu sein. Selbst wenn du körperlich zusammenbrichst und einen Burn-out erleidest, treibt sie dich weiter an und macht dir ein schlechtes Gewissen.

Viele Menschen erkennen nicht, wer sie da antreibt, wer da Druck auf sie ausübt oder ihnen Angst macht. Sie nehmen es hin und glauben, es sei ein normaler Teil ihres Lebens. Sie glauben vielleicht sogar, es sei ihre eigene innere Stimme, die zu ihnen spricht. Doch das ist falsch. Es ist dunkle Energie, die will, dass wir uns so lange verausgaben, bis wir nicht mehr können.

Ob wir es wahrnehmen oder nicht – wir haben in jedem Augenblick unseres Lebens immer genau zwei Möglichkeiten: Wir können der Liebe folgen, die uns in Richtung Entfaltung, Wachstum und Erfüllung führt – oder wir können den Verlockungen und Drohungen der dunklen Energie Glauben schenken und in einer Sackgasse landen.

Es kann jeden Tag vorkommen, dass wir in kleinen alltäglichen Situationen von unserem Weg abkommen und dann im Nachhinein merken, dass wir uns falsch entschieden haben. Das ist überhaupt nicht schlimm, denn daraus wir können lernen und üben, uns beim nächsten Mal bewusst für die Liebe zu entscheiden und nicht mehr auf jenes Spiel reinzufallen. Wir durchschauen diese Tricks dann und sehen die Fallen, die uns gestellt werden.

Gerade wenn wir eine Entscheidung zu treffen haben und widersprüchliche Stimmen in unserem Inneren sich zu Wort melden, ist es sinnvoll, achtsam zu sein und zu erkennen, welche der Stimmen wirklich die liebevolle ist. Als die Teilnehmerin eines meiner Seminare morgens an meine Zimmertür klopfte und mir mitteilte, dass sie eine Erkältung hat und sich fragt, ob sie überhaupt teilnehmen soll, weil es ihr so schlecht geht, unterstützte ich sie dabei, herauszufinden, was die liebevolle Stimme in ihrem Inneren dazu sagte. Ich treffe nie Entscheidungen für andere, aber ich helfe gerne bei Entscheidungsprozessen.

Die Teilnehmerin erzählte mir, dass durch die Vorbereitung auf das Seminar tiefe Ängste in ihr wach geworden waren. Ständig hatte sie ein mulmiges Gefühl, so als würde sie auf einen Abgrund zulaufen. Am liebsten wäre sie zu Hause geblieben, doch etwas in ihr stupste sie an, sich trotz ihrer Müdigkeit und der beginnenden Erkältung in den Zug zu setzen.

Als wir darüber sprachen, fragte ich sie: »Wie fühlt sich diese Stimme an, die dir sagt, dass du dich nicht auf das Seminar einlassen sollst? Wenn du deine Augen schließt, tief durchatmest und dir erlaubst, die Qualität dieser Stimme zu fühlen – fühlt sie sich warm, stärkend und liebevoll an? Oder spürst du, dass eine Kälte und Härte von der Stimme ausgeht?« Nach kurzem Überlegen sagte sie: »Die Stimme fühlt sich an wie das Kreischen einer Maschine, sehr aggressiv und hart.«

Ich schlug vor, dass sie sich erlauben sollte, noch tiefer in ihr Inneres hineinzusinken und zu spüren, was die liebevolle Stimme in ihrem Inneren dazu sagt. Es dauerte eine Weile, dann öffnete sie ihre Augen und schmunzelte: »Die liebevolle Stimme sagt, dass alles okay ist und ich am Seminar teilnehmen kann, wenn ich darauf achte, mich zwischendurch immer wieder hinzulegen und auszuruhen.« Sie seufzte. Die Spannung schmolz aus ihrem Gesicht, und sie begann zu lächeln. Sie sagte: »Ja, das ist die Wahrheit. Ich fühle sofort, dass alles in mir ruhig wird und sich entspannt.«

Sie nahm dann am Seminar teil, und tatsächlich erlebte sie einen tiefen Durchbruch in Bezug auf ein Thema, das sie seit vielen Jahren belastet hatte. Die harte Stimme wollte sie davon abhalten zu heilen, aber die liebevolle Stimme in ihrem Inneren hatte sie ermutigt weiterzugehen.

Oft werde ich gefragt, wie man den Mut aufbringt, den eigenen Weg zu gehen. Es gibt scheinbar so vieles, was uns daran hindern möchte. Die dunkle Energie weiß genau, wo unsere wunden Punkte liegen und wann wir am verletzlichsten sind. Doch wir selbst entscheiden, ob wir uns von ihren Einflüsterungen kleinhalten lassen – oder ob wir unseren Weg entschlossen weitergehen.

Es ist ganz wunderbar, wenn wir uns nicht von unserem Weg abbringen lassen, selbst wenn die Dunkelheit uns eine Menge Ablenkung beschert und es uns manchmal schwerfällt, den nächsten Schritt zu tun. Erst dann erleben wir die volle Schönheit unseres Lebens. Wir schütteln die alten Schatten von uns ab und beginnen, regelrecht zu leuchten.

Lass Licht in dein Leben!

Wenn es einen Bereich in deinem Leben gibt, der blockiert ist und Leid verursacht, obwohl du schon sehr viel daran gearbeitet hast, dann ist es sehr wahrscheinlich, dass sich dort dunkle Energien eingenistet haben, die dafür sorgen, dass die Veränderung stagniert. Die gute Nachricht ist, dass du die Dunkelheit aus dem Königreich deines Lebens hinausbefördern darfst.

Stell dir die Dunkelheit wie einen lästigen Staubsaugervertreter vor, der seit Stunden bei dir auf dem Sofa sitzt und deine Wohnung nicht verlassen will. Immer wieder versucht er, dir seine neuesten Produkte anzupreisen, an denen du eigentlich überhaupt kein Interesse hast. Solange du dich innerlich hilflos fühlst, wirst du diesen Vertreter nicht los.

Die Dunkelheit ist ein ungebetener Gast in deinem Leben, und du hast das Recht, sie loszuwerden. Atme tief durch, lass dich in deinen Bauch sinken, und spüre deine Füße auf dem Boden. Es ist hilfreich, dir vorzustellen, dass du tief in der Erde verwurzelt bist. Erinnere dich daran, dass dein Leben dein Königreich ist, in dem du regierst. Niemand hat das Recht, sich in deinem Königreich aufzuhalten, wenn du das nicht erlaubst.

Atme weich, und mach dir bewusst, dass du ein Teil des Lichts bist, das hier auf der Erde leuchtet. Du bist wertvoll. Auch wenn die Dunkelheit dir weismachen möchte, dass du klein und unwichtig bist: Das stimmt nicht! Du bist verbunden mit dem Licht, mit der liebevollen Quelle, aus der alles entstanden ist. Du gehörst zum Licht. Ja, die Dunkelheit kann versuchen, dein Licht zu verschleiern und dir einzureden, dass du dein Leuchten verloren hast, doch sobald du dich daran erinnerst, wer du wirklich bist, und die dunklen Vorhänge zur Seite ziehst, dringt dein Leuchten wieder durch.

Ein dunkler Schatten kann der Lichtquelle selbst nichts anhaben. Und die Dunkelheit kann dir nichts anhaben. Sie kann dich zeitweise verwirren, von deinem Weg abbringen und dafür sorgen, dass du Dinge tust, die schlecht für dich sind, doch du bist und bleibst das strahlende Licht deines Lebens.

Du kannst leuchten, die Dunkelheit kann das nicht. Du kannst wachsen, dich entfalten, dich für Neues öffnen – die Dunkelheit kann das nicht.

Das Licht ist wahrhaftig, die Dunkelheit gleicht einer Lüge. Wenn du magst, dann mach dir bewusst, dass dein Licht nicht kämpfen muss, um sich von der Dunkelheit zu befreien. Eine Kerze muss nicht in einem dunklen Raum umherjagen und kämpfen, um die Dunkelheit zu vertreiben. Es genügt, wenn die Kerze leuchtet. Es genügt, wenn dein Licht leuchtet.

Im Licht deiner Aufmerksamkeit, im Licht deiner Präsenz kann die Dunkelheit nicht bestehen. Wie ein Schatten verschwindet sie, wenn dein Licht leuchtet.

Wenn du Energiearbeit machst, um die Dunkelheit zu entfernen, ist es wichtig, dass du weißt, du hast den Kampf gegen die Dunkelheit bereits gewonnen, noch bevor du mit der Energiearbeit beginnst. Lehne dich entspannt zurück, atme weich, und freu dich darauf, dass du dein Leben wieder in Besitz nimmst.

Das Entfernen von Dunkelheit ist sehr einfach. Im Grunde geht es einfach darum, deinen Raum wieder in Besitz zu nehmen. Nur dort, wo wir unseren Raum nicht einnehmen, können sich dunkle Energien ausbreiten. Wenn wir uns bewusst machen, dass dieser Raum uns gehört, können wir erlauben, dass sich unsere eigene Energie wieder ausbreitet und entfaltet. Das warme Leuchten deiner eigenen Präsenz darf nach und nach den ganzen Raum erfüllen. Die dunklen Schatten lösen sich auf, denn wo Licht ist, kann kein Schatten sein.

Es gibt auch andere Möglichkeiten, die Dunkelheit zu entfernen. Ich stolperte zufällig über diese Möglichkeit, als ich gerade mit einem Bereich meines Lebens arbeitete, in dem eine Menge Dunkelheit hing. Ich wünschte mir, ein Werkzeug zu haben, mit dem ich die Dunkelheit einfach wegsaugen kann. Da kam mir die Idee, mir einen »energetischen Staubsauger« vorzustellen, der Dunkelheit wegsaugen kann. (Diesen hatte mir der »lästige Staubsaugervertreter«, den ich oben als Beispiel erwähnt habe, natürlich nicht angeboten!)

Zuerst musste ich kichern, weil mir diese Vorstellung etwas absurd vorkam, doch es war sehr befreiend, die dunklen Blockaden einfach wegzusaugen. Der energetische Staubsauger hat seitdem viel Arbeit in meinem Leben geleistet – und einige Klienten von mir nutzen ihn auch gerne.

Wenn ich mit Klienten gearbeitet habe, fragte ich sie oft, welches Werkzeug sie selbst gerne nutzen würden, um sich von Dunkelheit zu befreien. Einige stellten sich vor, sie hätten lange Arme und entfernten die Dunkelheit mit ihren eigenen Händen. Andere stellten sich vor, dass ein reinigendes Feuer sich in ihrem Raum ausbreitet und alles Dunkle verbrennt. Andere fanden es hilfreich, sich vorzustellen, dass ihr Raum einen Abfluss hat, durch den die Dunkelheit abfließen kann.

Es spielt letztendlich keine Rolle, welche dieser kreativen Lösungen wir nutzen. Wichtig ist nur, dass du dich damit wohlfühlst und dass du weißt, dass du das Recht und die Fähigkeit besitzt, jede dunkle Energie aus deinem Raum zu entfernen.

Wenn du Dunkelheit entfernst, spürst du oft tatsächlich, dass es heller wird in deinem inneren Raum und dass du dich wohler und befreiter fühlst. Während meiner Seminare ist es auch schon öfter passiert, dass in Momenten, in denen wir als Gruppe sehr viel Dunkelheit losgeworden sind, auf einmal die Sonne durch die Wolken hervor brach und ihre goldenen Strahlen in den Raum scheinen ließ. Was für ein schönes Zeichen!

Übung: Dein Licht leuchten lassen

Um dein Leben von der Dunkelheit zu befreien, ist es wichtig, deinen Raum bewusst einzunehmen und das Licht deiner Präsenz leuchten zu lassen. Diese Übung lädt dich dazu ein, zunächst deinen physischen Körper, dann dein Energiefeld und schließlich auch den Raum deines Lebens mit deiner Präsenz zu füllen. Diese Übung wirkt klärend und stabilisierend.

Mach es dir gemütlich, und richte deine Aufmerksamkeit auf deinen Körper. Spüre den inneren Raum in deinem Körper, und achte auf die äußeren Grenzen deines Körpers.

Mit jedem weichen Atemzug erlaubst du, dass deine Energie sich in deinem Körper ausbreitet. Dein Körper füllt sich mehr und mehr mit deiner eigenen lebendigen Kraft.

Wenn du spürst, dass dein Körper sich gefüllt hat, lass deine Lebensenergie überströmen, und nimm wahr, wie sich auch das energetische Feld um dich herum zu füllen beginnt. Erlaube deiner Energie, dein Energiefeld bis zu seinen Grenzen zu füllen. Spüre den lebendigen, vibrierenden Raum um dich herum. Hier ist dein Raum, der nur dir allein gehört.

Dann lässt du deine leuchtende Präsenz in dein gesamtes Leben einströmen. Spüre, wie sich deine Energie bis in jede kleine Ecke deines Lebens hinein ausdehnt.

Wenn alle drei Räume gefüllt sind, halte inne. Lass dir einen Moment Zeit, um deinen Raum wahrzunehmen und dich innerlich zu entspannen.

Überall, wo sich deine Energie ausbreitet, geschieht Heilung und Veränderung. Dein Leben entwickelt sich im Einklang mit dir. Vielleicht möchtest du deine Arme ausbreiten und wahrnehmen, wie schön es in deinem Raum ist. Genieße deinen Raum, solange du möchtest.

Dein Leben energetisch klären

Energiearbeit zum Entlassen von Dunkelheit

Download-Link:
https://leahamann.de/leben-lieben-leuchten-download/

8

Intelligente Grenzen entwickeln

Nein, das will ich nicht. Ich will jetzt nicht diskutieren. Ich will jetzt nicht mit dir telefonieren. Ich will mich nicht rechtfertigen. Ich will nicht noch mal darüber nachdenken. Nein. Nein. Nein. Mein Nein ist ein vollständiger Satz. Aus Liebe zu mir, aus Liebe zu dir. Nein. Nein, auch nicht morgen. Nein, auch nicht übermorgen. Nein, ich lasse mir mein Leben nicht mehr aus der Tasche ziehen. Nein, ich bin kein Mülleimer für deinen Abfall. Nein, ich schlucke deinen Frust nicht mehr. Nein. Aus Liebe zu mir. Aus Liebe zu dir. Ich sage Nein. Das Schwert der Klarheit durchtrennt die alte Fessel, die uns so lange gebunden hat. Nein. Für dich. Für mich. Für uns. Nein.

* * *

Entwickle deine Grenzen nicht aus Angst vor anderen,
sondern aus Liebe zu dir.

* * *

Ich bin im Sternzeichen Fische geboren – nun weißt du, warum ich in meinen Beschreibungen so viele Wasserbeispiele nutze –, und lange Zeit sehnte ich mich nach einer Welt ohne Grenzen. So wie ein Fisch in der unendlichen Weite des Ozeans schwimmt, so wollte auch ich einfach nur friedlich durch mein Leben schwimmen.

Das Dumme war nur, dass diese innere Haltung irgendwann zum Problem für mich wurde. Je mehr ich mich bemühte, mit allen Menschen in Harmonie zu sein und Konflikte zu vermeiden, desto häufiger entstanden unklare Situationen. Ich schloss Kompromisse und versuchte, mich ständig irgendwie durchzumogeln, ohne anzuecken. Das Wort »Nein« kannte ich nicht. Ich spürte intuitiv, was andere von mir wollten, und versuchte, es jedem recht zu machen.

Am deutlichsten fielen mir meine fehlenden Grenzen im Umgang mit meinen Klienten auf. Wenn jemand mich anrief und mich immer weiter mit Fragen bedrängte, obwohl ich mehrfach deutlich gemacht hatte, dass ich keine Zeit zum Sprechen habe, spürte ich: »Hier wird gerade eine Grenze überschritten.« Meistens spürte ich meine Grenzen erst, wenn ich sie überschritten hatte – oder wenn jemand anders sie überschritt. Dann fühlte ich ein tiefes Unbehagen und merkte, dass ich nicht mehr Ja sagen will, sondern am liebsten Nein sagen würde.

Mir fiel auf, dass ich es gewohnt war, mich selbst zu überreden, während ich meine Grenzen überschreite: »Ach komm, Lea, du hörst doch, dass es dieser Klientin nicht gut geht. Es ist doch nicht so wichtig, dass dein Abendessen auf dem Tisch steht und kalt wird. Sei doch nicht so egoistisch, und hilf ihr noch schnell!«

Wenn meine Familienmitglieder etwas von mir forderten, was ich eigentlich gar nicht geben konnte, machte ich mir ein schlechtes Gewissen: »Du bist so hartherzig. Was nimmst du dir eigentlich heraus? Glaubst du, dass jeder machen kann, was er will? Warum bist du nicht bereit, dich für andere aufzuopfern?«

Doch es waren nicht nur die konkreten Forderungen von anderen Menschen, von denen ich mich überrollt fühlte – ich brauchte einfach nur von anderen Menschen umgeben zu sein, und sofort begann ich ihre Gefühle und Stimmungen aufzusaugen wie ein Schwamm. Das passierte mir nicht nur, wenn ich direkt mit jemandem im Gespräch war, sondern auch ganz allgemein in Menschenmengen am Flughafen, in Wartezimmern oder am Bahnhof.

Wenn es jemandem sehr schlecht ging, war ich Stunden später noch in einer dunklen, schweren Stimmung. Meine grenzenlose Offenheit brachte mich dazu, ständig in den Schmerz anderer einzutauchen.

Ich konnte einfach nicht bei mir bleiben. Sobald andere Menschen da waren, wurde meine Aufmerksamkeit magnetisch zu ihnen gezogen. Mein Partner Matthias reagierte öfter mal genervt, wenn ich zum hundertsten Mal wissen wollte, wie es ihm geht. Was braucht mein Partner? Wie geht es meiner Freundin? Was wünschen sich meine Nachbarn? So viele meiner inneren Antennen waren nach außen gerichtet.

Mit der Zeit merkte ich, dass mir etwas sehr Wichtiges fehlte. Ich spürte, dass das ständige Aufnehmen von Gefühlen und Stimmungen anderer mich auslaugt. Ich spürte Sehnsucht danach, wahrzunehmen, wer ich bin und was ich will. Ich sehnte mich danach, meinen Raum einzunehmen und klare Grenzen zu entwickeln.

Damit ich beginnen konnte, Grenzen zu entwickeln, musste ich meine innere Einstellung zu diesem Thema verändern. Ich musste erkennen, dass Grenzen nichts Negatives sind und dass ich nicht egoistisch oder arrogant bin, wenn ich Grenzen setze.

Wie immer half mir der Blick in die Natur. Als ich auf einem Spaziergang einem alten, stattlichen Baum begegnete und mit meinen Händen über seine raue Rinde strich, spürte ich, wie liebevoll und beschützend seine Grenze für ihn ist. Unter dieser schützenden Grenze kann der Fluss seines Lebens fließen. Wind und Wetter werden abgehalten und dringen nicht in sein Inneres. Grenzen können liebevoll sein.

Bevor wir unsere Grenzen schützen können, müssen wir sie erst einmal wieder wahrnehmen. Denn jeder Mensch besitzt diese natürlichen inneren Grenzen, auch wenn er sie vielleicht noch nie bewusst gefühlt hat. So verbrachte ich einige Wochen damit, nach meinen Grenzen Ausschau zu halten. Ich beobachtete, wann ich meine Grenzen überschreite, und machte mir zum ersten Mal in meinem Leben bewusst, was ich will – und was ich nicht will.

Ich entwickelte meine Grenzen nicht gegen andere, sondern für mich. Was zunächst ein gewaltiger Schritt für mich war, der viel Mut und Nerven kostete, wurde zu einem Akt der Liebe zu mir selbst. Je mehr ich lernte, meine Grenzen zu spüren und mich innerlich dafür zu entscheiden, sie zu wahren und zum Ausdruck zu bringen, desto sicherer fühlte ich mich.

Allerdings hatte ich zuerst ein unglaublich schlechtes Gewissen, wenn es darum ging, meine Grenzen nach außen hin zu kommunizieren. Mein schlechtes Gewissen und meine innere Unsicherheit waren so groß, dass ich immer wieder dazu neigte, zu viel zu geben und meine Grenzen zu überschreiten oder ausleiern zu lassen.

Bei bestimmten Menschen fiel es mir besonders schwer, klar zu bleiben. Durch meine fehlenden Grenzen hatte ich regelrechte Energievampire in mein Leben gelockt, die ständig nur eins wollten: meine Energie und meine Aufmerksamkeit. Sie erzählten mir ihre Probleme und erwarteten, dass ich immer ein offenes Ohr für sie habe, doch es kam nie etwas zurück. Sie hatten keine Interesse daran, sich weiterzuentwickeln, sondern wollten nur eins, nämlich mich ausnutzen. Es fühlte sich für mich so an, als würde mir ständig jemand die Pistole auf die Brust setzen und sagen: »Wehe, wenn du nicht machst, was ich von dir will!«

Ich fragte mich lange, warum ich mich gerade von diesen Leuten so bedroht fühle, da die meisten dieser Energievampire sich mir gegenüber sehr freundlich verhielten. Zu Anfang zumindest. Doch als ich begann, meine Grenzen deutlich zu machen, zeigten sie schnell ihr wahres Gesicht. Solange sie alles von mir bekamen, was sie wollten, waren sie zuckersüß und freundlich, doch sobald ich begann, meine Grenzen zu wahren und Nein zu sagen, waren sie wie ausgewechselt. Die freundliche Maske fiel ab, und dahinter kam eine wutverzerrte Grimasse zum Vorschein.

Ich war mehrmals kurz davor, meine Grenzen wieder aufzugeben, weil es so anstrengend war, immer wieder in Konflikt mit diesen Energievampiren zu kommen, die mir Vorwürfe machten und mir unterstellten, ich sei egoistisch und solle gefälligst wieder so werden, wie ich früher war. Nachdem ich jahrelang versucht hatte, für Harmonie zu sorgen und es allen recht zu machen, fiel es mir schwer, zum ersten Mal ehrlich zu sein und zu meinen Grenzen zu stehen. Sobald ich es wagte, Nein zu sagen, explodierten die Wutbomben.

Doch ich bemerkte auch, dass die Mehrzahl der Menschen in meinem Leben positiv auf meine neuen Grenzen reagierte. Viele Klienten, die selbst als Coach oder Therapeut tätig waren, sagten mir, dass sie sich durch meinen Schritt in die Klarheit dazu inspiriert fühlen, ihre eigenen Grenzen zu klären. Eine Klientin sagte: »Seitdem du deine neuen Leitlinien hast, fühle ich mich noch sicherer. Ich weiß, was ich zu erwarten habe, und das entspannt mich.«

Vorher lebte ich wie in einem Haus ohne Tür. Ständig kamen fremde Menschen herein und nahmen mit, was ihnen gefiel. Manchmal musste ich mich unter dem Sofa verbergen, wenn gerade wieder eine räuberische Bande durch mein Haus zog. Es war nie sicher. Es war nie friedvoll. Und egal, wie viel ich gab, es kamen immer wieder neue Diebe herein. Egal, wie mitfühlend ich war, egal, wie hingebungsvoll ich mich aufopferte, ich konnte den Hunger der Welt nicht stillen.

Durch meine Grenzen konnte ich zum ersten Mal meine Haustür schließen. Nun konnte ich bewusst entscheiden, wen ich in mein Haus hereinlasse und wen nicht. Ich konnte zum ersten Mal allein in meinem Raum sein und mich wahrnehmen. Meine Bedürfnisse, mein innerer Rhythmus und mein Leben hatten endlich Raum, sich zu entfalten. Meine Grenzen erlaubten mir, ich selbst zu werden und mich zum ersten Mal sicher zu fühlen.

Liebevolle Grenzen entwickeln

Fallen dir Menschen ein, die ständig etwas von dir fordern, was du eigentlich nicht geben möchtest? Wünschst du dir manchmal heimlich, einfach »Nein« zu sagen? Ich kann dir nur Mut machen, dich auf das Abenteuer einzulassen, deine eigenen liebevollen Grenzen zu entwickeln. So wie die Rinde eines Baums ihn schützt, damit er groß und stark werden kann, so wollen dir deine Grenzen einen sicheren Raum geben, in dem du wachsen kannst.

Deine Grenzen entdecken

Der Prozess, deine Grenzen zu entwickeln, beginnt damit, dass du dir deinen Forscherhut aufsetzt und dir einige Wochen lang Zeit nimmst, deinen Alltag zu beobachten. Finde heraus, mit welchen Situationen du dich wohlfühlst und wann du dich unwohl fühlst. Vielleicht möchtest du ein Tagebuch führen und dir Notizen machen.

Unser Inneres sendet uns immer ein klares Signal, wenn wir unsere Grenzen überschreiten. Auf einmal fühlt es sich nicht mehr gut an, sondern irgendwie ungut. Deine Aufgabe ist es, auf dieses innere Signal zu achten. Schreib dir auf, welche Dinge du nur tust, weil du ein schlechtes Gewissen hast oder Streit vermeiden möchtest. Wo lässt du dich ausnutzen? Wo überredest du dich zu etwas, was du eigentlich gar nicht willst?

In den ersten Wochen solltest du nicht versuchen, etwas an deinem Verhalten zu ändern. Es genügt, wenn du dir diese schwammigen Bereiche in deinem Leben bewusst machst. Vielleicht erkennst du sogar ein paar Energievampire, die dich ausnutzen. Stell dir vor, dass dein Bewusstsein wie ein Licht in diese dunklen Ecken leuchtet.

Sei dir nicht böse, und verurteile dich nicht, wenn du feststellst, dass du deine Grenzen ständig überschreitest. Das ist ein Verhalten, dem du über Jahre hinweg gewohnheitsmäßig gefolgt bist. Vielleicht haben es deine Eltern genauso gemacht, und du hast es von ihnen abgeschaut. Sei stolz darauf, dass du immer bewusster wirst, und lass dir Zeit.

Grenzüberschreitungen entdecken

Wenn du deinen Alltag gründlich beobachtet hast, solltest du dich zunächst einmal fragen, warum du dich in den jeweiligen Situationen überhaupt überreden lässt – oder dich selbst überredest –, deine Grenzen zu überschreiten. Was treibt dich an? Wovor hast du Angst? Manchmal genügt es, wenn du dir vorstellst, du würdest in einer Situation, in der du bisher hingenommen hast, dass deine Grenzen überschritten werden, laut und deutlich »Nein« sagen.

Allein dadurch, dass du es dir vorstellst, kann dir bereits bewusst werden, wovor du Angst hast. Was könnte passieren, wenn du Nein sagst? Was befürchtest du?

Manchmal sind unsere Ängste berechtigt. Deine Schwester könnte wütend reagieren, wenn du nicht wie jedes Wochenende ihre Kinder zu dir nach Hause einlädst. Deine Kollegin könnte wütend werden, wenn du ihr mitteilst, dass du nicht mehr bereit bist, einen Teil ihrer Arbeit für sie zu erledigen. Der unpünktliche Klient könnte empört reagieren, wenn du nicht bereit bist, seine Unpünktlichkeit weiterhin in Kauf zu nehmen.

Es gibt aber auch Ängste, die wenig mit der Realität zu tun haben. Wahrscheinlich werden deine Kinder nicht an Vitaminmangel sterben, wenn es an einem Abend in der Woche ein Fertigessen gibt, damit du mehr Zeit für dich hast. Deine Freundin wird wahrscheinlich nicht sofort zusammenbrechen, wenn du einmal keine Zeit hast, um ihr zuzuhören.

Während du deine Grenzen entwickelst, wirst du bemerken, wie viel überflüssige Verantwortung du für andere trägst. Dies ist eine gute Gelegenheit, um innerlich loszulassen und zu erkennen, dass der Mensch, der dir gegenübersitzt, auch von anderen Stellen Hilfe und Unterstützung erhalten kann. Es ist erleichternd, zu bemerken, dass du nicht die einzige Person auf dieser Erde bist, die für alle die Verantwortung trägt und alle glücklich machen muss. Deine Aufgabe ist zunächst, für dich selbst zu sorgen und darauf zu achten, dass die Basis für dein Leben stabil ist. Schließlich kannst du anderen nur dann dauerhaft und effektiv helfen, wenn es dir selbst langfristig gut geht.

Deine Grenzen sind ein ganz natürlicher Teil von dir. Wenn du dich wirklich wohlfühlen und dein volles Potenzial entwickeln möchtest, brauchst du gesunde, kraftvolle Grenzen. Ein Baum ohne Rinde kann nicht wachsen – ein Mensch ohne Grenzen ebenfalls nicht.

Deine Grenzen kommunizieren

Wenn du spürst, dass dir dein Wohlergehen wichtig ist, und du gerne mehr innere Gelassenheit erfahren möchtest, wird es irgendwann Zeit, deine Grenzen nicht nur innerlich zu spüren, sondern auch nach außen hin zu vertreten. Kommuniziere deine Grenze möglichst ohne Schuld- oder Schamgefühle, und mach dir immer wieder deutlich, dass dieser Schritt eine positive Wandlung für alle Beteiligten bringt.

Es kann natürlich sehr gut sein, dass dich beim Ankündigen deiner Grenzen keine besonders positiven Reaktionen erwarten. Denn zu all dem Kuddelmuddel in Bezug auf Grenzen gehören immer zwei. Du hast hingenommen, dass jemand – manchmal über einen langen Zeitraum hinweg – deine Grenze überschreitet, und jemand anders hat sich daran gewöhnt, deine Grenzen zu überschreiten. Wenn es für jemanden normal geworden ist, jeden Tag ein paar Äpfel aus deinem Garten zu klauen, und du bisher nichts gesagt hast, kann derjenige empört reagieren, wenn du kommunizierst, dass du das künftig nicht mehr tolerieren wirst. Denke daran, dass derjenige bewusst oder unbewusst davon ausging, dass deine Energie, deine Arbeitszeit oder dein Eigentum ihm zusteht. Jemand hat sich in deinem Raum breitgemacht und sich dort eingenistet. Wenn du deinen Raum wieder in Besitz nimmst, ziehst du demjenigen erst einmal den Boden unter den Füßen weg.

Menschen reagieren wütend, wenn sie Angst haben, und versuchen dann instinktiv, durch Einschüchterung oder emotionalen Druck ihre Machtposition zurückzuerobern. Lass dich nicht darauf ein! Wenn du eine Weile standhaft und hartnäckig bleibst und deine Grenze bewahrst, ist der Kampf vorüber. Wenn du selbst zukünftig deine Grenzen achtest, dann werden es andere auch tun.

Dein Raum gehört dir. Deine Zeit gehört dir. Dein Leben gehört dir. Du darfst entscheiden, wie viel du geben möchtest und wen du in dein Leben einlädst. Es ist gut, dein Gegenüber nicht als hilfloses Opfer zu betrachten, sondern dir bewusst zu machen, dass dieser Mensch seinen eigenen Raum hat, seine eigene kreative Kraft besitzt und neue Lösungen für sein Problem finden kann. Du bist nicht für die Zufriedenheit oder die Unzufriedenheit anderer Menschen verantwortlich.

Klärungsprozesse durchstehen

Je nachdem, wie stark die Überschreitung deiner Grenze war, dauert es eine Weile, bis die Auseinandersetzung beendet ist. Am besten ist es, du gibst den Menschen, denen du nicht mehr erlaubst, deine Grenze zu überschreiten, innerlich die Erlaubnis, erst einmal wütend zu sein, zu grummeln und zu grollen. Lass sie! Du hast lange genug versucht, ihren Hunger zu stillen und dich für sie aufzuopfern. Es hat letztendlich zu keiner Lösung geführt! Dieser Klärungsprozess ist nicht nur gut für dich, sondern auch für diejenigen, die deine Grenzen überschritten haben. Du gibst ihnen die Chance, ihre eigene Kraft zu entdecken – und wenn sie das nicht wollen, werden sie sich jemand anderen suchen, der sich ausnutzen lässt, so lange, bis sie dieses Spiel nicht mehr weiterspielen können.

In den Zeiten, in denen es besonders unangenehm ist, erinnere dich daran, was sich in deinem Leben zum Positiven verändern wird, wenn du stark bleibst und zu deiner Grenze stehst. Ich konnte es kaum glauben, was für eine Leichtigkeit ich erfahren habe, als ich die Verantwortung für andere Menschen losgelassen habe und mich nicht mehr ausnutzen ließ. Ein völlig neues Leben konnte beginnen. Auf einmal war es mir möglich, anderen wirklich bewusst zu helfen und kraftvolle Unterstützung anzubieten – weil ich mir nicht mehr tagtäglich meine Energie rauben ließ.

Wenn wir unsere energetischen Löcher stopfen, werden unsere Grenzen wieder wunderbar stabil und geben uns den Halt, den wir brauchen, um unser volles Potenzial zu entfalten.

Deinen Ich-Raum klären

Wenn du deine Grenzen klärst und stärkst, findet das nicht nur auf der äußeren, praktischen Ebene statt, sondern vor allem auch auf der inneren, energetischen Ebene. Es ist ein wichtiger Schritt, deine

Grenzen zu klären, indem du sie nach außen hin kommunizierst und anderen Menschen gegenüber vertrittst. Doch dieser Klärungsprozess wird erst vollständig, wenn du deine Grenzen auch auf der energetischen Ebene wahrnimmst und beginnst, sie zu heilen und zu stärken.

Weil ich keine Lust mehr hatte, ein Schwamm zu sein, der die Gefühle anderer aufsaugt, machte ich mich daran, meine energetischen Grenzen auch innerlich wahrzunehmen – und zu stärken.

Vielleicht fragst du dich gerade, was du dir unter dem Begriff »energetische Grenze« vorstellen kannst? Die wichtigste energetische Grenze im Leben eines Menschen ist die Grenze, die sein eigenes Ich umgibt. Stell dir vor, dass sich dein Körper in der Mitte eines großen, rundlichen Energiefelds befindet. Dein Energiefeld ist um einiges größer als dein physischer Körper. Doch genauso wie dein Körper eine Grenze hat – deine Haut –, so hat auch dein Energiefeld eine äußere Grenze.

Die Grenze deines Ich-Raums sollte wie ein kraftvoller Filter arbeiten, der alle unangemessenen Energien fernhält, sodass du dich in deinem Raum wohlfühlst. Im Inneren deines Ich-Raums sollte sich nur deine eigene Energie befinden. Dein Ich-Raum ist das Zuhause für deinen Körper, deine Lebenskraft und deine Seele. Dein Ich-Raum sollte sich geborgen und stabil anfühlen. Es gibt natürlich auch liebevolle Energien, die einströmen, um dich zu unterstützen, beispielsweise die natürliche Energie der Erde und des Himmels oder die Energie deiner feinstofflichen Helfer.

Unser Ich-Raum entwickelt sich sehr früh, in den ersten Jahren unseres Lebens. Viele Kinder erleben jedoch von klein auf, dass ihre Grenzen nicht respektiert werden. Babys werden oft von wildfremden Menschen angefasst, von unbekannten Familienmitgliedern in den Arm genommen und durchgeknuddelt, und wenn das Baby signalisiert, dass es sich unwohl fühlt, wird darüber gelacht. Viele Menschen haben Angst vor Nähe, weil sie erfahren haben, dass ihre Grenzen von klein auf nicht respektiert wurden. Andere machten mit ihnen, was sie wollten. Das können kleinere Grenzüberschreitungen sein, aber auch traumatische Missbrauchserfahrungen.

Wenn wir das Pech hatten, dass unsere Eltern oder andere Menschen in unserem Leben übergriffig oder missbräuchlich handelten, uns eingeschüchtert oder sogar bedroht haben, kann es sein, dass wir unsere Grenzen heute gewohnheitsmäßig von ganz alleine aufgeben, wie aus einem unbewussten Impuls heraus. Wir warten gar nicht erst, bis jemand von außen unsere Mauern durchbricht, sondern wir öffnen unsere Tür und lassen uns überschwemmen von der Energie anderer Menschen. Oft geben wir dann alles, was andere von uns fordern – viel mehr, als wir wirklich geben wollen oder können.

Wenn du dich manchmal fragst, warum du immer derjenige bist, der alle Arbeit auf sich nimmt und sich ständig für andere aufopfert, kann es daran liegen, dass du in deiner Kindheit erfahren hast, dass die Menschen in deinem Umfeld freundlicher zu dir sind, wenn du von vornherein alles tust, was sie von dir verlangen. Wundere dich daher nicht, dass du immer wieder Menschen in dein Leben ziehst, die dreiste Erwartungen haben und davon ausgehen, dass du immer alles auf dich nimmst!

Jedes Mal, wenn unsere Grenzen überschritten werden, entsteht ein energetisches Loch in der Grenze unseres Ich-Raums. Das ist genauso, wie wenn jemand mit dem Vorschlaghammer deine Hauswand durchbricht – gewalttätige Grenzüberschreitungen hinterlassen Wunden in deiner energetischen Grenze.

Je mehr Löcher dein Ich-Raum hat, desto mehr Energie kann von außen einströmen und dich belasten. Es gibt viele Menschen, die keine Nähe aushalten können, weil ihr Ich-Raum keine klare Grenze hat. Sie haben das Gefühl, sich in den Gefühlen und Vorlieben anderer Menschen zu verlieren. Erst wenn sie sich zurückziehen, können sie sich selbst wieder wahrnehmen. Zum Glück müssen wir diesen anstrengenden Zustand nicht mehr hinnehmen.

Eine Klientin von mir hatte große Probleme mit ihrem Chef. »Er braucht mich nur schief anzuschauen, und schon fühle ich mich elend. Ich habe Angst vor ihm, obwohl ich weiß, dass das völlig irrational ist. Ständig gehe ich über meine Grenzen, ich versuche, immer mehr und mehr Arbeit in weniger Zeit zu bewältigen – und doch habe ich das Gefühl, nie gut genug zu sein. Ich bin ständig überfordert und fühle mich unwohl und weiß einfach nicht, wie ich meinen Job entspannt machen soll.«

Als ich sie fragte, ob es in ihrer Kindheit eine Person gegeben hatte, die ähnliche Gefühle bei ihr ausgelöst hatte, fiel ihr ziemlich schnell ihr Vater ein. »Jeden Abend hat er meine beiden älteren Brüder gefragt, was sie in der Schule erlebt haben. Er hat mit ihnen gescherzt und sich ihre Geschichten angehört. Ich war noch viel jünger und hatte das Gefühl, nicht mitreden zu können. Ich sehnte mich danach, endlich alt genug zu sein, um auch Geschichten von der Schule erzählen zu können. Doch dann, als ich in die Schule kam und immer nur schlechte Noten nach Hause brachte, wäre ich am liebsten unsichtbar geworden. Mein Vater hackte auf jeder schlechten Note herum, und ich hatte immer das Gefühl, eine Versagerin zu sein. Egal, wie sehr ich mich anstrengte, ich konnte mit meinen älteren Brüdern nicht mithalten und bekam sein enttäuschtes Schweigen zu spüren oder seine negativen Kommentare zu hören.«

Gemeinsam nahmen wir wahr, dass dieser innere kindliche Anteil immer noch darauf hoffte, endlich positiv und liebevoll wahrgenommen zu werden. Dieser Anteil überredete sie dazu, auch heute noch ihre eigenen Grenzen zu überschreiten und mehr zu geben, als ihr möglich war, in der Hoffnung, endlich die Vaterliebe zu bekommen, die sie damals nicht erhalten hat.

Ich lud meine Klientin dazu ein, ihren kindlichen Anteil, der ständig nach außen starrte und auf ihren Chef fixiert war, zu erlösen. Mit vielen weichen, liebevollen Atemzügen befreiten wir den Anteil aus seiner Erstarrung. Mit jedem weichen Atemzug brachten wir Liebe zu dem Anteil, der so hungrig gewesen war.

Meine Klientin atmete nun täglich diese Liebe ein, nach der sie sich so lange gesehnt hatte. Sie wurde innerlich ruhiger und begann ihren eigenen Wert mehr zu spüren. Sie begann ein neues Maß in ihrer Arbeit zu finden. Statt immer zu viel zu tun und ständig erschöpft zu sein, achtete sie darauf, früher aufzuhören und einige Arbeiten zu delegieren oder zeitsparender zu organisieren. Sie begann liebevoll für sich zu sorgen, und ihre Arbeit machte wieder mehr Freude.

Dabei spürte sie deutlich, wie das weit offene Loch in ihrer inneren Grenze sich wieder geschlossen hatte. Sie achtete nicht mehr auf jede kleine Stimmungsschwankung bei ihrem Chef und bezog dabei jede seiner Launen auf sich selbst, sondern sie merkte, wie ein heilsamer innerer Abstand entstehen konnte, der ihr guttat. Sie fühlte sich wohl in ihrem Ich-Raum und ließ niemand anderen mehr einfach so hinein.

Schmunzelnd erzählte sie mir, dass ihr die Anerkennung durch ihren Chef inzwischen gar nicht mehr so wichtig war. Sie sah nicht mehr ihren abweisenden Vater, wenn sie mit ihm zu tun hatte, sondern einen ganz normalen, mal besser, mal schlechter gelaunten Menschen, mit dem sie eigentlich ganz gut zurechtkam. »Es ist mir nicht mehr so wichtig, ob er meine Leistung wertschätzt oder nicht, weil ich innerlich schon so viel Liebe und Anerkennung habe. Ich bin stolz auf das, was ich tue!«, teilte sie mir mit leuchtenden Augen mit.

Es ist ein längerfristiger Heilungsprozess, die Löcher oder Lücken in deinen Grenzen aufzuspüren und wieder heilen zu lassen. Es ist also sehr gut, wenn du mit einer inneren Haltung der Geduld an die Sache herangehst. Meistens wirst du dabei irgendwann den kindlichen Anteil in deinem Inneren entdecken, der damals die erste Grenzüberschreitung erlebt hat. Das Schöne ist, dass du diesen kindlichen Anteilen helfen kannst, ihre traumatischen Erfahrungen zu verarbeiten und loszulassen.

Es kann sein, dass du einen inneren Anteil von dir entdeckst, der seit deiner Kindheit Angst davor hat, kritisiert oder wütend angeschrien zu werden. Er versucht, dich dazu zu bringen, alles zu tun, was andere von dir erwarten. Alles, um nicht anzuecken. Andere kindliche Anteile suchen nach Liebe und sind bereit, sich zu verbiegen und jemand ganz anderer zu werden, um Liebe und Anerkennung zu erhalten.

Die Beweggründe dieser Anteile sind für uns als erwachsene Menschen vielleicht erst mal schwer nachvollziehbar. Es ist wichtig, dass du dich in dein kindliches Selbst hineinversetzt und mit diesem kindlichen Anteil von dir tiefes Mitgefühl hast. Schließlich hat dieser Anteil einfach nur versucht, zu überleben und dich zu schützen.

Alle inneren Anteile haben eines gemeinsam: Sie suchen nach Liebe und wissen nicht genau, wo diese Liebe zu finden ist. Wenn du dich innerlich mit deiner eigenen Quelle von Liebe verbindest und weich atmest, dann wird jeder weiche Atemzug zu einem Wegweiser: »Hier geht es zur Liebe. Hier ist, was du so lange gesucht hast. Es ist genug für dich da. Du musst dich nicht mehr missbrauchen lassen, nur um ein paar Krümelchen Liebe zu ergattern. Komm direkt zur Quelle, und nimm an, was dir zusteht.«

Wenn ein Anteil wieder mit der Liebe verbunden ist, spürst du eine deutliche innere Erleichterung und einen tiefen Frieden. Dann heilen auch die energetischen Löcher in deinen Grenzen.

Übung: Deine Grenzen heilen

Spürst du, dass es Menschen in deinem Leben gibt, die deine Grenzen überschreiten? Gibt es Situationen, in denen du dich weit offen und schutzlos ausgeliefert fühlst? Dann wird es höchste Zeit, die Grenzen deines Ich-Raums heilen zu lassen.

Schließe deine Augen, atme weich, und nimm die Grenze deines Ich-Raums wahr. Stell dir vor, du stehst mitten in einer großen, runden Seifenblase. Nimm den äußeren Rand der Seifenblase wahr. Nimm wahr, wie sich die Grenze deines Ich-Raums anfühlt. Ist sie schwammig oder klar? Ist die Grenze hauchzart oder kraftvoll und stark? Entdeckst du Brüche oder Öffnungen in der Grenze deines Ich-Raums?

Atme weich, und erlaube, dass deine Grenze immer kraftvoller und klarer wird. Erlaube, dass sich die Löcher schließen und verheilen.

Wenn es dir hilft, dann kannst du dir sogar vorstellen, dass deine Grenze aus irgendeinem Material besteht, das dir angenehm ist. Vielleicht soll sich deine Grenze anfühlen wie eine sonnenwarme Natursteinmauer oder ein stabiler Holzzaun? Sobald deine Grenze sich kraftvoll und klar anfühlt, halte inne, und genieße diesen klaren Zustand.

Während du daran arbeitest, deine Grenzen zu stärken, solltest du dich mehrmals täglich mit deinen Grenzen verbinden und ca. drei bis fünf Minuten damit verbringen, weich zu atmen und zu erlauben, dass deine Grenzen sich klären, dass sich alle Löcher schließen und deine Grenzen kraftvoll und klar werden.

Liebevolle Grenzen für mehr Leichtigkeit

Energiearbeit zur Stärkung deiner Grenzen

Download-Link:
https://leahamann.de/leben-lieben-leuchten-download/

Teil III

leuchten

Du trägst etwas Besonderes in dir, das sichtbar werden möchte.
Wie ein Stern in der Dunkelheit, wie ein helles Feuer.
Verlass dein Versteck und leuchte!

9

Deine inneren Schätze entdecken

Solange du nur nach außen schaust, kannst du es nicht sehen. Du siehst zwar, was andere tun, was andere bewegen und erreichen – doch was in dir selbst steckt, siehst du nicht. Wende deinen Blick nach innen. Öffne die Tür zu deiner inneren Schatzkammer. Wage den Schritt über die Schwelle, und schau dich um. Welche Fähigkeiten schlummern in deinem Inneren? Welche Weisheit wartet hier auf dich? Pack deine Schatzkiste aus, und entdecke, was in dir steckt. Entdecke deine Einzigartigkeit. Entdecke deine inneren Schätze.

* * *

Du bist reicher, als du denkst.

* * *

Als Kind schaute ich nachts gerne den Sternenhimmel an. Bei meinen Großeltern im Schwarzwald, bei denen ich häufig zu Besuch war, konnte man die unendliche Weite des nächtlichen Himmels besonders gut wahrnehmen. Oben auf den Bergen, fernab von Straßenlaternen und Leuchtreklame, war es nachts so dunkel und die Luft so klar, dass man sogar die Milchstraße sehen konnte.

Ein tiefes Staunen erfasste mich, als mein Großvater mir erklärte, wie groß die Sterne in Wirklichkeit sind, die ich über mir nur als kleine funkelnde Punkte wahrnehmen konnte. Diese unendliche Weite berührte etwas in mir. Ich fragte mich, was wohl mein Platz ist inmitten dieser Unendlichkeit.

Warum bin ich hier auf der Erde gelandet? Was ist meine Aufgabe? Hier unter dem weiten Himmelszelt ahnte ich, dass es Antworten auf diese Fragen gibt. Ich hatte das leise Gefühl, als hätte ich irgendetwas Wichtiges vergessen. Da war etwas. Es kam mir zum Greifen nahe vor – und doch konnte ich es nicht in Worte fassen. Egal, wie sehr ich mich anstrengte, ich konnte mich nicht daran erinnern.

So wie nach dem Aufwachen die Erinnerung an unsere Träume zwischen unseren Fingern zerrinnt, so entzog sich mir die Erinnerung an das, was in mir angelegt war, was ich der Welt zu geben habe. Ich spürte wohl, dass da etwas ist, das entdeckt werden möchte. Doch ich wusste nicht genau, wie ich da herankommen soll.

Vielleicht kennst du dieses Gefühl, dass es in deinem Leben noch mehr geben müsste? Vielleicht ahnst du, dass du nicht einfach nur hier bist, um einigermaßen über die Runden zu kommen, dich anzupassen und zu funktionieren. Du bist hier, um dich vollständig zu entfalten. Du bist hier, um zu entdecken, was wirklich in dir steckt, und dein volles Potenzial einzubringen.

Es ist gar nicht so einfach, herauszufinden, was wir selbst zu geben haben, denn wir leben in einer Welt, die uns von Anfang an signalisiert, dass wir andere kopieren sollen, statt unsere Einzigartigkeit zu entdecken. Meine Schulzeit vermittelte mir das Gefühl, dass ich nichts Spezielles zu geben habe und ganz bestimmt nichts Besonderes bin. Im Gegenteil – ich lernte, dass ich nur dann als etwas gelte, wenn ich das Wissen anderer auswendig lerne und in der Lage bin, die Antworten anderer zu wiederholen.

Manchmal fühlte ich mich wie ein leerer Eimer, der jeden Morgen aufs Neue mit theoretischem Wissen gefüllt wurde. Was ich in dieses Leben bereits mitgebracht habe? Das ist doch völlig egal! Was meine speziellen Fähigkeiten sind? Wen interessiert das schon? Tief im Inneren sehnte ich mich zwar danach, herauszufinden, wer ich bin und was in mir steckt, doch dafür gab es keinen Raum.

Stattdessen wurde ich dazu angehalten, mich mit anderen zu vergleichen. Wer hat die bessere Note? Wer weiß die Antwort schneller? Statt zu lernen, dass jeder Mensch ein Geschenk ist und jeder etwas Besonderes zu geben hat, gewöhnten wir uns in der Schule daran, andere als Konkurrenten zu sehen, an denen man sich messen muss.

Ich lernte in der Schule, dass meine eigenen Ideen nicht willkommen sind. Wenn ich es wagte, von der grauen Autobahn der Normalität abzuweichen, machte mir der rote Stift meines Lehrers einen dicken Strich durch die Rechnung. »Thema verfehlt!«, hieß es dann, »Zu viel Fantasie!« oder: »Reiß dich zusammen, du schreibst ja schließlich keinen Roman!«. Je grauer, je bleicher und unpersönlicher ich wurde, desto besser passte ich ins Schema.

Ich vergaß irgendwann, dass ich mich jemals gefragt hatte, ob ich etwas in mir trage, das mich erfüllt. Ich vergaß, dass ich einmal Sehnsucht danach gehabt hatte, etwas Positives in die Welt zu bringen. Das Staunen, das ich als Kind erfahren hatte, rückte in immer weitere Ferne. Ich war in einer grauen, fantasielosen Wüste gelandet.

Rückblickend bin ich froh, dass ich von Anfang an tief in mir wusste, dass ich in dieser grauen Wüste auf Dauer nicht überleben kann. Ich habe daher nach der Schule gar nicht erst versucht, einen »normalen« Beruf zu ergreifen und mich noch weiter in das Korsett reinzuquetschen. Ganz ehrlich, mir war klar, dass ich das nicht schaffen würde! Ich konnte all das, was ich in mir trage, nicht dauerhaft unterdrücken und so tun, als wäre ich jemand anders.

Bevor ich diese Welt irgendwann wieder verlasse, möchte ich wirklich leben, das spürte ich. Bevor ich meinen Körper wieder abstreife, möchte ich wissen, warum ich hier war – dieser Wunsch ließ mich nicht los. Und auf einmal erinnerte ich mich wieder an den Blick zu den Sternen. Ich spürte dieses wehmütige Ziehen tief in meinem Inneren. Etwas klopfte an, doch was? Etwas lud mich ein, doch wohin?

Und auch wenn es mir ziemlich verrückt erschien: Ich beschloss, die Autobahn der Normalität hinter mir zu lassen und mich in der Wildnis auf meinen eigenen Weg zu begeben. Ich wusste, dass ich nicht länger warten möchte, während mein Leben an mir vorüberzieht. Ich wollte wenigstens einmal versuchen herauszufinden, was ich zu geben habe und warum ich hier bin. Ich wollte mich wenigstens einmal mit ganzem Herzen auf den Weg machen. Und wenn es nicht klappt? Dann weiß ich wenigstens, dass ich es versucht habe.

Du hast etwas zu geben

Möglicherweise wird es dir schwerfallen zu glauben, dass du etwas Besonderes bist. Ich möchte dich auch gar nicht dazu überreden, das einfach so zu glauben, sondern ich lade dich dazu ein, dich auf eine Entdeckungsreise zu begeben und herauszufinden, was tatsächlich in dir steckt.

In meinen Onlinekursen, die ich in den letzten Jahren gegeben habe, stellten die meisten Teilnehmer gleich zu Beginn fest, dass sie gar nicht wirklich daran glauben, dass sie etwas Wertvolles zu geben haben. Nachdem wir jahrelang gelernt haben, uns mit anderen zu vergleichen, ist unser Blick uns selbst gegenüber hart und kritisch geworden. Doch je härter wir uns selbst verurteilen, umso weniger kann das, was wir in uns tragen, zum Vorschein kommen.

Wenn du dich wertlos fühlst oder glaubst, dass du nichts Besonderes zu geben hast, dann hattest du bisher einfach noch nicht die richtigen Voraussetzungen, um dich zu öffnen. So wie ein Samenkorn sich nicht öffnen kann, wenn es auf steinigen Boden fällt, so kannst du dich nicht öffnen, wenn dein Leben von einer Atmosphäre der Härte und Selbstverurteilung geprägt ist. Bevor du deine einzigartigen Fähigkeiten entdecken und deine wahre Bestimmung herausfinden kannst, musst du die richtige Atmosphäre schaffen. Du musst deine innere Einstellung dir selbst gegenüber verändern!

Durch liebevolle Augen schauen

Was wir in uns tragen, ist kostbar, und es braucht einen liebevollen Raum, um sich entfalten zu können. Um diesen liebevollen Wachstumsraum für dich zu schaffen, darfst du zunächst einmal die innere Haltung ablegen, die du vielleicht in der Schule gelernt hast. In der Schule hast du dich daran gewöhnt, verglichen und bewertet zu werden. Du hast begonnen, dich anzustrengen, um besser zu werden als andere. Das herkömmliche Schulsystem kann uns richtig hart machen, sodass wir alles Einzigartige, was in unserem Inneren schlummert, als Spinnerei abtun und verdrängen.

Stell dir die Haltung, die du in der Schule gelernt hast, wie eine graue Brille vor, die du viele Jahre lang getragen hast und die deinen Blick auf dich selbst getrübt hat. Nimm die graue Brille ab, und wirf sie in den Mülleimer! Es wird höchste Zeit, eine liebevolle Haltung dir selbst gegenüber einzunehmen, die dir erlaubt zu sehen, was wirklich in dir steckt.

Als ich dabei war, meinen Fähigkeiten auf die Spur zu kommen, flüsterte mir meine Seele zu: »Nimm dich selbst wahr wie jemanden, den du liebst.« Das war etwas völlig Neues für mich. Ich konnte andere Menschen wohlwollend betrachten und ihre Stärken sehen – doch mich selbst auf diese Weise wahrzunehmen, das musste ich erst lernen. Jeden Morgen begann ich, mit liebevollen Augen auf mich selbst zu schauen. Ich begann aufzuzählen, was ich kann und was ich weiß. Statt auf meine Fehler zu starren, begann ich darauf zu achten, was besonders an mir ist.

Es waren kleine Dinge, die mir auffielen. Ich bemerkte, dass ich einen tiefen Zugang zur Natur hatte. Mir fiel auf, dass ich viel wahrnehme. Mir wurde bewusst, dass ich ein tiefes Vertrauen besitze. Besonders weltbewegend kamen mir diese Fähigkeiten zwar nicht vor, aber ich blieb dran und schaute weiterhin mit liebevollen Augen auf mich. Und ich merkte, dass ich mir dadurch näherkam. Es war, als würde sich mein Inneres nach und nach immer öfter trauen, aus seinem Versteck hervorzukommen.

Die Stärken aus deiner Kindheit

Wenn du auf der Suche nach deinen Fähigkeiten und Begabungen bist, kann es sehr hilfreich sein, auf deine Kindheit zurückzuschauen und dich daran zu erinnern, was dich damals mit Freude erfüllt hat. Bei vielen Menschen machen sich die speziellen

Begabungen schon in den ersten Jahren ihres Lebens bemerkbar.

Ich muss schmunzeln, wenn ich daran denke, dass ich als Kind oft stundenlang dasaß und kleine Heftchen gebastelt habe. Handschriftlich habe ich ganze DIN-A4–Seiten sorgfältig beschrieben und dann mit Zeichnungen ergänzt. Ich dachte damals, dass ich gerne Lehrerin sein möchte – aber nicht an einer Schule. Doch niemand, dem ich das sagte, konnte etwas damit anfangen. Wenn ich heute meinen wöchentlichen Beitrag für meine Website schreibe und meine Videos aufnehme, dann wird mir klar, dass meine Fähigkeit, lebendiges Wissen zu vermitteln, sich schon in meiner Kindheit zeigte, lange bevor Websites überhaupt existierten.

Gab es Momente in deiner Kindheit, in denen du das Gefühl hattest, ganz und gar in deinem Element zu sein? Wann hast du dich wirklich lebendig gefühlt? Was hat dich als Kind fasziniert? Wozu musste dich niemand zwingen, weil du dich aus eigenem Antrieb immer wieder damit beschäftigen wolltest? Es kann sein, dass deine Fähigkeiten und deine ursprüngliche Art nur in ganz kurzen Momenten zum Vorschein kommen konnten, wenn du dich sicher genug gefühlt hast. Überlege ruhig ein wenig, und lass dir Zeit.

Welche Eigenschaften hast du eingebracht, wenn du mit anderen Kindern zusammen warst? Warst du derjenige, der zu neuen Abenteuern aufruft? (Ich muss dabei gerade an meine jüngere Schwester denken, die als kleines Mädchen mit wild flatternden Haaren auf ihrem kleinen silbernen Fahrrad durch unsere Straße flitzte, eine Bande von Nachbarskindern im Schlepptau, und immer wieder rief: »Alle mir nach!«)

Wenn es dir erst mal schwerfällt, Erinnerungen aus deiner Kindheit lebendig werden zu lassen, hilft dir vielleicht die Vorstellung, dass du dem kleinen Kind, das du damals warst, heute begegnen könntest. Aus deiner heutigen Perspektive: Welche Fähigkeiten und Besonderheiten würdest du an diesem Kind wahrnehmen? Wenn du dem Kind, das du einmal warst, mit Liebe und Interesse begegnen könntest, was würdest du erkennen?

Vielleicht wird dir auch klar, welche Unterstützung du damals gebraucht hättest, um dich harmonisch entwickeln zu können. Es ist sehr anstrengend und entmutigend für Kinder, wenn sie keinen Raum haben, um ihre Gaben zu entwickeln und einzubringen. Es hinterlässt ein einsames und abgeschnittenes Gefühl. Vielleicht hättest du viel mehr Aufmerksamkeit und direkte Zuwendung gebraucht. Es kann aber auch sein, dass du auf Momente der Stille gewartet hast, um dein Inneres weiter zu entfalten.

Es ist niemals zu spät, dir selbst das zu geben, was du brauchst, um deine Fähigkeiten weiter zu entfalten. Deine Fähigkeiten gehen nicht verloren, sondern sie warten in deinem Inneren – oft über viele Jahrzehnte –, bis endlich genug liebevolle Unterstützung da ist, damit sie sich entfalten können.

Übersehene Stärken wertschätzen

Wenn du beginnst, dich selbst liebevoll wahrzunehmen, wirst du bemerken, dass du einzigartige Fähigkeiten besitzt, die wertvoll sind. Vor allem, wenn du zu den Menschen gehörst, die eine Stärke besitzen, die in unserer heutigen Welt nicht anerkannt wird, ist es wichtig, dich selbst wertschätzen zu lernen. Nur weil deine Eltern nicht wussten, was sie mit deiner Gabe anfangen sollten, fantasievolle Geschichten zu erzählen, heißt das noch lange nicht, dass diese Gabe keinen Wert hat.

Oftmals hatten unsere Eltern oder Lehrer einen sehr einseitigen Blick auf unsere Begabungen. Sie wollten wissen, welchen Beruf du ergreifen und wie du dein Geld verdienen kannst – und wenn eine Fähigkeit nicht in eines der vorgegebenen Raster passte, wurde sie übergangen. Vielleicht interessierte es niemanden, dass du dich gerne mit Tieren beschäftigt hast, denn wie soll man damit Geld verdienen? Vielleicht wollte niemand hören, dass du gerne Zeit im Wald verbracht hast, denn was soll man damit anfangen?

Meiner Erfahrung nach macht Gott keine Fehler. Jeder von uns hat bestimmte Fähigkeiten und Talente, die in diesem Moment in dieser speziellen Zeit hier auf der Erde sinnvoll eingebracht werden können. Vielleicht entsprechen deine Fähigkeiten nicht alten

Vorstellungen, aber das bedeutet nur, dass unsere Welt sich wandelt und neue Aufgabenbereiche entstehen, die es früher vielleicht noch nicht gab. Schau mit liebevollen Augen auf dich, und erkenne, was in dir steckt!

Menschen, die uns helfen

Manchmal begegnen uns Menschen, die uns auf diesem Weg unterstützen können. Es gibt Menschen, die wahrnehmen, was in uns steckt, und uns ermutigen, unsere Fähigkeiten zu entfalten. Bevor ich mich für mein Kunststudium beworben habe, machte ich ein Jahr lang gemeinsam mit anderen einen vorbereitenden Kurs an einer Kunstschule. Es war ein sehr schönes Jahr, und ich kann mich gut daran erinnern, wie befreiend es war, nach der grauen Schulzeit morgens wieder mit Freude aufzustehen und zu wissen, dass etwas auf mich wartet, das mich erfüllt.

Eine Dozentin von uns hatte die Angewohnheit, hin und wieder in unser Atelier zu kommen und sich unsere Bilder anzuschauen, die wir gemalt hatten. Schweigend betrachtete sie unsere Werke. Sie ließ sich viel Zeit und war ganz versunken. Hin und wieder machte sie uns auf etwas Besonderes aufmerksam, was ihr auffiel. »Schau mal hier, diese Ecke in deinem Bild ist doch wirklich interessant, daran könntest du weiterarbeiten«, merkte sie an.

Sie sah nicht nur das, was bereits sichtbar war, sondern sie erkannte auch, was in uns steckte und darauf wartete, sich ausdrücken zu dürfen. Sie wusste zum Beispiel sofort, dass mein Atelierfreund sich eingeengt fühlte von den kleinen Blattformaten, die wir vorrätig hatten. »Das ist nichts für dich«, meinte sie. »Ich sehe dich mit einem Besen auf riesige Wände malen.« Und auf einmal war es klar, dass eine viel größere Kraft in ihm schlummerte, die nur darauf wartete, einen angemessenen Raum zu bekommen.

Im Nachhinein kam es mir vor, als hätte sie durch ihre liebevolle, einfühlsame Wahrnehmung unsere Augen für uns selbst geöffnet. Auf einmal konnten wir das Besondere in uns wieder sehen.

Es ist eine ganz eigene Kunst, das Besondere in anderen Menschen zu sehen. Wir liebten unsere Dozentin heiß und innig, denn jedes Mal, wenn sie vorbeikam, hinterließ sie eine Atmosphäre von Begeisterung. Wir spürten plötzlich, dass etwas Wertvolles in jedem von uns steckt, das sich entfalten darf.

Jeder von uns hat etwas, was ihn fasziniert und womit er sich gerne beschäftigt. Sehr oft übersehen wir diese Leidenschaft, weil wir sie nicht wertschätzen können oder weil sie nicht auf den ersten Blick mit einem bereits bestehenden Beruf zusammenpasst.

So oft schon haben andere zu mir gesagt: »Lea, ich habe einfach keine besonderen Fähigkeiten!« Aber wenn ich dann ein wenig nachhakte, stellte sich heraus, dass sich derjenige zum Beispiel seit Jahren mit Heilpflanzen beschäftigt, in seinem Garten ein Refugium für seltene Vögel angelegt oder gelernt hat, hyperaktiven Kinder wieder zu innerer Balance zu verhelfen.

Es ist so leicht, unsere tiefsten Begabungen zu übersehen, weil wir oft automatisch davon ausgehen, dass man damit nichts anfangen kann. Doch die Wahrheit ist, dass der Wert deiner Fähigkeiten sich erst dann zeigen kann, wenn du selbst anfängst, sie wertzuschätzen. Was du zu geben hast, die wertvollsten Schätze in dir – sie werden erst sichtbar, wenn du sie mit deinen eigenen, liebevollen Augen zu sehen beginnst!

Wo deine größte Angst ist, ist deine größte Stärke

Während du auf der Suche nach deinen einzigartigen Fähigkeiten bist, wird dir vielleicht auffallen, dass in diesem Zusammenhang nicht immer nur angenehme Gefühle aufkommen.

Stell dir vor, du würdest eine Kiste finden, die von allen Seiten mit schweren eisernen Ketten und Vorhängeschlössern abgesichert ist. Rundherum hängen Warnhinweise, Verbotsschilder und Stacheldraht. Würdest du dich dieser Kiste entspannt nähern? Würdest du es wagen, die Vorhängeschlösser zu öffnen und die eisernen Ketten abzustreifen? Würdest du den schweren Deckel heben? Würdest du sehen wollen, was sich in dieser Kiste befindet?

Es ist deine eigene größte Stärke, die in dieser Kiste eingeschlossen ist und darauf wartet, wieder in dein Leben kommen zu dürfen! Wir haben uns so lange darin geübt, uns kleinzumachen und das, was wir in uns tragen, zurückzuhalten, dass wir eine große Angst vor unserer eigenen Stärke entwickelt haben. Es ist so viel einfacher, die inneren Türen verschlossen zu halten. Es ist so viel einfacher, unauffällig zu bleiben und die eigene Stärke vor sich selbst und der Welt zu verstecken. Es tut zwar manchmal weh, aber in einem Umfeld, in dem sich alle kleinmachen, ist es sicherlich viel naheliegender.

Viele Klienten von mir berichteten, dass sie sich plötzlich wie ein gefährliches Monster fühlten, wenn sie zum ersten Mal mit ihrer eigenen Kraft in Berührung kamen. »Ich habe große Angst, etwas zu zerstören«, sagte eine Klientin. »Ich wage es gar nicht, meine Stärke zu nutzen, weil ich nicht weiß, was ich damit anrichten könnte.« Es ist kein Wunder, dass wir diese Ängste entwickelt haben – schließlich hat uns in den meisten Fällen nie irgendjemand gezeigt, wie wir unsere eigene Stärke sinnvoll einsetzen können.

Als ich durch diese Phase des Wiederentdeckens meiner eigenen Stärke ging, tauchte immer wieder ein inneres Bild auf, das mir Mut machte. Ich sah mich selbst als großen Baum. Es spielte keine Rolle, wie stark dieser Baum ist, denn seine Stärke tut niemandem weh. Der Baum ist einfach nur präsent. Je stärker er ist, je dicker sein Stamm, je ausladender seine Äste und je größer die Früchte, die er jedes Jahr trägt, umso mehr bereichert er seine Umgebung.

Der Baum verletzt niemanden und nimmt niemandem etwas weg. Er ist einfach da. Seine Stärke ist neutral. Diese Neutralität wurde mir zum Vorbild, als ich übte, meine eigene Stärke auf sinnvolle Weise zu nutzen. Ich wollte weder etwas zerstören noch meine Stärke auf egoistische Weise einbringen. Ich dachte immer wieder an den Baum, der einfach nur dasteht und seine ureigene Stärke verkörpert. Es tat gut, meine eigene Stärke im ganzen Körper zu spüren und wahrzunehmen, dass dabei nichts Schlimmes geschieht.

Wenn du dich danach sehnst, deine einzigartigen Fähigkeiten zu entdecken und auf sinnvolle Weise einzubringen, wird dir sicher auffallen, dass es viel einfacher ist, irgendetwas Belangloses zu tun, mit dem du dich nicht so tief verbunden fühlst. Es ist viel einfacher, oberflächliche Artikel für eine Zeitschrift zu schreiben, als persönliche Beiträge auf deiner Website zu veröffentlichen, in denen du aufs Ganze gehst und deine Wahrheit teilst. Es ist viel einfacher, Seminare für andere zu organisieren, statt selbst auf der Bühne zu stehen und deine eigene Weisheit zu teilen.

Gerade da, wo unsere größten Stärken liegen, sind auch unsere größten Ängste. Da sind wir offen, echt, ganz wir selbst. Auf der einen Seite gibt es keine vergleichbare Erfahrung, die so tief erfüllend ist, wie wenn wir unsere wahre Stärke leben. Doch es gibt auch nichts, was so wehtun kann, wie wenn wir in diesem Moment ausgelacht, kritisiert oder verspottet werden. Die unachtsamen Aussagen anderer können uns wie vergiftete Pfeile treffen und uns lähmen. Ein Kind, das immer wieder zu hören bekommt, dass es niemals lernen wird, ordentlich zu schreiben, wird seine genialen Ideen nicht aufs Papier bringen.

Es gibt kaum jemanden, der auf dem Weg in seine eigene Stärke keine inneren Hürden überwinden muss. Eine Klientin von mir, die als Sängerin arbeitet, hatte damit zu kämpfen, dass sie vor wichtigen Auftritten ständig heiser wurde. Als wir gemeinsam daran arbeiteten, merkte sie, dass sie die Kraft ihrer eigenen Stimme fürchtet. Tief in ihrem Inneren gab es eine irrationale Angst davor, die volle Kraft ihrer Stimme zu entfalten.

Als wir dieser Angst auf die Spur kamen, fiel ihr wieder ein, dass sie als ältestes Kind oft Rücksicht auf ihre jüngeren Geschwister nehmen musste. Sie musste leise sein, sich zurückhalten und auf Aufmerksamkeit verzichten. Sie merkte, dass sie selbst heute noch daran zweifelt, ob sie das Recht hat, ihre eigene Stimme zu entfalten. Es war, als müsste sie immer noch leise sein, auch wenn gar niemand mehr da war, der davon profitiert hätte. Das Programm lief einfach weiter. Unsere innere Arbeit half ihr dabei, diese tiefen Glaubensmuster zu entlassen und das Potenzial ihrer Stimme zu entfalten.

Wenn wir uns kleinmachen, sind wir unauffällig. Niemand sieht uns, aber wir fallen auch nicht unangenehm auf. Sobald wir unsere eigene Stärke wieder leben, gehen wir das Risiko ein, nicht jedem zu gefallen und es nicht allen recht zu machen. Und das ist okay! Unsere Stärke ist ein natürlicher Teil von uns. Unsere Stärke ist etwas Positives, das die Welt bereichert. Auch wenn nicht jeder etwas damit anfangen kann, so gibt es doch Menschen, die genau das suchen, was du zu geben hast!

Wenn du deine wahre Stärke befreien möchtest, darfst du dich von den vergifteten Pfeilen der Vergangenheit befreien. Du darfst die verschlossenen Türen wieder öffnen. Du wirst deinem Schmerz begegnen – und ihn zum Schmelzen bringen. Du wirst dich daran erinnern, wenn du dich früher abgelehnt gefühlt hast – und du darfst eine neue Entscheidung treffen. Statt dem Schmerz deiner Vergangenheit zu erlauben, die Tür zu deiner Zukunft weiter geschlossen zu halten, mach die Tür auf!

Nicht immer sind es unsere eigenen Ängste und schmerzhaften Erfahrungen, die uns auf dem Weg in unsere Bestimmung blockieren. Manchmal gibt es auch allgemeine Dynamiken, die uns daran hindern wollen, unser Potenzial ans Licht zu bringen. Das gilt vor allem für die Momente, in denen wir etwas einbringen, was nicht nur unser eigenes Leben verändert, sondern auch das Leben vieler anderer Menschen.

Ich merke das immer ganz besonders deutlich, wenn ich einen Kurs anbiete, der das Potenzial hat, einer größeren Gruppe von Menschen zu ermöglichen, einen neuen Weg zu beschreiten. Oft taucht lange vor Beginn des Kurses ein Widerstand auf, als würde ich gegen einen großen Betonklotz drücken, der sich einfach nicht wegschieben lässt. Da ist irgendwo eine negative Kraft, die nicht möchte, dass Menschen sich weiterentwickeln, sich für Neues öffnen und wahrhaftiger werden.

Unsere Stärke wurde uns gegeben, damit wir mehr Heilung und Entwicklung in die Welt bringen können. Deine Stärke ist ein Teil der Stärke, die momentan überall auf der Erde eine Veränderung herbeiführt. Dadurch stößt deine Stärke auch gegen die tiefen Mauern im Bewusstsein und gegen jene Kräfte, die Menschen kleinhalten wollen.

Bevor ich mir über diese Dynamik im Klaren war, ging es mir vor meinen Kursen oft sehr schlecht. Manchmal hatte ich grippeartige Symptome, und mir gingen negative Gedanken durch den Kopf. Ich zweifelte an mir und hätte den Kurs am liebsten abgesagt.

Es ist wichtig, diese dunklen Kräfte zu erkennen, die uns daran hindern wollen, unsere eigene Stärke zu leben und einzubringen. Auf der energetischen Ebene können wir diese Energien wahrnehmen und aus unserem Raum entfernen. Wenn ich heute einen Kurs anbiete, arbeite ich oft schon Monate vorher mit dem Kursraum. Ich nehme den Raum energetisch in Besitz und entferne alle dunklen Energien, die dem Wachstum und der Entfaltung im Weg stehen. So kann ich die liebevolle Kraft meiner Kurse schon im Vorfeld genießen.

Es ist tatsächlich nicht ganz einfach, die eigene Stärke zu leben. Ausgerechnet dort, wo unsere größte Begabung liegt, treffen wir auf den größten Widerstand. Doch trotz aller Herausforderungen kenne ich niemanden, der es bereut, die eigene Stärke zu entdecken und zu lernen, sie auf sinnvolle Weise einzubringen.

Solange wir unsere Bestimmung noch tief verborgen in uns tragen, haben wir eine unauslöschliche Sehnsucht nach ihr. Etwas fehlt uns. Etwas fehlt in unserem Leben. Wir suchen nach einer Erfüllung, die wir im Außen nirgendwo finden können – kein Wunder, wir tragen sie ja in uns. Unsere Bestimmung zeigt uns nicht nur, wo sich unsere Aufgabe befindet und was wir Sinnvolles einbringen können, sondern sie zeigt uns auch, wo unsere tiefste Freude ist. Und es lohnt sich, dieser Freude auf die Spur zu kommen.

Geben, Nehmen und das liebe Geld

Wenn du deine inneren Schätze entdeckst und bemerkst, dass du etwas Wertvolles zu geben hast, wartet gleich schon der nächste Entwicklungsschritt auf dich. Es geht nämlich beim Entdecken deiner inneren Schätze nicht nur darum, etwas zu geben, sondern auch darum, etwas *anzunehmen*.

In unserer leistungsorientierten Gesellschaft lernen wir ganz von alleine, dass es wichtig ist, unseren Teil beizutragen und etwas zu geben. Doch wie sieht es mit der anderen Seite aus? Lernen wir auch anzunehmen? Ich kenne viele Menschen, die ein Leben lang so viel gegeben haben – und wenn man sie fragt, was sie angenommen haben, fällt ihnen erst mal nur wenig ein.

Geben und Nehmen sind zwei innere Bewegungen, die zusammengehören. Wenn wir unseren Atem beobachten, wird deutlich, dass Einatmen und Ausatmen zusammengehören. Es ist unmöglich, immer nur auszuatmen. Genauso unmöglich ist es, immer nur einzuatmen. Nur wenn beide Seiten in Balance sind, entsteht ein harmonischer Fluss.

Betrachte dein Leben, und überlege dir, was du gibst. Was gibst du deiner Familie, deinem Partner (oder deiner Partnerin)? Was gibst du in deinem Freundeskreis oder in deinem Beruf? Wenn du Lust hast, mache dir eine Liste, und notiere dir alles, was du aktiv in die Welt bringst und gibst. Dazu gehört alles, wofür du sorgst, wofür du die Verantwortung trägst, worum du dich täglich kümmerst.

Dann richte deine Aufmerksamkeit auf das, was du annimmst. Was wird dir gegeben? Wo wird dir geholfen? Wie oft nimmst du Unterstützung an?

Manchmal richten wir unsere Aufmerksamkeit nur auf das, was wir zu geben haben, und vergessen, wie wichtig das Annehmen ist. Wenn wir nicht lernen anzunehmen, kann sich das auf ganz unterschiedliche Weise in unserem Leben bemerkbar machen. Manchmal führt es dazu, dass wir schlechte Laune bekommen und bitter werden. Wir fühlen uns ausgenutzt und können nicht mehr liebevoll für andere da sein. Es kann sich aber auch ganz konkret auf unserem Bankkonto ausdrücken, dass wir vergessen haben, die liebevolle Wertschätzung anzunehmen, die uns erreichen möchte.

Da ich viele Jahre auf Kriegsfuß mit dem Geld stand, kenne ich mich da inzwischen sehr gut aus. Der Geldmangel, der wie ein unerwünschter Gast immer wieder an meine Tür klopfte, konfrontierte mich damit, dass ich etwas Wichtiges übersehen hatte. Ja, ich war dabei, zu geben, zu geben und noch mehr zu geben – doch ich war nicht in der Lage, die liebevolle Wertschätzung anzunehmen, die mich erreichen wollte.

Es fiel mir unglaublich schwer, für meine ersten Coaching-Sitzungen Geld anzunehmen. Es war mir extrem unangenehm, für eine Arbeit Geld anzunehmen, die so persönlich war und in die ich so viel Liebe und so viel von meiner eigenen Seele hineinsteckte. Oft druckste ich am Ende einer Sitzung herum, wenn es darum ging, die Bezahlung entgegenzunehmen. Es war mir peinlich, Geld in die Hand zu nehmen, und ich versuchte, diesen Teil meiner Arbeit so schnell wie möglich hinter mich zu bringen. Ist es da ein Wunder, dass ich in den ersten Jahren kaum in der Lage war, von meinen Einnahmen zu leben?

Ich hatte eine ziemlich negative Einstellung zu Geld und erlebte entweder Scham darüber, dass ich Geld entgegennahm, oder Schmerz darüber, dass mein Kontostand wieder einmal gefährlich in den Keller gesaust war. Solange ich denken kann, war Geld etwas sehr Unangenehmes für mich. »Nur reiche Leute haben Geld. Und reiche Leute sind alle hartherzig und böse.« Diese Überzeugung hatte sich in meiner Kindheit in mir geformt. Ich träumte von einer Welt, in der ich kein Geld brauche, um leben zu können. Ich wollte dem Geldthema irgendwie entkommen.

So staunte ich nicht schlecht, als mein Inneres mich immer wieder anstupste, mich mit dem Geldthema auseinanderzusetzen, statt davor zu flüchten. Irgendwann verspürte ich plötzlich den Impuls, das Geld in mein tägliches weiches Atmen mit einzubeziehen. Zunächst weigerte ich mich hartnäckig. Pfui Spinne – was hat das Geld in dieser liebevollen Zeit der Verbundenheit zu suchen?, fragte ich mich. Doch der innere Impuls klopfte immer wieder bei mir an.

Irgendwann gab ich dann nach und begann mein Geld wahrzunehmen, während ich weich atmete. Eine Welle von Gefühlen überraschte mich. So viel Schmerz, so viel Angst, so viel Leid und so viel Schwere machten sich bemerkbar, sobald ich das Geld bewusst wahrnahm. Am Anfang hielt ich die Begegnung mit meinem Geld nur wenige Minuten aus, dann musste ich eine Pause machen, so hoch war der Berg aus Schmerz, der damit verbunden war.

»Kein Wunder, dass ich kein Geld annehmen kann, wenn ich nicht einmal innerlich in der Lage bin, mein Geld entspannt wahrzunehmen«, dachte ich. So begann eine Phase, in der ich täglich mit meinem Geld geatmet habe. In jedem weichen Atemzug begegnete ich den schmerzhaften Gefühlen und beobachtete, wie sie sich langsam auflösten. Anfangs war es wirklich unangenehm, doch mit der Zeit schmolz der Berg aus Schmerz, und ich konnte zum ersten Mal die einfache, unschuldige Geldenergie wahrnehmen.

Es war spannend, das Geld auf diese Weise zum ersten Mal wirklich kennenzulernen. Die Geldenergie fühlte sich überraschend liebevoll und rein an, wie glitzerndes, klares Wasser. Während ich der reinen Geldenergie begegnete, fiel mir auf, dass diese Energie eine liebevolle Wertschätzung für meine Existenz und meine Arbeit in mein Leben bringen möchte.

Die Frage lautete nur: Bin ich in der Lage, diese liebevolle Wertschätzung anzunehmen? Am Anfang gelang mir das nicht. Die Überzeugung, dass ich wertlos bin und dass das, was ich zu geben habe, völlig unbedeutend ist, saß tief. Einmal saß mir eine Klientin gegenüber, die mir begeistert erzählte, was sie von mir gelernt hatte – und ich merkte, dass ich es nicht annehmen konnte. Es kam mir vor, als würde sie über jemand anderen sprechen, nicht über mich. Doch die Heilung meiner Geldbeziehung nahm mich auch über diese Hürde mit. Tagelang saß ich nach meiner Arbeit da und übte, die liebevolle Wertschätzung anzunehmen, die zu mir strömen wollte.

Statt nur darauf zu achten, etwas zu geben, trainierte ich das Annehmen. Ich bemerkte, dass jedes Mal, wenn ich etwas aus Liebe gebe, etwas zu mir zurückkommen möchte. Statt weiterhin nur einseitig zu geben, wollte ich lernen, das anzunehmen, was mich erreichen will.

Oft war ich überfordert von dem Ozean der Liebe, der mich erreichen wollte. Zum Glück kam mir irgendwann die Idee, auch diese liebevolle Wertschätzung in kleinen Schritten annehmen zu lernen. Es war erleichternd, dass ich jeden Tag nur ein Teelöffelchen von dieser Liebe anzunehmen brauche. Ein Teelöffelchen nach dem anderen. Und tatsächlich gewöhnte ich mich an die Liebe. Ich gewöhnte mich an die Wertschätzung, die zu mir kam – und je mehr ich annehmen konnte, umso mehr konnte ich geben!

Das Geldthema, das mir anfangs so verhasst war, wurde zu einer Quelle der Freude für mich. Ich näherte mich dem Geld nicht nur innerlich auf neue Weise, sondern ich begann auch im Alltag mein Geld anders zu handhaben.

So viele Jahre war der Blick auf mein Bankkonto verbunden mit unangenehmen Gefühlen. Ich war immer mit einem Gefühl von Mangel und einer inneren Haltung von Armut unterwegs gewesen. Ich hatte Angst davor, Geld auszugeben, und versuchte so sparsam zu leben wie nur möglich. Es war ganz normal für mich, nicht zu verreisen, nicht essen zu gehen und immer das Billigste zu kaufen. Auch wenn genug Geld auf meinem Konto war, verhielt ich mich weiterhin, als wäre ich in einer finanziellen Notlage, in der gespart werden muss.

Meine innere Annäherung an das Geld hatte mir irgendwann deutlich gemacht, dass Geld am liebsten fließen möchte. Ich sehnte mich danach, in Bezug auf mein Geld lockerer zu werden und meinen Geldfluss wieder strömen zu lassen. Mir kam die Idee, mir selbst jede Woche einen kleinen Betrag als »Taschengeld« auszubezahlen. Es fühlte sich ganz gut an, einen festen Betrag zu haben, den ich nicht festhalte, sondern mit dem ich machen kann, was ich will. Mit meinem Taschengeld – anfangs waren es zehn Euro pro Woche – machte ich mir kleine Geschenke und erlebte zum ersten Mal, wie es sich anfühlt, Geld völlig unbeschwert fließen zu lassen.

Nun konnte ich Geld mit einem anderen inneren Gefühl in der Hand halten und ausgeben. Es fühlte sich an, als würde mir das Geld seine schelmische und vergnügte Seite zeigen, die ich bisher gar nicht gekannt hatte.

Nachdem ich einige Monate geübt hatte, bemerkte ich, dass sich diese neue innere Haltung auch auf den Rest meines Geldes ausweitete. Nein, ich gab nicht plötzlich mein ganzes Geld für Genussdinge aus, aber eine gewisse Leichtigkeit und Freude tauchte nun immer auf, wenn ich mit meinem Geld in Berührung war.

Außerdem wurde mir bewusst, dass ich das Geld, das ich verdiene, natürlicherweise in eine liebevolle Richtung lenke. Ich unterstütze, soweit es möglich ist, nachhaltige Unternehmen und trage dadurch ein klein wenig dazu bei, dass ein Teil des Geldes in umweltfreundliche und faire Initiativen strömt. Geld für sich alleine genommen ist weder gut noch schlecht. Es kommt darauf an, wie wir damit umgehen und was wir damit machen.

Möchtest du deine Geldbeziehung heilen? Du kannst damit beginnen, dich deinem Geld behutsam zu nähern und all die Gefühle wahrzunehmen, die du damit verbindest. Mit jedem weichen Atemzug können die Last der Vergangenheit und der unerlöste Schmerz von deinem Geld abfallen. So kann die reine, unschuldige Energie des Geldes wieder zum Vorschein kommen. Je mehr du trainierst, im selben Maße anzunehmen, wie du gibst, umso mehr entsteht ein tiefer Frieden in deinem Leben.

Meine Einstellung zum Geld hat sich vor allem durch die Erkenntnis verwandelt, dass Geld ein Ausdruck von Liebe ist. Die tiefste Essenz des Geldes bringt eine Qualität von Liebe in unser Leben, die uns daran erinnert, dass wir wertvoll sind und dass für uns gesorgt ist. Das Geld ist wie ein Wegweiser zu dieser tieferen, umfassenden Liebe.

Kannst du spüren, dass du versorgt bist? Wenn du auf dein Leben zurückschaust, erkennst du dann die Handschrift dieser Liebe, die immer wieder einmal im richtigen Moment eine Tür für dich geöffnet und für dich gesorgt hat? Spürst du die tiefe Wertschätzung, die dir entgegenkommt und die dich ständig daran erinnert, wie schön es ist, dass es dich gibt?

Geld ist ein wunderbarer Helfer auf dem Weg in ein ausbalanciertes Geben und Nehmen. Sicher gibt es einiges, was an unserem heutigen Geldsystem nicht optimal ist und sich verändern darf, doch ich bin überzeugt, dass die Heilung des großen Ganzen im Inneren eines jeden einzelnen Menschen beginnen muss. Nur Menschen mit einer gesunden Geldbeziehung können ein gesundes Geldsystem entstehen lassen. Zuerst im Kleinen – und dann im Großen.

Übung: Deine Stärke entdecken

Leg dir ein Tagebuch an, in dem du deine Stärken notierst, die dir bewusst werden. Mach dir täglich klar, dass du etwas Wertvolles in dir trägst, das darauf wartet, sich entfalten zu dürfen.

Achte im Alltag auf deine einzigartigen Fähigkeiten. Was fällt dir besonders leicht? Welche wertvolle Besonderheit ist typisch für dich? Was ist der positive Beitrag, den du in die Welt bringst?

Oftmals können wir uns gegenseitig dabei unterstützen, unsere Stärken sehen zu lernen. Wenn du liebevolle Freunde oder Bekannte hast, frag sie, welche Qualitäten sie an dir besonders schätzen.

Beginne, deine besondere Art als Geschenk wertzuschätzen.

Wenn du deine Stärke einbringst, achte darauf, dass etwas Liebevolles zu dir zurückkommt, das du annehmen kannst. Das weiche Atmen hielt dir, diese Wertschätzung behutsam wachsen zu lassen. Nimm wahr, was sich verändert, wenn du deine Stärke einbringst und dir die Liebe zugestehst, die zu dir zurückkommt.

Deine Fähigkeiten aktivieren

Meditation zum Entdecken deiner inneren Schätze

Download-Link:
https://leahamann.de/leben-lieben-leuchten-download/

10

In Freude arbeiten

Spürst du den Fluss des Lebens, der durch dich strömt? Da ist eine Kraft, die sich in deinem Leben ausdrücken möchte. Es gibt Worte, die darauf warten, gesprochen zu werden, Musik, die erklingen möchte, und neue Ideen, die umgesetzt werden wollen. Du bist hier, um etwas einzubringen. Du bist hier, um etwas sichtbar zu machen. Erinnerst du dich an die Freude, die du als Kind gespürt hast? Tief in deinem Inneren läufst du noch immer über bunte Wiesen, platschst durch Regenpfützen und trägst Muscheln und Sand in deinen Taschen. Deine Freude ist wie ein Licht in der Dunkelheit, das dich auf den richtigen Weg führt. Freude setzt dich auf neue Weise in Bewegung. Folge der Freude, sie kennt den Weg.

* * *

In der Freude verschmilzt dein Tun
mit deinem Sein.

* * *

Mit etwa sieben Jahren bekam ich bei uns zu Hause die Aufgabe, einmal in der Woche unser Waschbecken zu putzen. Dabei merkte ich schnell, dass ich eine Menge inneren Widerstand hatte, was diese – relativ kleine –Aufgabe betraf. Ich schob das Putzen oft tagelang vor mir her, während das schlechte Gewissen an mir nagte und der innere Druck immer größer wurde. Wenn ich dann endlich doch den Putzlappen in die Hand nahm, versuchte ich, das

Ganze so schnell wie möglich hinter mich zu bringen. Es war kein angenehmes Gefühl.

Als ich dann meinen Großvater beobachtete, der in der Abendsonne in aller Ruhe vor dem Haus saß, seine Werkzeuge putzte und dann sorgfältig geordnet in seiner Werkstatt einräumte, wurde mir klar, dass anscheinend nicht alle denselben Widerwillen empfinden, wenn Arbeit zu erledigen ist. Woher nahm er seine Ruhe? Erledigte er diese einfachen Aufgaben tatsächlich gerne? Er wirkte weder gehetzt noch verärgert, und er machte die Arbeit auch nicht widerwillig. Langsam, Schritt für Schritt, wurde eine Aufgabe nach der anderen erledigt. Ein Stapel Holz wurde gehackt. Ein Waldstück wurde von herabgefallenen Ästen befreit.

Seine innere Haltung fiel mir vor allem dann auf, wenn wir gemeinsam die steile Anhöhe hinter dem Haus hochkraxelten. Während ich schnell losstiefelte und dann nach den ersten Hundert Metern japsend stehen bleiben musste, weil mir die Puste ausging, lief er – weit hinter mir – langsam und stetig den Berg hinauf. »Langsam und gleichmäßig gehen«, erklärte er mir. »Wenn du zu schnell gehst, kannst du nicht durchhalten.« Tatsächlich, mit dieser inneren Einstellung war es möglich, stetig weiterzugehen.

Ich beneidete die stille Zufriedenheit, mit der er seine Arbeit tat. Genau diese stille Freude wollte ich auch finden. Ist es möglich, in Freude zu handeln? Nicht weil mich jemand dazu zwingt, sondern weil der Fluss der Freude selbst mich trägt? Statt mit verkniffenem Gesicht zu schuften und zu hoffen, dass ich es bald hinter mir habe, wollte ich wissen, ob man auch auf andere Weise arbeiten kann. Innerlich gelassen, getragen von Freude. Ich machte mich auf die Suche.

Ich ahnte, dass diese innere Fähigkeit etwas Natürliches ist, und ich vermutete, dass wir das Handeln in Freude auf dem Weg des Erwachsenwerdens irgendwann verlernen. Tatsächlich fiel mir auf, wie viel Energie Kinder haben, wenn sie spielen, und wie begeistert sie stundenlang bei der Sache bleiben können, wenn sie in der Freude sind. Doch je älter wir werden, desto mehr lernen wir, dass die natürliche sprudelnde Kraft in unserem Inneren nicht unbedingt immer erwünscht ist. Kinder müssen lernen, still zu sitzen. Kinder müssen lernen, den Mund zu halten. Kinder müssen lernen, zu tun, was man ihnen sagt. Obwohl diese Fähigkeiten sicherlich nicht verkehrt sind, wird mit dieser Art der Erziehung doch oftmals über das Ziel hinausgeschossen. Auf dem Weg zum Erwachsenwerden verlieren wir den Zugang zu unserer Kraft, zu unserer Neugier – und zu unserer Freude.

Als ich mit meiner Selbständigkeit begonnen habe, ertappte ich mich dabei, dass sich meine Arbeit oft sehr anstrengend anfühlte. Ich setzte mich unter Druck, war sehr leistungsorientiert und fühlte mich danach oftmals müde und ausgelaugt. So wie man sich eben oft nach einem Arbeitstag fühlt. Doch ich ahnte schon, dass mein Tun sich nicht wie »Arbeit« anfühlen *muss*.

Fest entschlossen machte ich mich auf die Suche nach der Freude. Ist es möglich, mich freudig und erfüllt zu fühlen, während ich arbeite? Kann ich das Kind in meinem Inneren zu neuem Leben erwecken und einladen, mir einen neuen Umgang mit meiner Selbständigkeit beizubringen? Ist es möglich, voller Freude zu arbeiten? Diese Fragen führten mich auf einen spannenden Entwicklungsweg.

Immer wenn mir meine Arbeit keine Freude machte, fiel mir auf, dass ich in eine ganz bestimmte innere Haltung hineingerutscht war. Es begann meistens damit, dass ich voller Anstrengung versuchte, meine Aufgaben so schnell wie möglich zu erledigen. Statt meinen natürlichen Rhythmen zu folgen, arbeitete ich ohne Pause und setzte mich zeitlich unter Druck. Je unangenehmer das Arbeiten sich anfühlte, desto sehnlicher wartete ich darauf, dass meine Arbeit endlich erledigt wäre und ich wieder aufatmen und leben könnte. Was für eine Tortur!

Kommt dir das bekannt vor? Oft erleben wir diese innere Haltung im Beruf, wir können sie aber auch während der Schulzeit, im Studium oder bei einer Ausbildung erfahren – oder ganz einfach dann, wenn es im Haushalt etwas zu tun gibt.

Ich begann, diese schmerzhafte innere Einstellung als »altes Arbeitsbewusstsein« zu bezeichnen. Mir wurde klar, dass ich nicht die Einzige bin, die während des Arbeitens in diesen grauen Sumpf hineingerät. Viele Menschen befinden sich heute im alten Arbeitsbewusstsein. Besonders deutlich wurde mir das, als ich gemeinsam mit Matthias am Montagmorgen in der Nähe einer Großstadt auf der Autobahn unterwegs war. Wir gerieten in den Berufsverkehr und hatten Gelegenheit, die morgendlichen Autofahrer zu beobachten.

Die meisten schauten völlig geistesabwesend ins Nichts, starrten mit verbissenem Gesichtsausdruck vor sich hin oder telefonierten bereits gestresst, die Zigarette in der Hand und den Pappbecher mit Kaffee in der Halterung der Mittelkonsole. Wir spürten geradezu den Sog des alten Arbeitsbewusstseins, der all diese Menschen unaufhaltsam jeden Morgen in die Büros und Unternehmen hineinzog.

Als wir den Berufsverkehr hinter uns zurückließen, atmeten wir auf. Der Frust, die Härte und der Druck, die wir wahrgenommen hatten, kamen uns sehr bekannt vor.

»Muss Arbeit so aussehen?«, fragte ich mich. Muss man in dieser inneren Haltung arbeiten, in der jegliche Freude verschwindet? Mein Wunsch, mich aus diesem alten Arbeitsbewusstsein zu befreien, wurde immer größer.

Mein erster Versuch, dem alten Arbeitsbewusstsein zu entkommen, hatte erst mal gar nichts mit meinem Beruf zu tun. Auf der Suche nach dem freudigen Tun stolperte ich über einen Lebensbereich, der mir mächtig auf die Nerven ging – die Essenszubereitung, das Kochen. Ich hatte es nie richtig gelernt, und meine mühsamen Versuche endeten meistens mit fragwürdigen Ergebnissen. Mein Partner Matthias brauchte starke Nerven, denn ich habe ihm in der ersten Zeit unserer Beziehung öfter mal ein halb rohes Hähnchen serviert.

Zwar lernte ich mit den Jahren die Grundlagen des Kochens, aber Freude machte es mir immer noch nicht, ganz im Gegenteil. Es war eine Qual für mich, und ich sah keinen Sinn darin, immer wieder lange am Herd zu stehen – und am Ende gar nicht zu sehen, was ich geleistet habe, weil alles längst wieder aufgegessen ist.

Irgendwann hatte ich die Nase voll. Warum sollte es nicht möglich sein, in Freude zu kochen? Ich ging dazu über, mir mehr Zeit zu nehmen. Statt in meinen gewohnten Kochkrampf zu verfallen, bei dem ich gehetzt und unwillig versuchte, es so schnell wie möglich hinter mich zu bringen, begann ich, mich auf das Kochen selbst einzulassen. Ich sagte innerlich Ja dazu. Es ging mir nicht um ein besseres Ergebnis – *sondern um ein anderes Erlebnis*. Mein Ziel war nicht das Gericht auf dem Tisch, sondern der Weg dorthin.

Ich bemerkte, dass ich zwischendurch immer wieder kurz innehalten kann, wenn ich in Stress gerate. Ich lehnte mich für einen Moment zurück, atmete tief durch, bis ich merkte, dass ich mich wieder entspannte.

Ich begann, mich während der Arbeit bewusster zu bewegen und auf meinen Körper zu achten. Das steigerte mein Wohlbefinden noch etwas mehr. Nach einer Weile fiel mir auf, dass ich nach und nach in einen ruhigen Fluss kam, während ich kochte. Das Kochen verwandelte sich von einer lästigen Pflicht zu einer meditativen Zeit der Ruhe und Besinnung für mich. Ich hätte es nie für möglich gehalten, dass ich Freude am Kochen empfinden könnte. Ich dachte, dass Kochen mir nicht liegt und einfach nicht »mein Ding« ist. Heute freue mich darauf, in meine bunte, leckere und nährende Kochwelt einzutauchen. Die stille Freude, die ich beim Kochen empfinde, tut meinem Körper gut und weckt meine Lebendigkeit. Es passiert mir oft, dass mir während des Kochens auch tolle neue Ideen für meine Arbeit kommen, weil ich präsent und im Fluss bin.

Genau dort, wo wir es am wenigsten vermuten, liegt das größte Potenzial für Freude verborgen!

Aus dem alten Arbeitsbewusstsein aussteigen

Gibt es Bereiche in deinem Leben, in denen du die Freude am Tun gerne wieder oder ganz neu entdecken würdest? Es kann eine bestimmte Tätigkeit in deinem jetzigen Beruf sein, die dich nervt, oder eine Tätigkeit im Haushalt oder im Alltag. Möchtest du das, was vorher lästig und anstrengend war, in Zukunft genießen?

Der erste Schritt zum freudigen Arbeiten besteht darin, dich dabei zu ertappen, wenn du wieder einmal in das alte Arbeitsbewusstsein hineingeraten bist. Du merkst es daran, dass du dich innerlich unter Druck gesetzt, ausgelaugt und fertig fühlst. Erinnerst du dich daran, dass wir die alten Glaubensmuster und inneren Überzeugungen, die wir in uns tragen, loslassen können? Das gilt natürlich auch für das alte Arbeitsbewusstsein.

Nimm wahr, welche Überzeugungen in dir noch aktiv sind, während du arbeitest. Glaubst du vielleicht unterbewusst, dass du wertlos bist und nichts kannst? Glaubst du, dass du das Ziel nur durch Anstrengung erreichen kannst? Fühlst du dich angetrieben und unter Druck?

Lehn dich zurück, atme weich, und nimm wahr, wie die tiefen Strukturen des alten Arbeitsbewusstseins sich nach und nach auflösen. Es ist so ähnlich, als würdest du die Gitterstäbe eines eisernen Käfigs verschwinden lassen. Atemzug für Atemzug fällt die Enge von dir ab. Das alte Arbeitsbewusstsein löst sich auf. Die ursprüngliche Freude am Tun erwacht wieder in dir.

Du kannst dich innerlich entspannen und deine handelnde Kraft durch deinen Körper strömen lassen. Je mehr du in Fluss kommst, desto angenehmer wird die Arbeit auch für deinen Körper. Statt dich nach der Arbeit wie eine ausgepresste Zitrone zu fühlen, darfst du dich als ein durchströmtes Flussbett erfahren, voller Lebendigkeit.

Du bist nicht hier, um zu schuften. Du bist hier, um in Freude deine einzigartigen Fähigkeiten und Gaben einzubringen. Und diese Freude verwandelt dich. Es ist die Freude, die eine ganz und gar neue, heilsame Qualität in unsere Welt bringt.

Du brauchst Geduld, wenn du damit beginnst, diese unangenehmen Überzeugungen wahrzunehmen. Es ist sehr verständlich, dass du am liebsten so schnell wie möglich aus dieser Situation flüchten würdest.

Wenn dir das alte Arbeitsbewusstsein in erster Linie in deinem Berufsleben begegnet, liegt vielleicht der Schluss nahe, dass dieses unangenehme Gefühl lediglich durch deinen jetzigen Arbeitsplatz ausgelöst wird. Vielleicht träumst du heimlich davon, endlich einen anderen Beruf ausüben zu können, weil du hoffst, dass dann das graue, stressige Gefühl endlich verschwindet.

Ich kenne mittlerweile so viele Menschen, die felsenfest davon überzeugt waren, in einem furchtbaren Job zu sein, den sie unbedingt loswerden wollten. Viele Klienten von mir erzählten, dass sie morgens im Büro ankommen und das Gefühl haben, ihr wahres Selbst mitsamt ihrer Jacke an der Garderobe aufzuhängen – um es dann am Abend wieder mitzunehmen. Doch sobald sie begannen, eine neue innere Haltung zu trainieren, hat sich alles verwandelt. Es war die neue innere Einstellung, die ihren Beruf mit Freude erfüllt hat.

Natürlich mag es Berufe geben, die dir mehr liegen, und andere, die dir weniger liegen – aber ich kann dir aus eigener Erfahrung sagen, dass selbst ein Traumberuf grau und anstrengend sein kann, solange man innerlich im alten Arbeitsbewusstsein festhängt.

Die Freude, nach der du suchst, verbirgt sich in deinem Inneren. Ob du in einem Büro arbeitest, in einem handwerklichen Beruf oder im Krankenhaus – du kannst jeden Beruf nutzen, um die Freude am Tun wiederzufinden.

Die einzige wirkliche Ausnahme sind vielleicht Berufe, die deinen Körper schädigen oder extrem unmenschlich sind. Ich habe während der Schulferien für einige Wochen in einer Eisenwarenfabrik in der Nachtschicht gearbeitet und inmitten von Maschinenlärm am Fließband gestanden. Wenn ich morgens mit klingelnden Ohren aus dem Fabriktor hinauswankte, fühlte ich mich, als wäre ich der Hölle entronnen. Ich glaube nicht, dass sich mein Empfinden dieser unmenschlichen Tätigkeit durch inneres Loslassen grundlegend verändert hätte!

Doch wenn du nicht gerade in der Hölle arbeitest, dann lohnt es sich auf jeden Fall, aus dem alten Arbeitsbewusstsein auszusteigen und die Freude am Tun erst einmal dort zu entdecken, wo du heute bist. Du brauchst weder zu kündigen noch sehnsüchtig nach einem perfekten Job zu suchen – du kannst dich in ein neues Bewusstsein bewegen.

Der Weg in die Freude beginnt still und leise in deinem Inneren. Du richtest dich innerlich auf, wenn du aus dem alten Arbeitsbewusstsein aussteigst. Du wartest nicht darauf, dass sich die Umstände ändern, sondern triffst die Entscheidung, deinen Weg in die Freude zu beschreiten.

Die kindliche Freude wiederfinden

Meine Suche nach der ursprünglichen Freude am Tun brachte mich in Verbindung mit dem kindlichen Anteil in meinem Inneren. Als Kind gab es Momente, in denen ich eine tiefe Freude empfunden habe. Mir wurde klar, dass dieses innere Kind den Schlüssel zur Freude in der Hand hielt. Statt abgeklärt von oben herab auf mein inneres Kind zu blicken, schüttelte ich mein graues Erwachsenendasein ab und begann, wieder auf mein kindliches Selbst zu hören.

Viele erwachsene Menschen schämen sich erst einmal, wenn es darum geht, mit ihrem inneren Kind in Verbindung zu kommen. Doch genau das ist heilsam für uns, wenn wir keine Freude mehr empfinden können und alles, was wir tun, nur noch grau und anstrengend erscheint.

Keine Sorge, du sollst morgen früh keine Seifenblasen in deinem Büro schweben lassen oder Legotürme auf deinem Schreibtisch bauen. Aber wäre es nicht schön, wenn du das innere Leuchten und die freudige Beschwingtheit eines Kindes in dir wieder wahrnehmen könntest? Wäre es nicht schön, wenn deine Freude am Tun zurückkehren würde?

Dein inneres Kind hat Zugang zu einer Fähigkeit, die wichtig ist, wenn wir wieder in Freude handeln wollen: das Spielen.

Vielleicht schmunzelst du amüsiert und fragst dich, was es uns als Erwachsenen bringen soll, wenn wir wieder lernen zu spielen. Doch das spielerische Element ist ein wichtiger Baustein für erfolgreiches Arbeiten, egal in welchem Bereich. Ob du in deiner Arbeit als Ingenieur mehr originelle Ideen haben möchtest oder als Wissenschaftler neue Lösungen für die Probleme unserer Zeit finden willst – das spielerische Element erlaubt dir, das, was zu tun ist, mit neuen Augen zu betrachten.

Spielen ist eigentlich nichts anderes als eine absichtslose Annäherung an die Welt. Ein kleines Kind nimmt ein Steinchen in die Hand und wirft es ins Wasser. Platsch! Dann nimmt es das nächste Steinchen in die Hand und wirft es ebenfalls. Es fällt nicht ins Wasser, sondern auf den Sand. Plopp! Das nächste Steinchen fällt wieder ins Wasser. Platsch!

Während wir als Erwachsene danebenstehen und vielleicht etwas genervt warten, dass der Spaziergang endlich weitergehen kann, lernt das Kind eine ganze Menge. Es hat Raum, seine kindliche Entdeckerfreude auszuleben. Es staunt und beobachtet, was passiert, wenn es etwas tut. Was geschieht, wenn der Stein auf den harten Boden fällt? Was geschieht, wenn er ins Wasser fällt?

Das Schöne ist, dass das Kind nicht darüber nachdenkt, ob es vielleicht später einmal ein sportlicher Ballwerfer wird, der Rekorde bricht. Es denkt auch nicht über das Gesetz der Schwerkraft nach oder formuliert physikalische Formeln. Es überlegt nicht, ob es besonders intelligent wirkt, während es Steinchen wirft, sondern es geht völlig auf in dem, was es tut. Es lebt und fühlt und lernt, statt sich selbst kritisch zu beobachten und über sich selbst nachzudenken.

Heute sind wir oft so ernst bei der Sache und so sehr in unsere Gedanken verwickelt, dass uns die Freude verloren geht. Mir ging das so, als ich nach vielen Jahren zähem Deutschunterricht in der Schule gelernt hatte, so langweilig und angepasst zu schreiben, dass ich mich damit selbst zum Gähnen bringen konnte. Alles Fantasievolle, Abenteuerliche und Mitreißende hatte mir der Schulunterricht abtrainiert. Als ich dann irgendwann einen wöchentlichen Blog für meine Website schreiben wollte, bemerkte ich, dass ich dafür genau das brauche, was meine Lehrer mir damals mit dem Rotstift durchgestrichen hatten.

Doch wo war nun meine Fantasie? Wo war die mitreißende Leidenschaft? Wo war die Bereitschaft, aus der Reihe zu tanzen und authentisch zu sein? Sobald ich mich hinsetzte, um einen Blogbeitrag zu schreiben, war ich wieder mittendrin in meinem alten Schuldenken. Ich fühlte mich eingesperrt und bemerkte, dass meine Worte nicht flossen.

Es war ein Sack mit bunten Bauklötzchen, der meine Freude am Schreiben wieder aufweckte. Diesen hatte ich mir aus einem spontanen Impuls heraus gekauft und auf meinem Schreibtisch ausgeschüttet. Während ich über meinen nächsten Blogbeitrag nachdachte, baute ich kleine Türmchen aus Bauklötzen und bemerkte, dass meine Gedanken auf einmal wieder in Fluss kamen. Meine Verbissenheit löste sich. Ich nahm alles nicht mehr so ernst.

Meine nächsten Helfer waren dicke Buntstifte, mit denen ich Zeichnungen machte, bevor ich mit dem Schreiben begann. Während ich ein Strichmännchen nach dem anderen zeichnete, erwachte meine Begeisterung. Während ich zeichnete, strukturierte sich in mir der Text, den ich schreiben wollte, und auf einmal merkte ich, worum es eigentlich ging. Manchmal breitete ich meine Zeichnungen um mich herum auf dem Boden aus und schob sie so lange hin und her, bis ein sinnvoller Ablauf entstand.

Wenn ich mich dann hinsetzte, um zu schreiben, spürte ich einen lebendigen Schwung in meinem Inneren. Tatsächlich, da war eine Freude in mir. Das absichtslose Spielen hatte mir einen neuen Weg eröffnet, und ich schaute durch neue Augen. Kein Wunder, dass meine eigene Begeisterung dann auch auf meine Leser übersprang, wenn sie meine Beiträge lasen.

Vielleicht geht es dir wie mir, und du hast irgendwann verlernt zu spielen. Doch egal, wie alt du heute bist, dein inneres Kind ist immer noch da. Schließ deine Augen, und spür dieses Kind in deinem Inneren. Das geniale, lebensfrohe Kind in deinem Inneren wartet darauf, endlich wieder teilhaben zu dürfen an deinem Leben.

Natürlich gehst du ein Risiko ein, wenn du dein inneres Kind befreist und es einlädst, an deinem alltäglichen Leben teilzuhaben. Es kann dir passieren, dass du auf einmal deine Schuhe ausziehst und barfuß gehst. Es kann auch sein, dass du zu singen beginnst, während du im Wald spazieren gehst. Es kann passieren, dass du durch neue Augen schaust und dass deine Leidenschaft wieder erwacht.

Beginne damit, dir kleine Bereiche zu öffnen, in denen du das spielerische Element ausprobieren kannst. Du bist da und berührst etwas, bewegst etwas oder tust etwas. Du schaust, was passiert. Du achtest auf das leise Lachen in deinem Inneren. Du folgst dem freudigen Vibrieren in deiner Seele. Du lebst. Ganz und gar. Gerade wenn du absichtslos spielst, wird dieses Spiel dich auf neue Weise öffnen und genau dorthin bringen, wo du gerne hinmöchtest. Spielen öffnet eine neue Tür zum Leben.

Wenn das spielerische Element in deinem Alltag Einzug hält, kehrt auch die Freude in dein Handeln zurück.

Der Flow-Zustand

Kennst du das Gefühl, ganz im Fluss zu sein? Dieser Zustand ist wunderschön. Du bist vollkommen da, ganz lebendig, ganz wach. Das Leben kribbelt, und du bist eins mit dir. Du lässt dich führen von der liebevollen Intelligenz des Lebens, die dich im richtigen Moment an den richtigen Ort führt und dir zeigt, was der richtige nächste Schritt ist.

In diesem Zustand fühlst du dich beflügelt. Du fühlst dich durchströmt von Leben. Du kannst mit großer Leichtigkeit eine Menge bewegen. In diesem Zustand, der oft als Flowzustand bezeichnet wird, erledigst du die Aufgaben, für die du sonst zwei Stunden gebraucht hättest, in dreißig Minuten. Nicht weil du dich beeilst oder unter Druck setzt, sondern weil du unglaublich präsent bist.

Wenn du im Flowzustand bist, wunderst du dich manchmal oft selbst, wie elegant sich neue Lösungen finden und wie effizient alles klappt. Es braucht etwas Zeit, bis sich dein Körper an diesen intensiven Zustand gewöhnt, doch wenn der Flowzustand für dich zur Normalität geworden ist, fühlst du dich nach der Arbeit nicht mehr erschöpft, sondern ausgeglichen, erfüllt und lebendig.

Wie entsteht der Flowzustand? Als ich mich damit beschäftigte, fiel mir auf, dass es zwei grundlegende Urkräfte in unserer Erfahrungswelt gibt. Es gibt Geben und Annehmen – Spannung und Entspannung – Aktivität und Ruhe. Diese beiden grundlegenden Prinzipien des Lebens werden oft als »Yin und Yang« bezeichnet, oder als weibliche und männliche Energie.

Diese beiden ursprünglichen Energien stehen in einer engen Beziehung zueinander. Sind sie im Gleichgewicht, beginnt der Flowzustand. Je harmonischer diese beiden Energien zusammen arbeiten, umso produktiver sind wir.

Es ist übrigens ganz egal, ob du in einem männlichen oder einem weiblichen Körper steckst – du trägst auf Seelenebene immer sowohl eine weibliche als auch eine männliche Seite in dir. Deine Lebenskraft kann sich je nach Situation immer wieder auf zwei ganz unterschiedliche Arten ausdrücken – auf weibliche oder männliche Weise. Jede Seite zeigt uns eine Qualität des Lebens, die wichtig ist.

Unsere weibliche Seite lädt uns dazu ein, zu entspannen und in unsere innere Welt einzutauchen. Wenn wir intuitiv wahrnehmen, große Zusammenhänge begreifen und neue Potenziale wahrnehmen wollen, brauchen wir das weibliche Prinzip. Wenn wir das Neue annehmen, ihm Raum geben und erlauben, dass es reifen kann, dann leben wir unsere weibliche Seite.

Unsere männliche Seite lädt uns dazu ein, kraftvoll in die Welt zu schreiten. Wir befreien das Königreich unseres Lebens von störenden Einflüssen und schützen es vor Eindringlingen. Das männliche Prinzip ordnet, strukturiert und schafft Klarheit. In ihrer schönsten Form sorgt unsere männliche Seite dafür, dass zarte, schutzbedürftige Dinge einen sicheren Raum in der Welt haben, in dem sie sich vollständig entwickeln können.

Man könnte auch sagen, dass die weibliche Seite neue Impulse empfängt und reifen lässt. Die männliche Seite kommt zum Zug, wenn es darum geht, die Impulse im Außen umzusetzen und zu verwirklichen. Wie bei einem Yin-Yang-Zeichen entsteht ein unendlicher Kreislauf der Schöpfung, wenn die weibliche und die männliche Seite in ein harmonisches Gleichgewicht kommen.

Als Menschen bewegen wir uns fortwährend zwischen diesen beiden Urkräften hin und her. Mal sinken wir in die Ruhe und erleben das weibliche Element – und mal trägt uns das Leben in die Aktivität, in das männliche Element. Ein Leben, in dem wir uns ausgeglichen und wohlfühlen ist nur möglich, wenn diese beiden Kräfte einander ergänzen und zusammenspielen.

Im Idealfall lebst du beide Seiten – sowohl deine weibliche als auch deine männliche Seite, je nachdem, was in einer bestimmten Situation angemessen ist. Das bedeutet übrigens nicht, dass Männer dadurch weniger männlich oder Frauen weniger weiblich werden. Es geht lediglich um das Sicheinlassen auf die unterschiedlichen Formen der schöpferischen Kraft. Je mehr wir beide Seiten von uns leben, desto leichter wird es, produktiv zu sein und tatsächlich etwas zu bewegen.

Vielleicht würdest du gerne in Freude aktiv sein, aber du spürst, dass deine handelnde Kraft blockiert ist? Unsere handelnde Kraft kann nur fließen, wenn das männliche und das weibliche Prinzip in unserem Leben im Gleichgewicht sind. Solange es dir schwerfällt, in Fluss zu kommen und die Dinge zu erledigen, die anstehen, gibt es irgendwo ein inneres Ungleichgewicht.

Ich halte übrigens wenig davon, dass wir versuchen, uns durch Druck oder oberflächliche Motivationssprüche zu mehr Leistung anzutreiben. Wenn die handelnde Kraft ins Stocken gerät, schaue ich lieber nach den tieferen Ursachen.

Es gibt zwei grundlegende Ungleichgewichte, die dafür verantwortlich sein können, wenn wir uns blockiert fühlen. Entweder wir haben einen Überschuss vom männlichen Prinzip oder einen Überschuss vom weiblichen Prinzip in unserem Leben.

Burn-out – zu viel männliche Energie

Beginnen wir erst einmal mit einem Problem, das heute sehr viele Menschen haben. Wir leben in einer Welt, in der die männlichen Attribute wie Zielstrebigkeit, Stärke und Durchsetzungsvermögen allgemein besonders wertgeschätzt werden. Die männliche Seite ist in der Tat sehr wertvoll, doch wenn wir sie einseitig leben, kann das sehr belastend für uns werden.

Unsere Körper sind nicht dafür gedacht, dass wir sie auf einseitige Weise nutzen. Der Körper entfaltet seine Kraft am besten, wenn er rhythmisch zwischen Phasen von Aktivität und Phasen von inwärts gerichteter Ruhe pendeln darf. Nutzen wir nur unsere männliche Seite, dann fehlt uns etwas. Durch die ständige Aktivität brennt der Körper irgendwann aus.

Lange bevor es zu einem Burn-out kommt, kann man die Auswirkungen von zu viel männlicher Energie bereits beobachten. Alles wird immer anstrengender und härter. Man verliert die Freude am Tun und führt seine Aufgaben routinemäßig aus, wie ein teilnahmsloser Roboter. Die Arbeit wird unpersönlich und langweilig. Es gibt keinen Raum mehr für wirklich neue, geniale Ideen, sondern man produziert immer wieder nur eine Kopie von dem, was es bereits im Übermaß gibt.

Wenn du unter einem solchen Zustand leidest, liegt die Lösung für das Ungleichgewicht darin, die fehlende Seite in deinem eigenen Inneren wieder wahrzunehmen und in dein Leben einzubringen. Nimm Kontakt auf mit der weiblichen Seite, und gib dir Gelegenheit, deine weibliche Seite besser kennenzulernen.

Gerade für die weibliche Seite lernen wir heute oft wenig Wertschätzung und wissen nicht so recht, dass auch sie eine wichtige Kraft für unser Leben ist. Deine weibliche Seite lädt dich dazu ein, dich nach innen hin zu öffnen und dich mit der Quelle neuer Ideen und innerer Impulse zu verbinden. Du nimmst das Neue wahr, nimmst es an und erlaubst, dass es auf die Erde kommt.

Alle wirklich einzigartigen Errungenschaften sind in diesem Zustand entstanden. Albert Einstein saß nicht mit rauchendem Kopf am Schreibtisch, während ihm die genialsten Ideen kamen. Nein, die hatte er, während er entspannt spazieren ging oder mit seiner Pfeife in seinem Lehnstuhl saß und seine intuitive, empfängliche Seite aktiv war.

Im Sumpf stecken – zu viel weibliche Energie

Nicht dass du glaubst, dass nur die männliche Seite in ein Extrem geraten kann – genau dasselbe kann uns natürlich auch mit der weiblichen Seite passieren. Wenn wir unsere weibliche Seite zu einseitig leben, hat das ebenfalls ungünstige Folgen für unser Leben. Dann sitzen wir viel zu oft passiv da und träumen herum, doch wir beginnen nie, etwas in die Realität zu bringen.

Ein Überschuss an weiblicher Energie kann auch dazu führen, dass wir immer nur die anderen Menschen in unserem Leben unterstützen und ermutigen, während unsere eigenen Fähigkeiten unentwickelt bleiben.

Menschen, die zu sehr in ihrer weiblichen Seite festhängen, beschreiben oft, dass sie sich fühlen, als würden sie in einem Sumpf stecken. Allein der Gedanke, etwas zu verändern, ist anstrengend. Jeder Tag beginnt mit vagen Ideen, die dann wieder auf unbestimmte Zeit verschoben werden. Am Ende bewegt sich dann überhaupt nichts.

Zu viel weibliche Energie kann auch dazu führen, dass man sich zu viel mit sich selbst beschäftigt, jede innere Stimmungsschwankung beobachtet und glaubt, dass man ständig innerlich an sich arbeiten muss. Mit der Zeit entsteht zwar ein großer innerer Erfahrungsreichtum, der jedoch keine Entsprechung auf der äußeren Ebene hat. Wenn die weibliche Seite zu viel Raum einnimmt, ist man innerlich vielleicht reich, aber äußerlich arm.

Die Lösung für dieses Ungleichgewicht ist, Frieden zu schließen mit der eigenen männlichen Seite. Oftmals lehnen wir unsere männliche Seite ab, weil wir die unterstützende und heilsame Kraft dieser Seite nie kennengelernt haben. Wenn die Menschen in unserem Leben uns nicht gezeigt haben, dass die männliche Seite etwas sehr Positives beinhaltet, dann wollen wir nichts mehr damit zu tun haben.

Wer in einer Familie von erfolgshungrigen Unternehmern aufgewachsen ist, der wird vielleicht glauben, dass das Einbringen von männlicher Energie zwangsläufig bedeutet, sich ständig auf unmenschliche Weise zu überarbeiten. Wer den Druck in der heutigen Arbeitswelt erfahren hat, glaubt vielleicht, dass eine gesunde männliche Energie so aussieht. Doch das stimmt nicht!

Ich glaube, es ist wichtig, dass wir die liebevolle, natürliche Kraft unserer männlichen Seite wieder erfahren. Deine männliche Seite lädt dich dazu ein, deine handelnde Kraft in Freude einzubringen. Du darfst erleben, wie gut es deinem Körper tut, wenn diese Kraft dich durchströmt und du etwas bewegst. Deine männliche Energie kann ein neues Gleichgewicht in dein Leben bringen und dafür sorgen, dass dein innerer Reichtum nicht länger unsichtbar bleibt, sondern ganz real in dein Leben kommt.

Flow – weibliche und männliche Energie in Balance

Um in den Flowzustand zu kommen, müssen wir üben, sowohl die weibliche als auch die männliche Seite unserer Lebensenergie wieder einzubringen. Als ich täglich trainierte, in meinen Flow zu kommen, kam ich mir wie jemand vor, der surfen lernen will. Das Ziel eines Surfers ist, eins zu werden mit der Kraft der Welle, die ihn vorwärtsträgt. Doch es braucht eine Menge Übung auf dem Weg dorthin.

Oft war ich zu verbissen und angespannt und konnte der Bewegung der Wellen nicht folgen. Das männliche Prinzip nahm zu viel Raum ein, ich strengte mich übermäßig an und verkrampfte mich, und – platsch! – schon fiel ich vom Surfbrett herunter. Dann gab es wieder Situationen, in denen ich zu passiv war und nicht die nötige Kraft hatte, um der Welle standzuhalten. Das weibliche Prinzip war zu dominant. Platsch – auch dann fiel ich vom Surfbrett.

Doch immer öfter gab es Momente, in denen ich gleichzeitig entspannt und doch konzentriert war. Männliche und weibliche Energie in einer perfekten Balance. Immer wenn diese beiden gegensätzlichen Kräfte in mir im Gleichgewicht waren, begann der Flowzustand. Die Zeit löste sich auf. Ich tauchte ein in einen magischen, schöpferischen Zustand. Es ist eine wundervolle Erfahrung. Frische, lebendige Ideen strömen ein. Entschlossenes, zielstrebiges Handeln wird möglich. Arbeit im Flowzustand ist keine Arbeit, wie wir sie kennen. Im Flowzustand erlebst du tiefste Erfüllung, du wirst eins mit dem Leben – dein Tun verschmilzt mit deinem Sein.

ÜBUNG: Das spielerische Element einbringen

Wähle dir eine Tätigkeit, die dir bisher schwergefallen ist und dir wenig Freude gemacht hat. Nimm dir Zeit, um dich mit dieser Tätigkeit zu beschäftigen, ohne ein bestimmtes Ergebnis erreichen zu wollen.

Gib dir die Erlaubnis, das spielerische Element in diese Tätigkeit hineinzubringen. Schließ deine Augen, verbinde dich mit deinem inneren Kind, und nimm wahr, welche Art von Spiel diese Tätigkeit vielleicht bereichern könnte.

Folge deinem inneren Kind, und gib dir Zeit zu spielen. Hol dir alles, was dein inneres Kind zum Spielen haben möchte. Vielleicht will es etwas benutzen, was bereits da ist – oder Dinge, die du ihm extra neu besorgst? Probier es aus, und fang an zu spielen. Lass die Erwartungen an dich selbst los, und achte auf das, was du fühlst. Achte auf deinen Körper. Auf den Fluss deiner Lebensenergie. Auf die leise Freude, die dabei aufkommt.

Wenn du dich in dein Spiel vertiefst, können neue Ideen auftauchen. Was vorher ernst und schwer war, darf leichter werden. Dein inneres Kind zeigt dir neue Wege, Abkürzungen und Ruheplätze in der Landschaft deiner Tätigkeit.

Beende dein Spiel, und spüre für einen Moment nach. Beobachte, was sich verändert hat. Wiederhole diese spielerische Kontaktaufnahme mit deiner Tätigkeit, sooft du magst. Vielleicht möchtest du eine tägliche Gewohnheit daraus machen, die deine kindliche Freude weckt und immer tiefer in dein Leben bringt?

FLOW

Atemerfahrung für mehr Schwung

Download-Link:
https://leahamann.de/leben-lieben-leuchten-download/

11

Deine Seelenaufgabe finden

Hörst du das Lied deiner Seele? Sie lässt es erklingen, um dich zu erinnern. Sie singt, um dich aufzuwecken. Auch wenn du sie momentan nicht hörst, sie wird es weiterhin tun. Inmitten von Hochhäusern, Großraumbüros und Alltagsgrau lädt sie dich ein, ihr wieder zuzuhören. Egal, wie gut du dich versteckt hast, deine Seele erinnert dich daran, dass ein Abenteuer auf dich wartet. Hinter deiner sorgfältig errichteten Fassade erklingt das wahre Lied deines Lebens. Deine Seele singt von Weite, von Sonnenaufgängen und neuen Horizonten. Sie gibt nicht auf. Egal, wohin du gehst. Egal, was du tust. Sie singt dein Lied.

* * *

Deine Bestimmung wartet wie ein Samenkorn in deinem Inneren darauf, sich entfalten zu dürfen.

* * *

Hast du schon mal ein Abenteuer erlebt? Wenn man sich auf ein Abenteuer einlässt, verlässt man die ausgetrampelten Pfade, die man bereits kennt, und findet seinen eigenen Weg. Jedes wirkliche Abenteuer beinhaltet eine innere Herausforderung, an der man wachsen kann. Wer ein Abenteuer bestanden hat, hat nicht nur etwas in der Welt bewegt, sondern kehrt auch verändert nach Hause zurück. Ein Abenteuer weckt einen Teil von uns, den wir sonst wahrscheinlich gar nicht entdeckt hätten.

Nachdem ich mein Kunststudium abgebrochen hatte, begann ein Abenteuer in meinem Leben, das viele Jahre andauerte. Ich begann nach meiner wahren Bestimmung zu suchen. Tief in meinem Inneren spürte ich die Gewissheit, dass ich nicht zufällig auf der Erde bin. Ich war mir auch ziemlich sicher, dass kein Mensch jemals überflüssig ist, sondern dass jeder Einzelne von uns in der Welt gebraucht wird. Es mag vielleicht so scheinen, als gäbe es einige wenige besondere Menschen, die eine spezielle Bestimmung haben, und viele andere, die keine besitzen. Ich war aber davon überzeugt, dass das nicht stimmt. *Jeder* Mensch hat eine Bestimmung.

Wenn man andere Menschen sieht, die ganz in ihrem Element sind und das tun, was ihnen entspricht, und damit auch noch Erfolg haben, mag es so scheinen, als sei ihre Bestimmung immer schon ganz deutlich für sie gewesen. Es ist so leicht, zu glauben, dass man die eigene Bestimmung auf einem geraden, völlig logischen, von vorne bis hinten durchgeplanten Weg findet. Doch das ist selten der Fall.

Oft sehen wir im Außen nur das fertige Endergebnis, das sich jemand im Laufe vieler Jahre erarbeitet hat. Den langen Weg dorthin, mitsamt Umwegen und Durststrecken, den sehen wir nicht. Wir sehen nicht die Phasen der Selbstzweifel und des Misserfolgs, durch die derjenige gegangen ist. Doch wenn du die Biografien von Menschen liest, die in ihrem Leben wirklich etwas bewegt haben, wirst du staunen, welche wilden Kurven und Umwege ihr Weg oft machte.

Um deine Bestimmung zu entdecken, musst du dir bewusst machen, dass du sie bereits in dir trägst. Deine Bestimmung ist nicht irgendwo dort draußen zu finden, sondern tief in deinem Inneren. Statt nach außen zu schauen und dort nach etwas zu suchen, solltest du zunächst damit beginnen, deine Bestimmung in dir selbst wahrzunehmen.

Deine Bestimmung gleicht einem Samenkorn, das im Verborgenen darauf wartet, dass endlich die richtigen Umstände für Wachstum gegeben sind. Solange das Samenkorn an einem trockenen Ort in einer Tüte verpackt im Regal liegt, tut sich gar nichts. Doch wenn du das Samenkorn mit der Erde, dem Wasser, der Sonne und der Luft in Berührung bringst, dann beginnt es zu wachsen.

Jeder Gärtner weiß, dass es eine Menge Einsatz und Geduld braucht, bis aus einem kleinen Samenkorn eine ausgewachsene Pflanze wird, die Früchte trägt. Ganz genauso verhält es sich mit deiner Bestimmung!

Wenn du Sehnsucht danach hast, dein wahres Potenzial zu verwirklichen und herauszufinden, was du der Welt zu geben hast, dann solltest du ein guter Gärtner für dich selbst werden und das Samenkorn deiner Bestimmung so lange hegen und pflegen, bis aus ihm ein stattlicher Baum geworden ist, an dem du dich anlehnen kannst und dessen Früchte dich nähren.

Während du deine Bestimmung verwirklichst, unterstützen dich auch in deinem persönlichen Leben die vier elementaren Kräfte: Erde, Wasser, Feuer und Luft. Jedes dieser Elemente begleitet einen wichtigen Wachstums- und Entwicklungsschritt auf deinem Weg. Im Folgenden möchte ich dich einladen, zu entdecken, wie dir jedes dieser vier Elemente einen wichtigen Schritt in deine Bestimmung zeigen kann.

Erde: Höhlenzeit

Hast du schon einmal Samenkörner in die Erde gelegt und dann tagelang darauf gewartet, dass sich endlich etwas tut? Die wunderbarsten Pflanzen beginnen ihr Wachstum unsichtbar, tief im Inneren der Erde. Genauso ist es auch mit deiner Bestimmung. Wenn du ihr wirklich nahekommen möchtest, musst du eintauchen in dein Inneres.

Du brauchst Zeit für dich, in der du dich nicht von äußeren Eindrücken ablenken lässt, sondern ganz auf dich selbst konzentriert bleibst. In vielen naturbezogenen Kulturen gab es Rituale, die junge Menschen dabei unterstützen sollten, ihre Gabe zu entdecken. Oft gehörten tagelanges Fasten, der Rückzug in die Einsamkeit oder körperliche Herausforderungen dazu. Das Besondere, das jeden Menschen auszeichnet, sollte bewusst gesucht und mit zurück ins tägliche Leben gebracht werden.

Ich glaube, vielen Menschen fehlt heute der innere Raum, um wahrzunehmen, was ihr Potenzial ist. Täglich werden wir bombardiert mit so vielen Bildern und Eindrücken von außen. Wir nehmen viel mehr Informationen und Eindrücke auf als jemals zuvor – oftmals weitaus mehr, als gut für uns ist. Doch wenn wir mit so vielen fremden Bildern und Ideen angefüllt sind, haben unsere eigenen Bilder keinen Raum, um aus unserem Inneren aufzusteigen. Unsere eigenen Ideen können nicht zum Vorschein kommen. Es tut wirklich gut, sich immer wieder einmal für eine Weile von der äußeren Welt zurückzuziehen, alle Geräte auszuschalten, alle Magazine und Bücher beiseitezulegen und sich Zeit zu nehmen, ganz in die eigene innere Welt einzutauchen.

Das Element Erde erinnert dich daran, dass sich dein Potenzial noch unsichtbar in deinem Inneren befindet. Es kann gut sein, dass hier und da bereits Zeichen deines Potenzials aufscheinen, aber das Eigentliche wartet in deinem Inneren darauf, endlich wachsen zu dürfen.

Was brauchen wir, während wir darauf warten, dass die ersten grünen Triebe endlich aus der Erde kommen? Wir brauchen eine Menge Geduld. Deine Bestimmung ist Teil deiner Seele. Es ist ein langfristiger Prozess, deine Bestimmung in die Welt zu bringen und zu leben. Es ist ein Abenteuer, das vor allem am Anfang von dir verlangt, dich jeden Tag geduldig mit dem Neuen zu verbinden, und das, ohne genau zu wissen, wann endlich etwas sichtbar werden wird.

Nimm dir Zeit, um dich täglich mit deiner Bestimmung zu verbinden und intuitiv Kontakt mit ihr aufzunehmen. Das mag anfangs etwas entmutigend für dich sein, denn du begegnest dabei erst einmal nur einem Samenkorn, das noch nicht viel über sich verrät. Doch wenn du geduldig bist und dich jeden Tag mit deiner Bestimmung verbindest, ihr Aufmerksamkeit schenkst und Ja zu ihr sagst, beginnt das Samenkorn zu keimen. Deine Präsenz, dein inneres Ja und deine Bereitschaft, all das wahrzunehmen, was noch nicht sichtbar ist, aktivieren deine Bestimmung.

Am Anfang kannst du also noch nicht sagen, was deine Bestimmung ist oder wohin sie dich führen wird. Das kann in unserer

Welt, die so viel Wert auf Äußerlichkeiten legt, ziemlich frustrierend sein. Schließlich wollen wir etwas vorweisen können. Das Element Erde fordert dich dazu auf, alle Äußerlichkeiten links liegen zu lassen und darauf zu vertrauen, dass unter der Oberfläche etwas Wertvolles heranreift.

Deine Bestimmung beginnt wie ein Samenkorn, unsichtbar in der Erde. Geschützt und gehalten in der nährenden Kraft der Erde, kann der Wachstumsprozess beginnen.

Wasser: In Fluss kommen

Das Element Wasser läutet die nächste Phase der Entwicklung ein. Du bist eingeladen, die tiefe, lebendige Kraft deiner Bestimmung wahrzunehmen und sie fließen zu lassen. Die geballte Kraft, die in einem Samenkorn steckt, wird durch das Wasser geweckt. Deine Bestimmung, die du tief in deinem Inneren entdeckt hast, darf nun in die Welt fließen und etwas in Bewegung bringen. Es geht darum, das Neue, das du wahrgenommen und entwickelt hast, zu genießen und wachsen zu lassen.

Das Element Wasser ist unglaublich heilsam, und ich würde sagen, es ist das Element, das uns heutzutage am meisten fehlt. So viele Menschen versuchen, ihre Projekte mithilfe ihrer eigenen begrenzten Kraft in Schwung zu bringen. Dabei werden wir leicht zu einer Art Hamster, der täglich in seinem Rad läuft, ohne jemals irgendwo anzukommen. Wir hoffen zwar verzweifelt, dass unser Leben irgendwann wieder ruhiger wird, doch wir rasen ständig weiter. Oft ist es dann unser Körper, der uns letztendlich darauf aufmerksam macht, dass ein Umdenken notwendig ist.

Das heilsame Element des Wassers lädt uns dazu ein, zu erkennen, dass es eine sehr viel größere Kraft in unserer Bestimmung gibt. Sie wartet nur darauf, dass wir ihr die Erlaubnis geben, in Fluss zu kommen und *für uns* zu arbeiten. Statt zu schuften, um zu überleben, dürfen wir lernen, die Kraft des Lebens für uns arbeiten zu lassen.

Das Element Wasser lädt uns dazu ein, die tiefere Ebene des Neuen zu entdecken, die nicht durch unser aktives Handeln zugänglich wird, sondern durch ein entspanntes inneres Loslassen. Wir lassen das Wasser fließen. Wir lassen zu, dass die tiefere Kraft unserer Bestimmung in die Welt strömt und genau die Menschen erreicht, die sie erreichen soll.

Das Wasser lädt uns dazu ein, die Perspektive zu wechseln. Wenn wir mit dem Wasser in Berührung kommen, atmen wir tief durch und lassen innerlich los.

Das Element Wasser hat auch sehr viel mit Annehmen zu tun. Es zeigt uns, dass es bei unserer Bestimmung nicht nur darum geht, etwas zu geben, sondern auch darum, etwas anzunehmen. Es erinnert uns daran, uns innerlich für das Neue zu öffnen und zu erlauben, dass es in unser Leben kommen und wachsen darf. Wasser lädt uns dazu ein, uns in eine empfangende Schale zu verwandeln, in die das Neue hineinfließen kann.

Feuer: Ärmel hochkrempeln und loslegen

Das Element Feuer wird wichtig, wenn der Funke deiner Leidenschaft plötzlich erwacht und du spürst: »Das ist es! Das will ich machen!« Das Feuer lädt dich dazu ein, ganz klar Ja zu sagen und dich von ganzem Herzen für eine einzige Sache zu entscheiden. Jetzt ist es an der Zeit, entschlossen zu handeln.

Es ist so ähnlich, als wolltest du in der freien Natur ein Lagerfeuer entfachen. Es entsteht so etwas wie ein Funken, der dann möglichst schnell mit leicht brennbarem Material in Berührung kommen muss. Oft musst du erst einmal kräftig pusten, damit der Funken sich in eine kleine Flamme verwandelt. Wenn du bereit bist, dich für den notwendigen Zeitraum vollständig auf eine Sache zu konzentrieren und deine ganze Kraft einzusetzen, wirst du mit einem Feuer belohnt, das dich wärmt.

Leider leben wir in einer Zeit, in der wir uns allzu leicht ablenken lassen und oft große Angst haben, uns für eine gewisse Zeit auf eine einzige Sache festzulegen. Wir haben Angst, etwas zu verpassen, und versuchen, drei oder vier unterschiedliche Feuer gleichzeitig zum Brennen zu bringen. Wenn ein Feuer nicht sofort so lodert, wie wir uns das vorgestellt haben, gehen wir weiter zur nächsten

Möglichkeit und probieren es dort erneut. Doch wer sich niemals wirklich auf eine Sache einlässt, wird nur ständig etwas Neues beginnen und nie etwas zum Abschluss bringen.

Eine Klientin von mir hatte eine heilsame Begegnung mit dem Feuer, als ihr klar wurde, dass sie immer wieder neue Projekte begann – und sie umgehend wieder abbrach, sobald Zweifel aufkamen. Sie sehnte sich danach, endlich die Früchte ihrer eigenen Arbeit zu ernten. Als ich ihr vorschlug, sich auf ein einziges Projekt einzulassen und einmal vollständig durch die feurige Arbeitsphase zu gehen, gab es viele Ängste zu überwinden. Instinktiv war sie vor dem Feuer zurückgewichen, aus Angst, darin zu verbrennen. Doch als sie sich dem Feuer stellte, wurde ihr klar, dass letztendlich nur das verbrennt, was nicht zu ihr gehört.

Das Element Feuer half ihr dabei, zum ersten Mal wirklich Ja zu sagen und ein Projekt zum Abschluss zu bringen. Sie war stolz auf sich und entwickelte eine ganz neue Ausstrahlung. Sie wirkte lebendig, wach und präsent. Ihre Augen leuchteten, wenn sie über ihr Projekt sprach – und das war einfach ansteckend!

Das Element Feuer zeigt dir einen wichtigen Schritt auf dem Weg in deine Bestimmung. Das Feuer entfacht, was in dir steckt. Und das Feuer bewirkt gleichzeitig auch eine Reinigung. Das Feuer verbrennt alte innere Schichten von Zweifel und Zurückhaltung. Solltest du einmal auf einer falschen Fährte sein und dich in etwas verrannt haben, was gar nicht zu dir passt, kannst du dich darauf verlassen, dass die Begegnung mit dem Feuer alles verbrennt, was nicht wahrhaftig ist.

Deine innere Entschlossenheit erwacht in der feurigen Phase. Es ist der Teil von dir, der zutiefst entschlossen und bereit ist, alles zu geben. Du wirst zum mutigen Helden deines eigenen Lebens. Du wirst herausgefordert, gedehnt und gestreckt – damit du werden kannst, wer du wirklich bist. Das Einlassen auf das Element Feuer verwandelt das, was du tust, und es verwandelt dich selbst. Es ist spürbar, wenn jemand mit ganzem Herzen bei der Sache ist und sich mit ganzer Kraft einsetzt. Diese Kraft erkennt man dann in allem, was du tust.

Das Feuer lädt dich ein, kontinuierlich an der Realisierung deiner Bestimmung zu arbeiten. Du verwandelst dich von jemandem, der schöne Ideen hat, zu einem Menschen, der seine Träume realisiert. Du bist bereit, dich ausdauernd und mit ganzer Kraft für ihre Verwirklichung einzusetzen. Es kann allerdings gut sein, dass du in einer feurigen Phase besonders gefordert bist und mehr zu tun hast als sonst.

Wenn dein inneres Feuer entfacht ist, wirst du ganz von selbst zur Inspiration für andere Menschen. Du richtest dich innerlich auf. Die wahre Stärke, die in deinem Inneren geschlummert hat, kommt jetzt zum Vorschein. Was du in die Welt bringst, bekommt eine kraftvolle Ausstrahlung. Deine Bestimmung beginnt zu leuchten.

Luft: Das Neue wachsen lassen

Wenn du dich eine Weile jeden Tag mit deiner Bestimmung verbindest und sie mit Leben erfüllst, wirst du schon bald bemerken, dass Ideen und neue Impulse in dein Leben kommen. Es ist, als ob dir deine Bestimmung neue Einblicke gewährt und dich einlädt, ihnen zu folgen.

Achte auf die Gedanken und Impulse, die dich deiner Bestimmung näher bringen. Du kennst inzwischen die Energie deiner Bestimmung. Du weißt, wie sie sich anfühlt. Du kannst mit wachem Blick genau erkennen, wenn die Impulse kommen, die sich im Einklang mit deiner Bestimmung befinden und dich auf deinem Weg weiterbringen.

Das Element Luft lädt dich dazu ein, mit den verschiedenen Impulsen und Ideen zu spielen. Spielen bedeutet, dass du verschiedene Möglichkeiten ausprobierst, ohne das Ganze gleich allzu ernst zu nehmen oder dich sofort festzulegen. Du erwartest keine Perfektion von dir, du triffst keine endgültigen Entscheidungen, sondern du lässt dir Zeit, um ganz spielerisch mal hier und mal da etwas auszuprobieren.

Vielleicht möchtest du dir deine Ideen notieren oder sie zeichnen? Vielleicht möchtest du spazieren gehen und innerlich mit verschiedenen Möglichkeiten spielen? Vielleicht möchtest du ein

Praktikum machen, das dich anspricht, oder dich mit Leuten treffen, die bereits etwas tun, was dich interessiert?

Heutzutage neigen wir dazu, uns sofort festlegen zu wollen und aus dem Kopf heraus zu beurteilen, was unsere Bestimmung ist und wie wir sie umsetzen werden. Doch mit dieser inneren Haltung ist kein Wachstum möglich. Wenn wir lediglich auf unseren Verstand hören, können wir aus unserer Bestimmung ein Gefängnis machen, in dem wir uns eingesperrt und unwohl fühlen. Wir brauchen eine innere Haltung, in der wir spielerisch mit unserer Bestimmung in Berührung kommen und herausfinden können, was zu uns passt – und was nicht.

Die spielerische Phase gibt dir die Gelegenheit, zu entdecken, auf welche Weise sich deine Bestimmung ausdrücken will. Du kannst spielerisch ausprobieren, wie du deine Fähigkeiten am liebsten einbringen möchtest. Übe, experimentiere und sammle Erfahrungen. So findest du heraus, was dir am meisten liegt und was am besten zu deiner Bestimmung passt.

Als ich auf dem Weg in meine Bestimmung in der »luftigen Phase« war, hatte ich auf einmal den Impuls, meine zunächst nur für mich ganz persönlich aufgeschriebenen Seelenbotschaften in einem spirituellen Forum zu veröffentlichen. Ich wusste zwar nicht, wozu das gut sein sollte, aber ich habe es trotzdem getan. Dass ich durch dieses spielerische Teilen meiner eigenen Wahrnehmung das Fundament für meine ersten Coaching-Sitzungen legte, wusste ich damals natürlich noch nicht. Ich spielte, fand heraus, was ich zu geben habe, und war innerlich offen dafür, mehr zu entdecken.

Das luftige Element hilft dir beim Anfangen, bei den ersten vorsichtigen Schritten in die Wirklichkeit. Durch das Spiel mit den Möglichkeiten beginnt sich ein Weg für dich abzuzeichnen. Wenn du dich auf diese Wachstumsphase einlässt, strömt deine Bestimmung aus den unsichtbaren Bereichen ganz behutsam in deine Wirklichkeit ein.

Sobald du einmal durch den Wachstumskreislauf der vier Elemente hindurchgegangen bist, beginnt das Spiel von Neuem. So wie sich die Jahreszeiten rhythmisch wiederholen, so wirst du den vier Elementen auch immer wieder von Neuem begegnen.

Auch wenn du deiner Bestimmung bereits auf der Spur bist, wird die Begegnung mit dem Element Erde dich immer wieder daran erinnern, dass es für dich hilfreich sein kann, dich eine Weile zurückzuziehen und tief in deine innere Welt einzutauchen. Das Wasser trainiert dich darin, innerlich loszulassen, dem Fluss zu vertrauen, deinen Erfolg dankbar anzunehmen und wachsen zu lassen. Das Feuer macht deutlich, wenn es Zeit wird, auf einer tieferen Ebene Ja zu sagen, deine Ärmel hochzukrempeln und dich mit ganzer Kraft für etwas einzusetzen. Das Element Luft lädt dich ein, in der Leichtigkeit zu bleiben. Es kann dir auch dabei helfen, deine Kommunikation zu verbessern und kristallklar die Essenz dessen auszudrücken, was du zu geben hast.

Durch diese rhythmisch wechselnden Phasen auf deinem Weg wird es nie langweilig, und dein Körper wird nie einseitig belastet. Jedes Element zeigt dir immer wieder etwas Neues, und jedes Element entfaltet einen weiteren Teil deiner Bestimmung. Von einer vagen Ahnung, die du tief in dir trägst, zum Vertrauen in den schöpferischen Fluss über den leidenschaftlichen Einsatz bis hin zum spielerischen Entfalten und entspannten Teilen mit der Welt wird dich jedes Element dazu einladen, dem Weg deiner Bestimmung zu folgen.

So wie jedes Samenkorn einen ganz eigenen Entwicklungsweg hat, bis eine ausgereifte Pflanze vor uns steht, so hat auch deine Bestimmung ihren eigenen Weg. Es gibt zum Beispiel Menschen, bei denen dauert die Phase, in der ihre Bestimmung unsichtbar im Inneren heranreift, viele Jahre. In ihrem Leben scheint sich oberflächlich betrachtet nur wenig zu verändern, doch innerlich wächst die Verbundenheit zu ihrer Bestimmung jeden Tag weiter.

Das Realisieren deiner eigenen Bestimmung kann nicht erzwungen werden. Es ist keine Entscheidung, die wir mit dem Kopf treffen und dann aus eigener Kraft umsetzen können. Deine Bestimmung ist ein Teil des Potenzials deiner Seele, und deine Seele bestimmt mit, wann der richtige Zeitpunkt ist und in welchen rhythmischen Schritten deine Bestimmung sich entfaltet.

Der Weg in deine Bestimmung ist ein Abenteuer. Du weißt nicht im Voraus, wohin dich dein Weg führen wird und welche Höhen und Tiefen unterwegs auf dich warten. Du kannst jedoch spüren, wenn dir tief in deinem Inneren etwas zuflüstert, dass die Zeit reif ist. Du kannst die Sehnsucht fühlen, dein wahres Potenzial zu entfalten und herauszufinden, warum du hier bist.

Liebe in Aktion

Warst du schon mal unzufrieden darüber, dass manche Dinge in unserer heutigen Welt nicht so laufen, wie sie vielleicht idealerweise laufen könnten? Hast du schon mal in dir die tiefe Gewissheit gespürt, dass es einen besseren Weg geben muss? Hast du schon mal von einer anderen Art Schule, einem anderen Umgang mit der Natur oder einer anderen Art der Energiegewinnung geträumt? Merkst du manchmal, dass hinter unserer alltäglichen Realität, an die wir so gewöhnt sind, neue Möglichkeiten warten, die einfach nur entdeckt und eingebracht werden wollen?

Wenn du spürst, dass es da noch mehr geben muss, dann nimmst du den großen Entwicklungsplan für die Menschheit wahr. So, wie es für jeden einzelnen Menschen einen idealen Entwicklungsplan gibt, der uns den Weg weisen möchte, damit sich unser volles Potenzial entfalten kann, so gibt es auch für die ganze Erde und die gesamte Menschheit einen idealen Entwicklungsplan. Die Liebe, die uns ins Leben gerufen hat, möchte, dass die gesamte Erde sich auf liebevolle Weise weiterentwickeln kann. Diese Liebe hat einen wunderbaren Entwicklungsplan – für jeden einzelnen Menschen und für die gesamte Menschheit.

Damit auf der großen Ebene liebevolle Veränderungen eintreten können, werden viele einzelne Menschen gebraucht, die bereit sind, ihren Teil mit einzubringen. Jeder von uns hat eine Aufgabe. Jeder von uns kann seinen Teil beitragen. Deine Bestimmung zeigt dir, wie du das einbringst, was dich erfüllt – und dazu beiträgst, dass unsere Welt sich in eine liebevollere Richtung weiterentwickeln kann.

Als ich mich selbstständig machte, sagte ich mir oft schmunzelnd, dass ich eigentlich gar nicht selbstständig bin, sondern in »Gottes Firma« mitarbeite. Wenn ich morgens in mein Arbeitszimmer gehe, lehne ich mich innerlich zurück und klinke mich ein in den großen, liebevollen Plan. Ich sage: »Hier bin ich. Mit allem, was ich kann und weiß. Was kann ich heute einbringen? Wie kann ich heute heilsam wirken? Was kann ich heute dafür tun, dass sich unsere Welt in eine liebevolle Richtung entwickelt?« Dann nehme ich wahr, welche Aufgaben mir gezeigt werden.

Das Schöne ist, dass ich mich nicht aufopfere, indem ich meine Aufgaben erledige. Alles, was ich tue, ist auch dafür da, mich selbst auf meinem eigenen Entwicklungsweg weiterzubringen. Ich bin eingeladen, mehr Liebe anzunehmen, in Freude zu handeln und mich innerlich wohlzufühlen. Aus dieser Liebe entspringt mein Tun.

Ich arbeite gerne in dieser »Firma«, weil ich spüre, dass diese Liebe das Einzige ist, was immer gleich bleibt, immer kraftvoll ist und immer einen zukunftsfähigen Plan hat. Als mich eine Bekannte fragte, ob ich nicht lieber in einem »normalen Beruf« arbeiten wollte, der mir Sicherheit bietet, musste ich schmunzeln. Die Sicherheit, die ich heute genieße, kommt nicht aus meinem Beruf, nicht aus finanziellen Ersparnissen oder äußeren Umständen. Denn all das kann sich blitzschnell ändern.

Stattdessen baue ich mein Fundament auf die Liebe. Die Liebe, die für mich gesorgt hat, mein ganzes Leben lang. Die Liebe, die mich trägt und ermutigt, meinen Weg zu gehen. Die Liebe, die mich beschützt und gleichzeitig herausfordert, durch die dunkelsten Täler zu gehen. Die Liebe, die mich in jedem Atemzug daran erinnert, dass ich mich entfalten darf. Das ist die Liebe und die Sicherheit, auf die ich baue.

Natürlich bin ich nicht mit dieser Vorstellung aufgewachsen. Wie die meisten Menschen habe ich ursprünglich etwas völlig anderes kennengelernt. Ein Beruf war für mich etwas eher Unpersönliches. Ich ging automatisch davon aus, dass ein Beruf mich wegführt von mir selbst, mich belastet und meinen Körper schädigt. Doch je mehr ich auf die liebevolle Stimme hörte, die mich einlud, innerlich einen neuen Weg zu beschreiten, bemerkte ich, dass sich auch in meinem Beruf ein heilsamer Wachstumsweg für meine Entfaltung öffnen kann. Das wahre Potenzial der eigenen Seele, die eigene Bestimmung, kann sich hier verwirklichen.

Wenn wir beginnen, unsere Bestimmung zu leben, entstehen Berufe, die sich grundlegend von der alten Art von Arbeit unterscheiden, wie wir sie von früher kennen.

Du arbeitest nicht alleine

Du verbindest dich mit der Liebe, die dir zeigt, wie du dich in den größeren Entwicklungsplan der Menschheit einbringen kannst. Du musst nicht alles im Voraus genau wissen, sondern hörst jeden Tag auf die liebevollen Impulse, die dir den Weg zeigen.

Du stehst nicht in Konkurrenz zu anderen

Jeder Mensch hat seine spezielle Aufgabe, und andere, die in einem ähnlichen Feld arbeiten wie du, sind deine Kollegen, nicht deine Konkurrenten. Ihr arbeitet auf der tiefsten Ebene für die gleiche Sache und stärkt euch gegenseitig.

Deine Arbeit heilt dich

Wenn du dich mit der Liebe verbindest und den Weg beschreitest, den sie dir zeigt, wirst du bemerken, dass deine Arbeit auch für dich selbst heilsam ist. Innere Verletzungen dürfen heilen, einschränkende Glaubensmuster dürfen sich lösen, und mehr von deiner Größe darf sichtbar werden.

Die Basis deiner Arbeit ist stabil

Liebe ist die Quelle, der Ursprung von allem, was existiert. Auch wenn sich die äußere Form wandelt, wird die Essenz dieser Liebe immer gleich bleiben. Deine Arbeit hat ein stabiles Fundament, und du weißt, dass dir – auch in Zeiten der Veränderung – immer gezeigt werden wird, wie du dich sinnvoll einbringen kannst.

Deine Arbeit beschenkt dich

Die finanzielle Fülle, die in dein Leben strömt, ist nur ein winziger Teil all dessen, was du annehmen kannst. Freude über deine innere Entwicklung, tiefe Zufriedenheit und Erfüllung sind weitere Schätze, mit denen du beschenkt wirst.

Ich hätte nie gedacht, dass ich einmal sagen würde, dass ich aus Freude arbeite und genau diese Arbeit auch tun würde, wenn ich kein Geld verdienen müsste. Ein Merkmal unserer verwirklichten Bestimmung ist, dass wir nicht handeln, weil wir es müssen, sondern weil wir Freude daran haben. Das macht einen großen Unterschied! Und es beginnt mit einer inneren Neuausrichtung. Sobald du dich täglich mit der Liebe verbindest und beginnst, die Impulse umzusetzen, wird dir schrittweise ein neuer Weg gezeigt.

Die innere Beziehung zu dieser Liebe und die Bereitschaft, die eigene Kraft in ihren Dienst zu stellen, führt übrigens nicht zwangsläufig dazu, dass man sich beruflich selbstständig machen muss. Der liebevolle Beitrag, den du einbringst, kann sich auf ganz unterschiedliche Art und Weise zeigen. Es kann sein, dass dir die Liebe mitteilt, dass deine Kinder angezogen und in den Kindergarten gebracht werden wollen. Es kann sein, dass die Liebe dich einlädt, mit deinem Hund spazieren zu gehen oder für deine ältere Nachbarin einzukaufen.

Nicht immer sind unsere Aufgaben nach außen hin glamourös. Nicht immer stehen wir auf der Bühne und werden von allen anderen bewundert. Die wahre Arbeit, die wir leisten, ist oft unsichtbar. Es gibt Momente, da fällt die Aufmerksamkeit auf uns, und wir werden gesehen – doch oft leuchten wir auch im Stillen.

Vielleicht kommt dir dein persönlicher Beitrag manchmal banal vor, vielleicht zweifelst du daran, ob dein Wirken tatsächlich etwas verändert. Doch es ist nicht die äußere Anerkennung, an der wir unseren Wert messen sollten. Auch hier sollten wir auf die Stimme der Liebe hören, die zu uns spricht.

Manchmal tust du etwas, was dir winzig klein und unwichtig erscheint, doch ungeachtet dessen strömt eine Welle von Liebe und Dankbarkeit zu dir zurück. So kann es Phasen geben, in denen du geduldig tust, was zu tun ist, von außen wenig Anerkennung erhältst und doch innerlich spürst, wie dein Herz überströmt, weil so viel zu dir zurückkommt. Weil es dich gibt, weil du diese Liebe innerlich annimmst und umsetzt, veränderst du die Welt.

Wenn wir uns in die Liebe einklinken und fragen, was wir beitragen können, erleben wir immer wieder Überraschungen. Mir ging es kürzlich so, als an einem warmen Frühlingstag zwei junge streunende Katzen ihre insgesamt sieben Katzenbabys in unseren Garten brachten.

Ich weiß inzwischen, dass nicht bei jedem »Problem«, das ich in der Welt sehe, es meine ganz persönliche Aufgabe ist, es zu lösen. Früher glaubte ich, dass ich jedem helfen muss und für alles verantwortlich bin. Daher war ich oft überfordert und frustriert. Seitdem ich mir meine Aufgaben von der Liebe zuteilen lasse, lausche ich zuerst nach innen und frage: »Ist das meine Aufgabe?« Manchmal kommt ein Nein. Dann weiß ich, dass bereits jemand anders damit beauftragt ist. Manchmal jedoch kommt ein deutliches Ja. So war es, als die insgesamt neun Katzen überraschend in unser Leben traten.

Es war zunächst eine echte Herausforderung für mich, diese Aufgabe zu übernehmen. Ein Teil von mir wollte lieber »wichtigere Dinge« tun, doch ich spürte, dass ein Geschenk in dieser speziellen Aufgabe verborgen lag.

Ich hätte mir nicht träumen lassen, wie viel Wirbel diese kleinen Fellbündel in unseren Haushalt bringen würden! Unsere beiden Hunde waren zu Anfang gar nicht begeistert. Sie fürchteten sich vor den Katzen und gaben uns laut und deutlich zu verstehen, dass sie nicht einverstanden waren. Sie wollten einfach nicht, dass diese unberechenbaren, seltsam schnurrenden Wesen auf einmal in unserem Wohnzimmer herumtapsten. Wenn ich nicht gerade damit beschäftigt war, Hunde und Katzen voneinander fernzuhalten, kam ich mir vor wie eine Kellnerin in einem Katzenrestaurant. Ich weiß gar nicht mehr, wie viele Dosen ich aufgemacht und wie viele Schälchen Katzenmilch ich angerührt habe.

Zwischendurch kam ich wirklich an meine Grenzen. Es gab einige schlaflose Nächte, einige Fahrten zum Tierarzt, und jeden Tag mindestens eine neue Herausforderung für uns.

Auch wenn das anstrengend für mich war, so merkte ich doch, dass diese unverhoffte Aufgabe mich zutiefst verwandelte. Während die Katzen durch unser Leben purzelten, bemerkte ich, dass eine harte Schicht in meinem Inneren schmelzen konnte. Alle meine Pläne waren mit einem Mal durcheinandergewirbelt worden – und doch fühlte ich mich lebendiger als je zuvor. Völlig neue Stärken erwachten in mir, die ich vorher gar nicht kannte. Dadurch konnte sich dann auch meine Selbstständigkeit weiterentwickeln. »Woher kommt denn deine neue Lebendigkeit und dein Schwung?«, wurde ich öfter gefragt.

Es war eine ganz neue Erfahrung, mich hinzugeben an den Moment und einfache Arbeiten zu tun. Ich dachte, dass Anerkennung und Erfolg für den beruflichen Bereich reserviert sind, für Aufgaben, deren Ergebnisse man wirklich im Außen sehen kann. Doch ich entdeckte das Gegenteil. Staunend bemerkte ich, dass die universelle Liebe auch diese scheinbar unsichtbaren Aufgaben schätzt. Ob ich sieben Katzenbabys füttere oder eine Telekonferenz mit zweihundert Seminarteilnehmern halte – immer ist eine liebevolle Wertschätzung da, die mich erreichen und ermutigen möchte.

Wenn wir dem Ruf der Liebe folgen und tun, was zu tun ist, bekommen wir mehr, als wir geben. In jeder Aufgabe steckt eine Chance. Eine Chance für Heilung, für Entfaltung und Erneuerung. Es ist ein Abenteuer, denn man weiß meistens nicht, welche Überraschung hinter der nächsten Ecke wartet. Doch man weiß, dass jeder neue Schritt und jede neue Aufgabe ein Geschenk beinhalten. Da gibt es etwas in unserem Leben, woran wir wachsen dürfen. Da ist etwas im Hintergrund, was uns weiter in unsere Ganzheit führt und uns dabei hilft, unseren Platz noch mehr einzunehmen.

Die Liebe spricht unaufhörlich, zu jedem von uns. Egal, wo du stehst, sie zeigt dir genau heute, genau jetzt, deinen nächsten liebevollen Schritt. Menschen, die der Liebe folgen, erkennst du daran, dass ihre Augen leuchten, dass sie wach und lebendig sind. Da fließt etwas, da strömt etwas, das unglaublich heilsam ist, und man möchte am liebsten näher heranrücken.

Wenn wir erkennen, dass es einen liebevollen großen Plan für die Menschheit gibt, wenn wir bereit sind, uns einzuklinken und die Liebe, die wir innerlich annehmen, im Außen in Bewegung zu bringen, dann erfahren wir unsere Bestimmung.

Unsere Bestimmung ist nichts anderes als Liebe – in Aktion. Diese Liebe, die möchte, dass du innerlich heilst, alte Einschränkungen aus deiner Vergangenheit abstreifst und in einen freudigen Fluss kommst, möchte auch, dass sich unsere gesamte menschliche Welt auf wunderbare Weise verwandelt.

Sichtbar werden in der Welt

Oft begegnet uns die Angst vor unserer Bestimmung vor allem, wenn es darum geht, sichtbar zu werden und das, was wir zu geben haben, mit der Welt zu teilen.

Eine Klientin von mir, die bisher in einem ziemlich normalen Beruf gearbeitet hatte, wollte eine ganzheitliche Körperarbeit anbieten, für die sie seit Jahren diverse Ausbildungen absolviert hatte. Für diese neue Tätigkeit hatte sie sich eine wunderschöne neue Website gestalten lassen. Es gab nur ein Problem: Sie konnte sich nicht dazu durchringen, die Website zu veröffentlichen. Jedes Mal, wenn sie die Seite endlich veröffentlichen wollte, kam eine furchtbare Angst in ihr auf. »Was werden meine Kollegen im Büro sagen, wenn sie erfahren, dass ich so etwas Seltsames mache?«, fragte sie verzweifelt. »Was mache ich, wenn mich auf einmal alle komisch anschauen und nichts mehr mit mir zu tun haben wollen?«

Ja, wir gehen ein Risiko ein, wenn wir unsere Bestimmung in die Welt bringen. Wir zeigen mehr von uns selbst. Wir werden sichtbar. Und nicht alle Menschen reagieren positiv darauf. Oft sind es interessanterweise gerade die Menschen, die selbst ein großes, seit langem verdrängtes Potenzial in sich tragen, die besonders bissig reagieren, wenn sie mitbekommen, dass sich jemand dafür entscheidet, endlich seine Bestimmung zu leben. Dann wird gespottet und sich lustig gemacht. Das Traurige daran ist jedoch, dass diese Härte, die sie anderen gegenüber an den Tag legen, nur ein Bruchteil der Härte ist, die sie gegen sich selbst richten.

Je mehr ich begonnen habe, meine eigene Arbeit aktiv in die Welt zu bringen, desto mehr habe ich aufgehört, andere zu verurteilen. Natürlich gibt es Dinge, die mir gefallen, und es gibt andere, die mir nicht gefallen, aber ich finde es sehr angenehm, den Ausdrucksformen anderer Menschen neutral und wohlwollend zu begegnen. Wie wir andere sehen, so sehen wir uns selbst. Wie wir über andere sprechen, so sprechen wir über uns selbst. Es ist heilsam, den Ausdruck anderer mit liebevollen Augen zu betrachten.

Raus aus dem Versteck

Aus meinen Onlinekursen weiß ich, dass es vielen gefühlsmäßig leichter erscheint, unsichtbar zu bleiben. Das ist keine bewusste Entscheidung, sondern eine Schutzhaltung, an die wir uns im Lauf unseres Lebens gewöhnt haben. Schließlich haben wir oftmals schon als Kind erlebt, dass wir freudestrahlend etwas einbringen oder stolz etwas zeigen wollten – und dann unsanft damit konfrontiert wurden, dass sich niemand dafür interessiert oder dass wir missverstanden oder sogar abgelehnt und ausgelacht wurden.

Oft sind wir bemüht, uns anzupassen, im Strom mitzuschwimmen und so zu sein, wie andere es von uns erwarten. Doch wenn wir beginnen, authentischer zu werden und zu spüren, welches Potenzial in uns steckt, dann kommen wir oft an eine Weggabelung, an der wir uns entscheiden müssen. Wir können entweder unsichtbar bleiben und unser wahres Potenzial verbergen – oder wir können unser Potenzial entfalten und in Kauf nehmen, dass wir sichtbar werden.

Wenn eine Blume zur ihrer vollsten Schönheit erblüht, wird sie irgendwann von jemandem gesehen. Kein Sonnenaufgang kann die schönsten Farbverläufe an den Himmel malen, ohne dass jemand davon berührt wird. Sobald die Wahrhaftigkeit in dir zum Vorschein kommt, wirst du wahrgenommen.

Du bist unersetzlich

Wenn ich Menschen begegne, dann nehme ich oft intuitiv wahr, welches Potenzial in ihnen schlummert. Das liegt bestimmt daran, dass ich nun schon so viele Jahre lang im Coaching-Bereich arbeite. Manchmal begegne ich Menschen, deren wahrhaftiges Potenzial geradezu darauf brennt, sich endlich im Außen auszudrücken. Dann wieder gibt es andere, deren innere Schätze noch tief in ihrem Inneren verborgen sind.

Wir können das Beste in uns ein Leben lang schützen und versteckt halten – und wenn wir irgendwann sterben, werden wir es wieder mitnehmen in die Welt unserer Seele. Mich macht es manchmal nachdenklich, wenn ich daran denke, wie viel von unserem menschlichen Potenzial noch tief vergraben ist. Es ist noch nicht aktiviert, es ist noch nicht entfaltet – werden wir ihm irgendwann erlauben, das Licht der Welt zu erblicken?

Die gerne vor uns selbst gebrauchte Ausrede, dass es ja schon so viele andere Menschen gibt, die etwas einbringen – sodass du gar nicht mehr unbedingt gebraucht wirst –, lasse ich nicht gelten. Es gibt keinen Menschen doppelt. Selbst wenn es oberflächlich so aussieht, als würden zwei Menschen dasselbe anbieten, wirst du bemerken, dass es auf vielen Ebenen große Unterschiede in ihren Angeboten gibt.

Lass dich testweise ruhig mal von zwei verschiedenen Personen massieren, die genau dieselbe Massagetechnik anwenden, oder buche eine Coaching-Sitzung bei zwei Personen, die ein ähnliches Coaching-Angebot haben. Du wirst merken, dass jeder Mensch einen ganz eigenen, vollkommen individuellen Ausdruck hat.

Oftmals haben mir Klienten mitgeteilt, dass sie das, was ich ihnen gerade gesagt habe, schon tausendmal gehört haben, aber durch die Art, wie ich es gesagt habe, konnten sie es zum ersten Mal wirklich verstehen und annehmen. Das freut mich sehr. Ist es nicht wunderbar, dass es so viele unterschiedliche Menschen gibt? Was du kannst und wie du es vermittelst, das kannst nur du. Niemand sonst.

Wenn du auf einer Wiese liegst und die Gänseblümchen anschaust, die rund um dich im Gras wachsen, kann es sein, dass sie oberflächlich betrachtet alle gleich aussehen. Doch wenn du genauer hinsiehst, wirst du bemerken, dass jedes kleine Gänseblümchen einen ganz eigenen Charakter hat. Manche sind größer, andere kleiner, manche sind eher weiß, andere haben einen zarten violetten Schimmer. Niemand darf fehlen. Jeder wird gebraucht.

Deinen Ausdrucksschmerz heilen

Was hält uns davon ab, sichtbar zu werden? Oftmals hindern uns negative Erfahrungen, die wir in der Vergangenheit gemacht haben. Wenn wir den Schmerz der Ablehnung niemals wirklich geheilt haben, kann es sein, dass wir innerlich wie gelähmt in der Erinnerung an das schmerzhafte Erlebnis feststecken.

Vielleicht kannst du dich gar nicht mehr daran erinnern, wer dich damals abgelehnt hat. Vielleicht gab es auch gar kein bestimmtes Erlebnis, das einschneidend für dich war. Manchmal tragen wir einfach die tiefe Überzeugung in uns, dass wir wertlos sind, dass wir nicht erwünscht sind und dass wir Hohn und Ablehnung ernten werden, wenn wir zu dem stehen, was wir zu geben haben.

Solange wir diesem Schmerz nicht bewusst begegnen, wirkt er wie eine innere Mauer. Sobald wir an diese Mauer stoßen, geht es nicht weiter. Doch wenn du bereit bist, weich zu atmen und diesem alten Schmerz zu begegnen, wird er schmelzen. Ja, die ganze große Mauer, die so unüberwindlich scheint, wird schmelzen. Der Weg in deine Sichtbarkeit wird sich behutsam öffnen.

Du bist bereits gut genug

Manchmal sind es auch von anderen übernommene innere Überzeugungen, die uns davon abhalten, sichtbar zu werden. Ich habe die Teilnehmer meiner Kurse oft gefragt, wie viele Ausbildungen sie bereits absolviert haben. Die meisten hatten mehr als fünf unterschiedliche Ausbildungen! Doch wenn ich fragte, wer tatsächlich anbietet, was er gelernt hat, meldeten sich nur ganz wenige.

Wenn ich wissen wollte, warum sie nicht einbringen, was sie zu geben haben, bekam ich immer wieder dieselben Gründe zu hören: »Ich fühle mich noch nicht gut genug. Ich habe Angst, noch nicht genug zu wissen. Ich habe Angst davor, mich total zu blamieren.«

Diesen Stolperstein können wir leicht aus dem Weg räumen. Zunächst einmal ist es sehr wichtig, dass du dich fragst, ob deine Erwartungen an dich selbst, die Einschätzung deines Könnens und deines Wissens, eine realistische Grundlage haben. Es ist ganz okay, wenn du von dir erwartest, nach einer absolvierten Ausbildung einigermaßen gut massieren zu können, bevor du deine erste professionelle Massage anbietest. Doch es ist nicht realistisch, wenn du von dir erwartest, ein perfekter Mensch zu sein, der alles kann und weiß. Schließlich entwickelst du dich ständig weiter und lernst Neues dazu. Gerade wenn du beginnst, sichtbar zu werden und dein Können einzubringen, wirst du dich stetig weiterentwickeln. Denn mit jeder gemachten Erfahrung lernst du mehr dazu, wirst selbstbewusster und gelassener.

Es ist vollkommen in Ordnung, dir selbst die Erlaubnis zu geben, mit dem zu beginnen, was du heute weißt und kannst. Noch heute kommen Menschen auf mich zu, die in meinen allerersten Anfangsjahren als Coach Sitzungen bei mir hatten und mir mitteilen, wie sehr ihnen damals unsere gemeinsame Arbeit geholfen hat. Habe ich mich seitdem weiterentwickelt? Auf jeden Fall! Wenn ich auf meine Anfangsjahre zurückblicke, dann sehe ich, dass ich tatsächlich noch auf wackligen Beinen stand und vieles erst lernen musste. Doch ich habe mir die Erlaubnis gegeben zu beginnen. Nicht perfekt. Nicht allwissend, sondern mit dem, was ich *damals* zu geben hatte.

Die Angst vor den Reaktionen anderer ablegen

Die Angst vor den Reaktionen anderer ist tatsächlich oft eine harte Nuss – vor allem, wenn du vorhast, etwas von dir einzubringen, was andere in deinem Bekanntenkreis nicht kennen oder mit dem sie nichts anfangen können. Es kann gut sein, dass deine Oma Mühe hat zu verstehen, warum du auf einmal Rohkost-Ernährungsberatung oder Feng Shui anbieten möchtest. Es kann gut sein, dass deine Familie die Nase rümpft, wenn du aus der Reihe tanzt und einen Weg einschlägst, der in ihren Augen »anders« ist. Es kann durchaus passieren, dass dein Partner oder deine Partnerin es erst einmal komisch findet, dass du deinen alten Beruf an den Nagel hängst und den Weg in die Selbstständigkeit beschreitest.

Kannst du deiner Familie, deinen Freunden und dem Partner etwas mehr Zeit geben? Oft erwarten wir sofort eine positive Reaktion und vergessen, dass wir selbst viele Jahre gebraucht haben, um uns schrittweise für das Neue zu öffnen. Außerdem gab es sicher auch Momente, in denen du selbst gezweifelt hast, ob dieser Weg dich wirklich zu einem realistischen Ziel führt.

Gib den Menschen in deinem Leben ruhig die Erlaubnis, das Ganze erst einmal misstrauisch zu beäugen. Gib ihnen Zeit, ihre Zweifel und Ängste zu äußern. Gib ihnen Zeit, zu schmollen oder ablehnend zu reagieren. Du kannst darauf vertrauen, dass die Menschen, die wirklich zu dir gehören, sich nach einer Weile an deine neuen Aktivitäten gewöhnen werden.

Natürlich kann es Personen in deinem Umfeld geben, von denen dir auch nach längerer Zeit nur Ablehnung, Härte oder Neid entgegenkommt. Dann wird es Zeit, zu überlegen, was dir wirklich wichtig ist. Möchtest du dich innerlich verbiegen, um die Anerkennung dieser Person wieder zurückzugewinnen – oder ist es dir wichtiger, dich weiter zu entfalten und deinen Weg zu gehen? Du hast die Erlaubnis, Menschen aus deinem Leben zu verabschieden, die dich dauerhaft davon abhalten wollen, du selbst zu sein. Soweit es möglich ist, umgib dich mit Menschen, die dich darin unterstützen, dass du dich weiterentwickelst.

Verletzte innere Anteile integrieren

Falls du zu den Menschen gehörst, die eine große, unerklärliche Angst vor dem Sichtbarwerden haben, kann das, wie ich oben schon angedeutet habe, auch daran liegen, dass es einen verletzten kindlichen Anteil in dir gibt.

Innere Kinder sehen die Welt mit anderen Augen als wir. Für dein inneres Kind mag es eine schreckliche Vorstellung sein, eine negative Bemerkung abzubekommen. Für dich als Erwachsener ist es jedoch gar nicht so dramatisch, wenn jemand eine gehässige Bemerkung über dich macht. Doch solange dein verletztes inneres Kind das Sagen hat, wird es versuchen, dich vor diesen negativen Erlebnissen zu schützen, und dich mit allen Kräften daran hindern, sichtbar zu werden.

Innere Kinder ziehen oft alle Register, wenn es darum geht, uns von dem Sichtbarwerden abzuhalten. Wir können zum Beispiel kurz vor einem wichtigen Termin ganz einfach krank werden, Wellen von Panik können uns durchfluten, und wir können uns vor Angst wie gelähmt fühlen.

Wir können unsere inneren Kinder nicht mit Gewalt in die Sichtbarkeit zwingen. Das mag zwar scheinbar für kurze Zeit funktionieren, doch irgendwann, sobald uns die Kraft ausgeht, ziehen uns die inneren Kinder wieder zurück in ihr Versteck. Dann kann es passieren, dass alles, was wir uns aufgebaut haben, plötzlich wieder zusammenbricht und wir von der Bildfläche verschwinden. Es sind die unerlösten inneren Kinder, die nicht bereit waren, sichtbar zu werden, und die nun geflüchtet sind, um uns wieder »in Sicherheit« zu bringen.

Ich staunte nicht schlecht, als ich einmal eine ganze Reihe von ängstlichen inneren Kindern in mir entdeckte, die sich vor jedem wichtigen weiteren Schritt querlegten und mich zurückhalten wollten: »Nein, nimm kein Video auf, das ist doch viel zu peinlich! Ach, du liebe Güte, veröffentliche das Video bloß nicht, was werden die Leute über dich sagen, du bist doch total verrückt! Hilfe, warum gibst du ein Seminar, bei dem du vor so vielen Leuten sprechen musst? Was ist, wenn dir nichts einfällt und du nichts sagen kannst?«

Ich wusste, dass ich den Weg in die Selbstständigkeit nicht mit Gewalt gehen möchte – und nicht gegen mich selbst. Ich wollte innerlich heil werden und mich schrittweise für mehr Sichtbarkeit öffnen. Also sprach ich mit meinen inneren Kindern und erklärte ihnen zunächst, dass sie die Verantwortung für mich nicht tragen müssen. »Ich bin die Erwachsene, und ich wähle einen liebevollen Weg, der für uns alle gut ist«, teilte ich ihnen mit.

Wenn innere Kinder sich meldeten und von ihrer Angst sprachen, erklärte ich ihnen zunächst, wie die Realität aussieht. Ich gab ihnen zu verstehen, dass meine Seminarteilnehmer keine wilde Horde von feindlich gesinnten Ungetümen sind, sondern liebenswerte Menschen, die sich für das Thema interessieren, das ich mit ihnen teilen möchte. Oftmals löste sich die innere Anspannung sofort, wenn meine inneren Kinder merkten, dass ich ihnen wirklich zuhöre. Sie merkten, dass ich da bin, dass sie sich mitteilen dürfen und dass ich gute Entscheidungen für uns alle treffe.

Wenn wir den liebevollen Weg in die Sichtbarkeit wählen, dauert das natürlich länger, als wenn wir uns mit Gewalt dazu zwingen, doch dafür hält es dann auch dauerhaft. Wenn wir zunächst innerlich heil werden und *dann* unsere Fähigkeiten nach außen tragen, bleiben wir stabil. So wie die Sonne langsam aufgeht und ihr Licht langsam auf der Erde verteilt, so dürfen wir ganz natürlich in unsere Sichtbarkeit hineinwachsen.

Was wir in uns tragen, darf leuchten. Wir verwandeln uns in einen leuchtenden Stern, der anderen Mut macht und neue Wege aufzeigt. Schritt für Schritt kommt zum Vorschein, wer wir wirklich sind.

ÜBUNG: Ritual für deine Bestimmung

Beginne den Tag, indem du weich atmest und dich mit der Liebe verbindest, die dich heute erreichen möchte. Lass dich hineinsinken in diesen liebevollen Halt, und frage: »Was kann ich heute tun? Was ist der nächste kleine Schritt auf meinem Weg?«

Sei offen für die Hinweise und Impulse, die auftauchen. Übe, zwischen der Stimme deines Verstandes, die sich kalt und hart anhört, und der Stimme der Liebe, die warm und lebendig ist, zu unterscheiden.

Notiere dir, was du wahrnimmst. Setz den nächsten Schritt um. Falls es dir nicht möglich ist, den nächsten Schritt gleich ganz umzusetzen, überlege, ob du den Schritt in mehrere kleine Schrittchen aufteilen kannst, sodass es dir leichter fällt zu beginnen.

Wenn du Fragen auf deinem Weg hast oder nicht weiterweißt, verbinde dich erneut mit der Liebe, und hake nach, wie der nächste kleine Schritt aussieht. Denk daran, dass du nicht allein unterwegs bist. Da ist eine Liebe, die dich trägt.

Deine Bestimmung finden

Meditation zum Finden deiner Bestimmung

Download-Link:
https://leahamann.de/leben-lieben-leuchten-download/

12

Den liebevollen Weg beschreiten

Ein neuer Tag bricht an. Du wanderst im Dämmerlicht auf dem weich geschwungenen Pfad, den kühlen Morgentau unter deinen Füßen. Glitzernde Wassertropfen funkeln auf grünen Blättern. Alles ist frisch und neu. Du bist nicht allein unterwegs. Du folgst den Zeichen, die dich führen. Rund um dich erklingt die Stimme des Lebens. Tief in deinem Herzen spürst du Frieden. Du stehst auf einer kleinen Anhöhe und beobachtest, wie das Licht des neuen Tages die Welt verwandelt. Die Farben erwachen. Die Vögel beginnen zu singen. Zwei bunte Schmetterlinge tanzen im Morgenlicht. Die Sonne geht auf. Dein Herz fließt über.

* * *

Der liebevolle Weg führt
in ein Leben voller Liebe.

* * *

Als Jugendliche habe ich mich oft gefragt, wie man die Welt verändern kann. Wer tut das nicht in dem Alter? Mit siebzehn Jahren weiß man ja schließlich ganz genau, wie alles laufen müsste und in welche Richtung sich die Erde drehen sollte. Während meiner »politischen Phase« sind mir viele Menschen begegnet, die davon träumten, dass die Welt gerechter wird. Die Reichen müssen ihren Reichtum abgeben, die Armen sollen mehr bekommen, hieß es dann oft. Die Lösungen schienen auf der Hand zu liegen.

Doch während über dieses »perfekte System« diskutiert wurde, fragte ich mich, ob es wirklich möglich ist, im Außen eine perfekte Welt zu erschaffen, solange im eigenen Leben Chaos herrscht. Wenn ich selbst bitter und unzufrieden durch mein Leben gehe, kann ich dann wirklich etwas zum Positiven verändern? Solange ich unter der Angst leide, zu wenig zu haben, kann ich mich da wirklich dafür einsetzen, dass die Welt gerechter wird?

Gerade in den Kreisen, in denen gerne mit diesen großen Ideen gespielt wurde, fiel mir oft auf, wie weit die Diskutierenden in ihrem eigenen Leben von ihren Philosophien und Idealen entfernt waren. Als mir eine meiner politisch engagierten Freundinnen davon erzählte, dass sie auf einer Demo war und dass dort »endlich mal ein paar Rechtsradikale verprügelt wurden«, sodass einer von ihnen schwer verletzt im Rollstuhl landete, war ich entsetzt. Während mir meine Freundin erklärte, dass es in Ordnung sei, Gewalt anzuwenden, solange man für den Frieden eintritt, fragte ich mich, wie ich mich wohl fühlen würde, wenn jemand, der mir nahe ist, durch eine politisch motivierte Prügelei im Rollstuhl landen würde.

Ziemlich schmerzhaft wurde mir klar, dass man aus scheinbar guten Motiven heraus gegen etwas kämpfen kann – und sich dann in genau das verwandelt, was man eigentlich bekämpft. Im Namen des Friedens gewalttätig werden – passt das zusammen?

Ich konnte die wohlmeinenden Motive in vielen gesellschaftlichen Bewegungen wahrnehmen. Doch an der Umsetzung haperte es gewaltig. Wenn wir aus Angst, aus Wut, aus Schmerz oder Enttäuschung handeln, bringen wir letztendlich nur noch mehr Angst, Wut, Schmerz und Enttäuschung in die Welt. Wir werden zu dem, was wir ablehnen. Wir verwandeln uns in die Monster, die wir bekämpfen.

Selbst wenn wir die besten Motive haben: Entscheidend ist, aus welcher inneren Haltung heraus wir handeln. Die meisten Menschen sind heutzutage innerlich nicht verbunden mit der Liebe. Gerade im politischen Bereich würde man sich wahrscheinlich vor Lachen kringeln, wenn jemand dumm genug wäre, das Wort »Liebe« zu erwähnen.

Doch die Menschen, die tatsächlich Veränderung bewirkt haben, sind genau diejenigen, die sich in die Liebe eingeklinkt haben. Wenn ich die großartigen Reden von Martin Luther King Jr. lese, kommen mir oft die Tränen, weil ich spüre, dass er so tief verbunden ist mit der Liebe. Jedes Wort, das er spricht, kommt aus einer solchen Tiefe. Jedes Wort ist Teil einer viel größeren Wahrheit. Wahre Veränderung kann nur dort entstehen, wo jemand beginnt, sich mit der Liebe zu verbinden und den Weg zu beschreiten, den sie weist.

Mir war also deutlich geworden, dass ich der Welt nicht wirklich viel Gutes tun kann, solange mein eigenes Leben von Bitterkeit, Härte oder Hass durchzogen ist. Und so beschloss ich, mich zunächst einmal damit zu beschäftigen, den kleinen Teil meines eigenen Lebens zu verwandeln, den ich in diesem Moment selbst gestalten konnte. Ich wollte nicht mehr zu denjenigen gehören, die große Reden schwingen und alles besser wissen, während sie noch mehr Negativität in die Welt einbringen. Ich wollte zunächst einmal lernen, das kleine Königreich meines eigenen Lebens zu verändern. Kann ich mein Leben so gestalten, dass es erfüllend wird?

Als ich mein Dasein zum ersten Mal aus dieser Perspektive betrachtete, glich es eher einer ausgetrockneten Wüste. Statt der Welt die Schuld für meine Umstände zu geben und darauf zu warten, dass irgendjemand kommt und meine Umstände für mich ändert, machte ich mich aus eigener Kraft auf den Weg. Ich fing an, nach innen zu lauschen und die Liebe anzunehmen, die auf mich wartete. Atemzug für Atemzug brachte ich etwas in mein Leben, was niemals zuvor da gewesen war.

Die Wunden meiner Vergangenheit durften heilen. Die Liebe brachte mich dazu, mich selbst mit neuen Augen zu betrachten. Mit der Zeit entdeckte ich meine Fähigkeiten und konnte mit anderen teilen, was ich gefunden hatte.

Wenn wir Liebe annehmen, beginnt ein Entwicklungsprozess. Wenn wir Liebe annehmen, verändert sich alles. Wir lernen nicht nur, mit uns selbst liebevoller umzugehen, sondern wir sehen auch andere Menschen auf ganz neue Weise. Dieselbe Liebe, die mich einlädt, mich zu entfalten und meine Fähigkeiten einzubringen, lädt auch alle anderen Menschen dazu ein. Es spielt keine Rolle, wie wir aussehen, wo wir geboren sind oder welchen Beruf wir erlernt haben. Wir sind alle aus der gleichen Quelle entsprungen, und wir haben alle dieselbe Herkunft.

Je tiefer wir mit der Liebe verbunden sind, desto mehr wächst unsere Liebe zu anderen Menschen. Diese Liebe bedeutet übrigens nicht, dass es keine Grenzen geben darf. Grenzen sind, wie schon beschrieben, unglaublich wichtig, wenn es darum geht, das Königreich unseres eigenen Lebens zu regieren. Du musst wissen, wo dein Raum beginnt und wo er endet. Du musst entscheiden, was du hereinlässt in dein Königreich – und was nicht. Du musst wissen, wofür du verantwortlich bist – und wofür nicht. Je klarer unsere Grenzen sind, desto leichter wird der Umgang mit anderen Menschen.

Wenn du die Führungsrolle in deinem eigenen Leben übernimmst, lässt du das Opferdenken hinter dir. Du fragst dich, was du selbst tun kannst, statt darauf zu warten, dass andere etwas tun. Du stellst dich den Herausforderungen, statt vor ihnen wegzulaufen. Du arbeitest stetig weiter an deinem Ziel, statt aufzugeben, wenn die erste Begeisterung verflogen ist.

Menschen, die sich auf den Königsthron in ihrem Leben setzen, stellen sich nicht über andere, sondern übernehmen lediglich Verantwortung für ihren Teil der Welt, für den sie zuständig sind. Dein kleines Königreich darf erblühen, sich mit Liebe füllen und heilsame Früchte hervorbringen.

Die Welt besteht aus vielen kleinen Königreichen. Jeder Mensch ist König oder Königin in seinem Reich. Stell dir vor, wie unsere Welt sich verwandeln würde, wenn jedes kleine Königreich erblühen dürfte. Kannst du dir vorstellen, wie lauter kleine Fleckchen auf der Erde zu leuchten beginnen? Hier in deinem kleinen Königreich ist es nicht mehr so dunkel, nicht mehr so einsam und hart. Hier darf die Sonne scheinen, hier dürfen neue Lösungen entstehen.

Die Welt ändert sich, wenn wir uns ändern. Unser Leben, so klein es auch scheinen mag, hat einen großen Wirkungskreis. Beschreiten wir den liebevollen Weg und bringen mehr Licht in die Welt hinein – oder folgen wir der Stimme der Angst und stärken die Dunkelheit? Die Entscheidung, die wir für unser eigenes Leben treffen, treffen wir gleichzeitig für die gesamte Welt.

Die Antwort auf alle Fragen

Am Ende eines langen Seminars, nachdem so vieles geteilt wurde, fragen mich die Teilnehmer oft, wie sie sich all das Neue am besten merken können. Meine Antwort ist, dass es genügt, sich einen einzigen Satz zu merken: *Nimm Liebe an!* Das ist der Schlüssel, der alle anderen Türen öffnen wird, die Antwort, die alle zukünftigen Fragen beantworten kann.

Wenn ich eine Sache gelernt habe, seitdem ich meinen Weg beschritten habe, dann ist es, dass die Beziehung zu dieser Liebe an erster Stelle steht. Ich glaube, dass diese innere Beziehung das Zentrum für ein erfülltes Leben als Mensch ist. Wir alle stammen aus der einen liebevollen Quelle, und ich glaube, dass wir ein Leben lang nach dieser Liebe suchen, bis wir sie wieder gefunden haben. Ich glaube, dass unser Herz so lange rastlos ist, bis wir wieder eine tiefe Verbindung zu dieser Liebe entwickelt haben.

Vielleicht gefällt dir das Wort »Liebe« nicht. Vielleicht findest du es albern oder einseitig. Fühl dich frei, ein anderes Wort zu wählen, das dir besser gefällt! Ich habe die Erfahrung gemacht, dass ohnehin kein Wort diese Liebe ausdrücken kann, und daher ist es ziemlich egal, welches Wort ich wähle. Das Wort soll nur ein Wegweiser sein, ein Sprungbrett, von dem du dich abstößt, um in eine wahrhaftige Erfahrung einzutauchen.

Ich glaube, dass wir heute allgemein dazu neigen, alles sehr kompliziert zu machen. Ich bin sehr froh, dass ich meiner inneren Stimme gefolgt bin, als ich begann, mich nach innen zu wenden und mit der Liebe Kontakt aufzunehmen. Ich habe mich geöffnet wie ein Kind – ohne zu wissen, wie es geht, ohne darüber nachzudenken, ob es überhaupt möglich ist.

Eine kindliche innere Haltung macht es dir einfach, die Liebe zu entdecken: Breite deine Arme aus – und sie ist da. Die Liebe ist immer nur einen Atemzug von uns entfernt. Die innere Tür ist immer offen. Es ist wirklich so einfach!

Aus der Härte in die Liebe

Vielleicht ging es dir so wie mir, und du hast dich beeindrucken lassen von einer Welt, die oft so tut, als würde die Liebe nicht existieren und als sei es viel besser, sich auf andere Dinge zu konzentrieren. Vielleicht bist du aufgewachsen mit Menschen, die wie hungrige Geister durch ihr Leben geirrt sind. Vielleicht hat dich diese Welt so bitter enttäuscht und verletzt, dass du im Stillen denkst, ich wäre naiv.

Das kann ich so gut verstehen, denn genauso habe ich auch einmal gedacht. Ich dachte, dass ich stark und hart sein muss, um in dieser Welt voranzukommen. Weich atmen und Liebe annehmen – wenn mir das in einer früheren Phase meines Lebens jemand empfohlen hätte, wäre mir das geradezu albern vorgekommen. Wie dankbar bin ich heute, dass ich mich von den Vorstellungen in meinem Verstand nicht abhalten ließ, sondern eingetaucht bin in die Liebe.

Wenn du magst, dann probier es aus. Du brauchst mir nicht zu glauben – finde für dich selbst heraus, ob es stimmt. Atme weich, und fang an, die Liebe wahrzunehmen, die dich erreichen möchte.

Liebe ist Nahrung

Ich glaube, dass sich alles in unserem Leben zu wandeln beginnt, wenn wir anfangen, die Liebe täglich anzunehmen. So wie wir Wert darauf legen, uns gut zu ernähren und dafür zu sorgen, dass wir die nötigen Vitamine und Mineralstoffe zu uns nehmen, die unser Körper braucht, so ist es wichtig, dass wir jeden Tag auch unseren inneren Hunger auf der Seelenebene stillen.

Manchmal werde ich gefragt, wie oft man sich denn am besten täglich verbinden sollte. Als ob es darum ginge, irgendeine lästige

Aufgabe zu erledigen. Ich würde die Frage anders formulieren: Wie viel Liebe brauchst du täglich, um deinen inneren Hunger zu stillen und dich wohl und erfüllt zu fühlen? Wie viel Liebe brauchst du, um dich verbunden zu fühlen und gelassen durch den Tag zu gehen? Wie viel Liebe brauchst du, um mit dir selbst und anderen Menschen mitfühlend umzugehen?

Wenn man einmal bemerkt, wie hungrig man ist, dann fällt es einem plötzlich nicht mehr schwer, Wert auf die täglichen Mahlzeiten zu legen. Genauso ist es mit dem Annehmen von Liebe. Wenn wir zu wenig Liebe annehmen, vertrocknen wir wie eine Pflanze, der das Wasser fehlt. Wir werden hart und bitter. Heute nehme ich mir drei- oder viermal täglich Zeit, um weich zu atmen, mich zu verbinden und Liebe anzunehmen. Nicht weil ich denke, dass ich das tun müsste, sondern weil ich es möchte. Wir sollten so viel Liebe annehmen, dass wir satt sind.

Liebe lässt uns wachsen

Sobald wir uns mit der Liebe verbinden, beginnt ein Wachstumsprozess. Wir erinnern uns daran, wer wir wirklich sind, was wir zu geben haben und was unsere Aufgabe ist. Wir heilen, wir lösen uns aus alten Verstrickungen und entfalten uns. Durch das Annehmen von Liebe wird Veränderung möglich. Jeder noch so kleine liebevolle Schritt hat eine große Wirkung.

Je tiefer du eintauchst in die Verbindung mit der Liebe, desto mehr wirst du erblühen, erwachen und lebendig werden. Die Liebe ruft dich ins Leben, sie hebt dich heraus aus alten Einschränkungen und zeigt dir einen neuen Weg. Wenn du beginnst, regelmäßig Liebe anzunehmen, wird sich dein Leben verwandeln. Nicht von einem Tag auf den anderen, sondern Schritt für Schritt, im Lauf der Zeit. Du erblühst – und dein Leben mit dir.

Liebe im Alltag entdecken

Mit der Zeit verändern diese speziellen Momente, in denen man sich tief im Inneren mit der Liebe verbindet, auch den Rest des Lebens. Im Lauf der Jahre habe ich begonnen, die Liebe auch dann wahrzunehmen, wenn ich gerade nicht mit geschlossenen Augen dasitze und mich darauf konzentriere.

Wenn ich morgens im winterlichen Dunkel mit unseren Hunden spazieren gehe und mir der eisige Wind um die Nase weht, spüre ich die Liebe, die mich durchströmt und liebevoll einhüllt. Jeder Schritt wird zu einem Schritt, den ich auf die Liebe zugehe, und jeder Gedanke wird zu einem Gebet. Wenn ich Essen koche, Wäsche zusammenlege oder im Garten arbeite – die Liebe ist immer an meiner Seite.

Liebe macht uns unabhängig

Es klingt vielleicht paradox – aber durch das tiefe Einlassen auf die Liebe, die uns trägt, werden wir auf persönlicher Ebene viel unabhängiger. Wir brauchen nicht mehr nach Anerkennung von außen zu streben, dem Geld nachzujagen oder uns unter Druck zu setzen, perfekte Menschen zu werden, denen es immer gut geht. Wir müssen uns nicht mehr krampfhaft an äußeren Dingen festhalten.

Wir sind bereits gehalten. Wir sind bereits geborgen. Wir sind bereits zu Hause. Wir sind bereits geliebt. Und egal was geschieht, diese Basis bleibt. Was die Zukunft auch bringen mag, die Liebe bleibt. Je tiefer unsere Beziehung zur Liebe, desto sicherer können wir unserer Zukunft entgegenblicken. Das ist die Basis, auf der ein erfülltes Leben wachsen kann.

Vertrauensvoll in die Zukunft blicken

Wahrscheinlich ist dir auch schon aufgefallen, dass wir in einer sehr bewegten Zeit leben. Auch wenn wir uns innerlich dafür entscheiden, den liebevollen Weg zu gehen, so stehen wir trotzdem nach wie vor mit beiden Beinen auf einer Erde, die gerade dabei ist, sich zu wandeln. Auf persönlicher Ebene werden wir wacher, nehmen mehr wahr, gehen durch tiefe innere Veränderungsprozesse – doch was ist mit der Welt im Ganzen? Wie geht es weiter?

Wir leben in einer Zeit großer Veränderung. An vielen Stellen beginnen alte gesellschaftliche Strukturen zu bröckeln, die uns in der Vergangenheit Halt und Sicherheit gegeben haben. Lange Zeit war der kontinuierliche Fortschritt der Menschheit im Außen deutlich erkennbar: Neue Erfindungen, neue Technologien, zahlreiche Zukunftsprojekte sind entstanden. Doch in den letzten Jahren scheint die kreative Kraft sich nach und nach aus dieser äußerlichen Ebene zurückzuziehen. Es gibt zwar nach wie vor neue Produkte, und es wird ständig mehr produziert – doch oft hat das, was dabei herauskommt, immer weniger Qualität und Substanz.

Unsere materialistische Welt scheint auf vielen Ebenen ihren Höhepunkt erreicht (und überschritten) zu haben. Es sieht vielerorts so aus, als würden die Schienen, auf denen der Zug der Menschheit bisher in die Zukunft gerollt ist, irgendwann enden. Und was kommt danach? Was geschieht, wenn sich alte Strukturen auflösen? Was geschieht, wenn die kreative Kraft sich aus dem Hauptstrom unserer Kultur zurückzieht? Was geschieht, wenn der Fortschritt uns nicht mehr wirklich weiterführt, sondern nur noch in einem wilden Hamsterrad rasen lässt? Wohin gehen wir?

Eine Menge Zukunftsängste liegen in der Luft. Manchmal kann man die Unsicherheit förmlich vibrieren spüren.

Das Positive an alldem ist aber, dass wir die Möglichkeit haben, diese großen Zusammenhänge und Dynamiken nicht mehr durch die Augen der Angst, sondern durch die Augen der Liebe wahrzunehmen. Die Liebe, die in deinem eigenen Inneren anklopft und dich einlädt, zu erwachen und deinen Weg zu beschreiten, lädt auch die gesamte Menschheit ein, sich weiterzuentwickeln.

Wer achtsam ist und nach innen lauscht, spürt schnell, dass wir gar nicht am Ende der Welt im Ganzen stehen, sondern vielmehr an der Schwelle zu etwas Neuem. Dieses Neue kommt allerdings nicht aus den Bereichen der Wissenschaft oder Technik. Dieses Neue kann man auch weder kaufen noch verkaufen. Das Neue wartet nicht irgendwo dort draußen – nein, es wartet hier und jetzt in deinem eigenen Inneren.

Die nächste Grenze, die wir als Menschheit überwinden, ist nicht die Grenze zwischen einzelnen Staaten oder die Grenze zu neuen Planeten oder Galaxien, die wir mit technologischen Mitteln besiedeln. Es ist vielmehr die Grenze in unserem eigenen Inneren. Ja, in der Vergangenheit war es angemessen, dass sich erst einmal im Außen, auf der materiellen Ebene, vieles entwickelt hat – doch nun müssen wir innerlich wachsen.

Es kommt mir so vor, als stünden wir gerade an der Schwelle zu einem neuen Bewusstsein. Der nächste Schritt unserer Evolution findet weder auf der politischen noch auf der wissenschaftlichen Ebene statt, sondern tief in uns selbst. Niemand kann uns diesen Schritt abnehmen. Niemand kann ihn für uns gehen. Jeder Einzelne von uns entscheidet weiterzugehen – oder nicht.

Als ich beschlossen habe, die Informationen über die Zukunft nicht mehr von anderen Menschen oder der allgegenwärtigen, allgemeinen Angst im menschlichen Bewusstsein zu beziehen, wandte ich mich nach innen und fragte die Liebe, was hier auf der Erde im Moment geschieht. Wohin gehen wir?, wollte ich wissen. Was werden die nächsten Jahrzehnte bringen? Wie können wir uns auf die Veränderung einlassen und uns mit ihr in Einklang bringen? Wie können wir gemeinsam mit der Erde weiter erblühen?

Je mehr ich nach innen lauschte, desto mehr wurde mir klar, dass unser Planet Erde im Moment genau durch denselben Prozess geht wie jeder einzelne Mensch, der innerlich erwacht und seinen eigenen Weg beschreitet. Was auf der persönlichen Ebene geschieht, vollzieht sich auch auf der übergeordneten Ebene. So wie wir erleben, dass unsere unerlösten Gefühle und unser unterdrückter Schmerz zum Vorschein kommen, so kommt auch in der Gesellschaft Unterdrücktes an die Oberfläche. So wie die Liebe uns als einzelne Menschen einlädt, unser volles Potenzial zu entfalten und zu erblühen, so lädt die Liebe die gesamte Erde dazu ein, wahrhaftiger zu werden. Türen im Bewusstsein der Menschheit öffnen sich, und wir sind alle eingeladen, über unseren Tellerrand hinauszuschauen.

Es ist spannend, zu beobachten, wie die Erde sich gemeinsam mit dem Bewusstsein der Menschen weiterentwickelt. Ich habe mich inzwischen daran gewöhnt, auf die Veränderungen zu achten, die ich in der Erde spüre. Ich glaube nicht mehr, dass es ein Zufall ist, wenn ich wahrnehme, dass sich im Energiefeld der Erde eine alte Härte löst – und zwei Tage später berichten mir alle möglichen Menschen, die ich treffe, dass sie gerade dabei sind, eine alte Härte aus ihrem eigenen Leben zu entlassen. Unsere persönliche innere Entwicklung ist Teil einer viel größeren Entwicklung, die gerade geschieht. Die Liebe, die uns trägt, unterstützt die gesamte Erde auf ihrem Entwicklungsweg.

Natürlich ist es aus der menschlichen Perspektive manchmal nicht so einfach, die größeren Zusammenhänge zu erkennen. Ich komme mir dabei oft vor wie jemand, der durch ein kleines Schlüsselloch in eine viel größere Welt schaut. Der kleine menschliche Verstand ist häufig nicht in der Lage, die Komplexität dieser großen Zusammenhänge vollständig zu begreifen. Trotzdem bin ich neugierig und versuche, immer wieder Einblicke zu bekommen.

Im Folgenden möchte ich mit dir teilen, wie ich die kommende Zeit wahrnehme und welche Entwicklungsschritte sich meinem Empfinden nach ankündigen. Was geschieht im Moment? Worauf läuft es hinaus? Wie können wir uns mit der übergeordneten Entwicklung in Einklang bringen? Welchen persönlichen evolutionären Schritt müssen wir jetzt als Menschen gehen?

Zeit der Prüfung

Die Welt, die wir kennen, geht momentan durch eine Zeit der grundlegenden Veränderung. Du brauchst nur in die Nachrichten zu schauen, um wahrzunehmen, dass die Strukturen, die uns bisher stabil gehalten haben, ins Wanken geraten. Es ist, als wäre plötzlich keine innere Schwerkraft mehr vorhanden, die unsere Welt zusammen hält. Überall zerbrechen Bündnisse, entstehen extreme Gruppen und zerfallen Werte, die uns über Tausende von Jahren Orientierung gegeben haben.

Das Fundament unserer Welt war lange Zeit relativ stabil, was uns als Menschen ermöglichte, zu wachsen und unsere Erfahrungen zu machen. In einer Welt, in der es Licht und Dunkelheit gibt, hatten wir die Aufgabe, uns zu entscheiden, welchen Weg wir einschlagen. Folgen wir dem Licht, auch wenn es herausfordernd ist? Oder lassen wir uns von der Dunkelheit ablenken? Folgen wir dem Licht, auch wenn die Dunkelheit ihre Lügen verbreitet und uns Angst machen will? Folgen wir dem Licht, auch wenn dieser Weg nicht immer einfach ist?

Die Menschheit hatte viele Jahrhunderte Zeit, sich dieser Lernaufgabe zu stellen und sie zu bewältigen. Doch nun endet diese Lernphase, und es beginnt eine Zeit der Prüfung. Es ist ähnlich wie in der Schule, wenn einige Wochen lang ein neues Thema behandelt wird. Danach gibt es in der Regel einen Test, damit andere und wir selbst feststellen können, was wir tatsächlich verinnerlicht haben.

Da es hier um unsere grundlegende innere Einstellung auf Seelenebene geht, sind menschliche Ausrutscher, die uns allen täglich passieren, dabei nicht entscheidend. Nicht die Oberfläche wird geprüft, sondern die Tiefe unseres Herzens wird ausgelotet. »Wie hast du dich entschieden?«, werden wir gefragt. »In welche Richtung strebst du?«

Es ist kein Wunder, dass gerade in dieser Phase bei vielen Menschen enorme Ängste aufkommen. Wir haben Angst, nicht gut genug zu sein und es nicht zu schaffen. Doch wenn wir immer wieder einmal tief durchatmen und die Liebe wahrnehmen, die für uns da ist, können wir spüren, dass es die Liebe selbst ist, die uns fragt, wohin wir gehen wollen. Es ist die Liebe, die uns vollkommen frei entscheiden lässt und die uns doch wissen lässt, dass sie uns mitnehmen möchte in ein neues Abenteuer. »Entscheidest du dich dafür, den liebevollen Weg zu beschreiten?«, fragt sie uns.

Zeit der Reinigung

So wie sich viele Menschen im Moment aus einschränkenden alten Glaubensmustern befreien und die Schwere langjähriger innerer Verstrickungen abwerfen, so vollzieht sich auch auf der großen, übergeordneten Ebene unserer menschlichen Gesellschaft gerade eine Zeit der Reinigung. Es ist als hätte die Erde ein gründliches Waschprogramm gestartet. Die elementaren Kräfte der Natur sind am Arbeiten und befreien die Erde von alten Verkrustungen. Das Feuer verbrennt. Das Wasser wäscht. Der Sturm bläst Altes fort. Wie in einer großen Zentrifuge wird alles hinweggeschleudert, was nicht wahrhaftig ist.

Wir haben die Möglichkeit, vor dieser Reinigung zurückzuschrecken und dagegen anzukämpfen. Wir können uns aber auch bewusst auf diesen Prozess einlassen und erleben, wie wir in Einklang kommen mit der übergeordneten Entwicklung. Je mehr wir uns mit dieser großen Entwicklung anfreunden, desto sanfter werden wir die Phase der Reinigung erleben.

Wir können inmitten all der Veränderung spüren, dass eine liebevolle Kraft die Erde und uns Menschen in die nächste Stufe der Entwicklung mitnimmt.

Die alten Strukturen in Gesellschaft, Politik und Religion werden gründlich gereinigt. Was nicht mehr stimmig ist, wird offengelegt. Wo es Unehrlichkeit, Intrigen und Machtmissbrauch gab, kommt all das nun plötzlich ans Licht. Lügen und Trugbilder zerplatzen wie Seifenblasen. Wenn eine Struktur an irgendeiner Stelle, mehr oder weniger versteckt, einen dunklen Teil beinhaltet, wird dieser dunkle Teil ans Licht gehoben, sichtbar gemacht und geklärt. Nur die Strukturen, die im Einklang mit der Liebe sind, bleiben bestehen. Das Unechte fällt weg. Alles Wahrhaftige bleibt bestehen.

Das Licht am Ende des Tunnels

Die momentane Zeit ist nicht gerade einfach. Wir verlieren in all dem Trubel immer wieder die Orientierung und wissen nicht genau, wie es weitergeht. Es ist, als würden wir durch einen langen dunklen Tunnel fahren. Düstere Zukunftsszenarien tauchen auf und flüstern uns ein, dass dieser Tunnel vielleicht das Ende des menschlichen Lebens signalisiert. Doch ist es nicht das Leben, das aufhört – der Tunnel selbst ist irgendwann zu Ende, durch den das Leben sich gerade hindurcharbeitet. Wir gehen nicht durch eine Zeit der Zerstörung, sondern durch eine Zeit der Neugeburt.

Das alles kann für unser menschliches Selbst sehr verwirrend sein, denn es gibt oft so wenig klare Anhaltspunkte im Außen, die uns bei der Orientierung helfen könnten. Um uns herum in der Welt sind gerade sehr viele Energien in Aufruhr und Disharmonie, was oftmals schwer auszuhalten ist und unser Wohlbefinden stört.

Es ist jetzt wichtiger denn je, uns immer wieder auszuklinken aus der überdrehten Medienlawine und uns Zeit dafür zu nehmen, uns innerlich neu auszubalancieren. Spaziergänge in der Natur, ruhiges Arbeiten mit deinen Händen und die einfachen Dinge des Lebens sind im Moment unglaublich heilsam. Wenn du dich mit der Erde verbindest, wirst du spüren, dass harmonisierende Kräfte aus ihrem Inneren emporsteigen, die dich unterstützen wollen, im Gleichgewicht zu bleiben. Auch das weiche Atmen kannst du nutzen, damit sich dein inneres System schrittweise verwandelt.

So wie es ein Licht am Ende eines Tunnels gibt, so dürfen wir uns darauf freuen, dass diese Zeit der Reinigung und des Durcheinanders irgendwann ein Ende haben wird. Was erwartet uns, wenn die Menschheit diesen Tunnel durchschritten hat?

Ein neues Bewusstsein

Ein schönes Bild für den »Quantensprung«, den das menschliche Bewusstsein gerade erlebt, ist die Verwandlung einer Raupe in einen Schmetterling. Sie verpuppt sich, und ihre alte Form löst sich in dem schützenden Versteck vollständig auf. Dann sammeln und ordnen sich im Verborgenen die ersten neuen Zellen, wie Sterne in der Dunkelheit, die ahnen lassen, dass hier etwas ganz Neues heranreift. Ein Schmetterling entsteht!

Das menschliche Bewusstsein durchläuft gerade – aus der Sicht der äußeren Welt meistens ganz still und unbeobachtet – diese Transformation. Wo wir Menschen bisher nur einen kleinen Teil unseres Seelenpotenzials leben konnten, dürfen wir uns nun darauf freuen, dass uns das neue Bewusstsein erlauben wird, zum ersten Mal unser volles Potenzial zu entfalten. So wie die prachtvoll leuchtenden Flügel eines Schmetterlings sich entfalten, so entfaltet sich auch die volle Bandbreite unseres seelischen Potenzials.

Das betrifft zum einen unsere Wahrnehmung, die wieder vollständiger werden wird. Wir werden nicht mehr nur mit unseren menschlichen, körperlichen Sinnen wahrnehmen, sondern unsere erweiterte, intuitive Wahrnehmung wird wieder erwachen und zur Normalität werden. Mit anderen Menschen vernetzt sein, gemeinsam kreative Projekte verwirklichen, das eigene Potenzial einbringen – das sind die Fähigkeiten unserer Seele, die auf natürliche Weise zur Entfaltung kommen werden – und bereits beginnen, es zu tun.

Auch unsere Einstellung unserer beruflichen Tätigkeit gegenüber wird sich wandeln. Wo Arbeit bisher oft als etwas Belastendes wahrgenommen wurde, das man tun musste, um zu überleben, dürfen wir künftig der kreativen Freude in unserem Inneren Ausdruck verleihen und einbringen, was wir zu geben haben.

Hast du dich schon einmal gefragt, warum sich deine Bestimmung, die du tief in deinem Herzen schon spüren kannst, nur schwer in Worte fassen lässt? Das liegt oftmals daran, dass unsere wahre Bestimmung sich erst dann vollständig zeigen kann, wenn die Menschheit insgesamt die nächste Ebene unserer Entwicklung erreicht. Denn dadurch wird auch im Außen der Boden bereitet, dass diese inneren Anlagen voll zur Geltung kommen können.

Es kann manchmal frustrierend sein, wenn du innerlich schon so viel Neues spürst und es noch nicht möglich erscheint, es auch vollständig zu leben. Eine wichtige Eigenschaft, die uns hilft, diese Übergangszeit zu meistern, ist die Geduld. Die große Entwicklung umfasst Zeitspannen, die oft weit über unser eigenes Leben hinausgehen. Wir sind Teil einer großen Entwicklung, doch wir müssen geduldig Schritt halten mit der Zeit, die das Neue braucht, um zu reifen.

Von der Polarität zur Ganzheitlichkeit

Lange Zeit war unsere Erde ein Schauplatz für die Auseinandersetzung zwischen Licht und Dunkelheit, zwischen Gut und Böse. Niemand konnte sich dem Spiel dieser Gegensätze entziehen, jeder musste immer wieder neu Stellung beziehen.

Diese Zeit der Polarität geht nun zu Ende. Eine neue Zeit beginnt, und damit beginnt auch eine neue Ebene der Erfahrung und des

Lernens. Wie in der Schule endet ein bestimmter Unterricht – es gibt eine kurze Pause, und dann beginnt der nächste Abschnitt.

Wenn das Bild der Dualität das nun endende Zeitalter geprägt hat, so ist es das Bild der *geheilten Ganzheit*, welches das nächste Zeitalter einläutet. Diese Ganzheit werden wir entdecken, wenn wir der Liebe folgen. Diese Liebe ist wie das Licht, das alle Farben des Regenbogens beinhaltet. Das Licht erhellt alle Facetten des menschlichen Daseins. Es muss nicht mehr so sein, dass wir einen großen Teil von uns in den Schatten drängen und nur einen kleinen Teil von uns leuchten lassen. Alles, was wir sind, darf eintauchen ins Licht. Alles, was wir sind, darf im Licht der neuen Zeit erstrahlen.

Die Erde, die so lange ein Schauplatz für menschliches Leid war, wird zu einem Garten werden, in dem das ewige Sein leuchten kann. Ein langer Kampf geht zu Ende, und wir dürfen einen tiefen Frieden genießen.

Dieser Frieden ist grundlegender als alles, was wir zuvor erleben konnten. Jeder Atemzug erfüllt uns mit Nahrung, mit Wärme, mit Geborgenheit. Das Licht des neuen Bewusstseins erstrahlt in jedem von uns. Wir dürfen leuchten wie niemals zuvor. Jeden von uns darf die schöpferische Kraft des Lebens durchströmen. Wir sind nicht mehr nur Zuschauer, sondern aktive Teilnehmer am schöpferischen Prozess des Lebens. Wir dürfen Weichen stellen und Türen öffnen, die über Jahrtausende hinweg verschlossen waren. Es ist, als würde unsere Seele einen neuen Gesang anstimmen. Es ist geschafft. Eine neue Zeit beginnt.

Die Menschheit gleicht einer Blüte, die kurz vor dem Erblühen steht. Alles scheint zum Bersten angespannt. Aus der alten Perspektive gibt es keinen zufriedenstellenden Weg mehr. Doch das liegt nicht daran, dass es nicht weitergeht, sondern daran, dass wir eingeladen sind, einen komplett neuen Schritt zu machen. Eine Raupe verwandelt sich in einen Schmetterling, nicht in eine immer dickere Raupe. Die Menschheit ist zu einem neuen Abenteuer eingeladen, nicht dazu, immer weiter den ausgetrampelten Pfaden zu folgen und sich nur im Kreis zu bewegen.

Gerade wenn wir selbst durch intensive Entwicklungsprozesse gehen, ist es ermutigend, immer wieder einen Blick in die Zukunft zu werfen. Ich meine damit nicht die allgegenwärtigen sorgenvollen Bilder – sondern unsere wahre Zukunft. Ich meine die Zukunft, die bereits direkt vor unserer Nase liegt und uns entgegenleuchtet. Die Zukunft, die uns selbst in unseren dunkelsten Momenten Mut macht, den nächsten Schritt zu wagen.

Das Interessante ist, dass wir mit unserem alten Verstand diese neue Ebene gar nicht greifen können. Unser Verstand ist perfekt angepasst an die gewohnte Realität und an seinen bisherigen Umgang damit. Der Verstand weiß genau, was früher war – aber nicht, was kommen wird. Doch als Menschen besitzen wir zum Glück mehr als unseren Verstand. Wir können uns in die Liebe einklinken, die uns vermittelt, was die Zukunft bringen wird. Diese Liebe spricht eine Sprache, die wir tief in unserer Seele verstehen können.

Wenn wir innehalten und unter dem Sternenhimmel den ersten zarten Schimmer des neuen Morgenlichts erahnen, dann spüren wir, wohin die Reise geht. Wir können uns aufrichten und das Neue willkommen heißen. Es ist alles schon vorbereitet. Wir sind eingeladen. Wir werden erwartet.

Wenn wir uns vertrauensvoll auf diese Veränderung einlassen, ist alles ganz einfach. So wie die Blumen im Frühling erblühen, auch wenn sie nicht wissen, wie das Erblühen funktioniert, so geht auch die Menschheit gerade durch ein Erblühen. Wir müssen nicht in jedem Detail wissen, wie es funktioniert. Die Frage ist vielmehr, ob wir uns darauf einlassen, ob wir die tiefe, liebevolle Einladung spüren, die an unsere Tür klopft.

Die Liebe lässt uns nicht fallen. Sie lässt uns nicht unterwegs irgendwo im Stich. Es ist die Liebe, die uns gerufen hat, die mit uns durch die tiefsten Täler wandert. Die Liebe kennt den Weg. Sie ist an unserer Seite und macht uns Mut, unseren nächsten Schritt zu wagen. Sie steht hinter uns und fängt uns auf, wenn wir fallen. Sie geht uns voraus und bereitet das Neue für uns vor. Es ist die Liebe, die am Ende der Reise auf uns wartet.

ÜBUNG: Segen für deinen Weg

Stell dich aufrecht hin. Nimm den Boden unter deinen Füßen wahr und den Himmel über dir. Wenn du magst, spüre die Präsenz der Sterne über dir, auch wenn sie gerade nicht zu sehen sind. Nimm den unaufhörlichen Strom des Lebens wahr. Entspanne dich, und atme weich.

Der Segen für deinen Weg möchte dich erreichen, ganz egal, wo du gerade stehst. Ob du schon lange unterwegs bist oder gerade erst aufbrichst: Da ist ein Segen, der einen schützenden Mantel um dich legt.

Der Segen für deinen Weg strömt wie eine heilsame Wärme durch dein Inneres. Alles, was du in dir trägst, wird berührt. Alles, was wachsen möchte, wird in seinem Wachstum unterstützt.

Der Segen hilft dir, deinen Platz unter den Sternen einzunehmen. Du darfst Wurzeln schlagen. Du darfst groß und stark werden. Du darfst leuchten und dein Licht in diese Welt scheinen lassen.

Atme weich und nimm so viel Segen an, dass du dich friedvoll und zuversichtlich fühlst. Da ist eine Liebe, die dich trägt. Jeden Tag. In jedem Augenblick. Genau jetzt.

Öffne deine Augen, und gehe deinen Weg.

Deinen Weg gehen

Meditation für Entschlossenheit und Vertrauen

Download-Link:
https://leahamann.de/leben-lieben-leuchten-download/

Schlusswort

Bevor du das Buch aus deinen Händen legst, möchte ich dir danken. Es ist so schön, dass es dich gibt! Es ist so schön, dass du dich auf den Weg zu dir machst, jeden Tag einen kleinen Schritt mehr!

Ich hoffe, du hast dich während des Lesens gestärkt gefühlt. Vielleicht nimmst du ein paar Anregungen aus dem Buch mit in deinen Alltag und probierst aus, was heilsam für dich ist.

Die wichtigste Frage, die du mitnehmen kannst auf deinen Weg, ist die Frage, ob du im Alltag – in den kleinen, scheinbar unwichtigen Dingen und bei den großen Entscheidungen – auf die Stimme der Angst hörst oder auf die liebevolle Stimme in deinem Inneren. Du entscheidest – jeden Tag aufs Neue.

Ich wünsche dir von ganzem Herzen, dass das Wunder, das in dir steckt, zum Vorschein kommt. Du bist unendlich wertvoll. Und falls dir das nie jemand so deutlich gesagt hat, möchte ich das heute tun – über alle Grenzen von Zeit und Raum hinweg.

Du bist wertvoll. Du bist unersetzlich. Du bist ein leuchtender Stern am Himmel des Lebens. Du bist hier, um zu erwachen, dich schrittweise zu öffnen und dein volles Potenzial zu entfalten. Dein Leben darf leuchten. Du darfst leuchten. Die Zeit ist reif!

Meditationen zum Gratis-Download

Möchtest du die zwölf begleitenden Meditationen zum Buch herunterladen? Hier ist der Link zur Downloadseite:

https://leahamann.de/leben-lieben-leuchten-download/

1. **Präsent werden**
   Meditation zum inneren Ankommen

2. **Den Impuls für deinen Tag wahrnehmen**
   Morgenritual

3. **Weiches Atmen für mehr Verbundenheit**
   Atem-Erfahrung mit deiner Seele

4. **Die neue Vision für dein Leben**
   Meditation zum Aktivieren deiner Zukunft

5. **Trainiere deine intuitive Wahrnehmung**
   Wahrnehmungsübung

6. **Bring das Schöne in dein Leben**
   Atem-Erfahrung zum Annehmen

7. **Dein Leben energetisch klären**
   Energiearbeit zum Loswerden von altem Ballast

8. **Liebevolle Grenzen** für mehr Leichtigkeit
   Energiearbeit zur Stärkung deiner Grenzen

9. **Deine Fähigkeiten aktivieren**
   Meditation zum Entdecken deiner inneren Schätze

10. **FLOW**
    Atem-Erfahrung für mehr Schwung

11. **Deine Bestimmung finden**
    Meditation zum Finden deiner Bestimmung

12. **Deinen Weg gehen**
    Meditation für Entschlossenheit und Vertrauen

Die Oase

Lea Hamanns Onlinecommunity

Die Oase ist eine Onlinecommunity für Menschen, die sich im täglichen Leben auf den liebevollen Weg begeben wollen. Es gibt viele kurze Meditationen und heilsame Übungen, die dich in deinem Alltag unterstützen. Du trägst den Schlüssel zur Veränderung bereits in dir. Die Oase erinnert dich daran, die Tür zu deinem Inneren immer öfter aufzumachen und anzunehmen, was auf dich wartet.

Regelmäßige Live-Webcasts

»*Balsam für die Seele*«, sagen unsere Oasen-Bewohner: In der Oase finden regelmäßig Live-Webcasts statt, die dich dabei begleiten, innerlich zu wachsen und dein Leben zu verwandeln.

Große Bibliothek

»*Die Oase ist meine spirituelle Hausapotheke*«, sagen die Oasen-Bewohner: In der Oase warten über 100 Videos, mehr als 50 Audioaufnahmen und zahlreiche E-Books auf dich! Du findest Unterstützung für deine innere Entwicklung sowie hilfreiche Anleitungen, um deine Bestimmung zu finden.

Liebenswertes Forum für Austausch

»*Hier fühle ich mich richtig zuhause*«, sagen unsere Oasen-Bewohner: Die Oase ist ein wachsendes Netzwerk für Menschen, die sich gegenseitig ermutigen, ihren Weg zu gehen.

Wenn auch du die Oase kennenlernen möchtest, dann schau mal hier: https://leahamann.de/die-oase

Morgenritual S. 51